Julie Loar

Diosas
para cada día

La sabiduría
de lo divino femenino

Traducción del inglés de Elsa Gómez

editorial Kairós

Título original: GODDESSES FOR EVERYDAY, by Julie Loar

© Julie Loar
© de la edición en castellano:
2012 by Editorial Kairós, S. A.
Numancia 117-121, 08029 Barcelona, España
www.editorialkairos.com

© de la traducción del inglés: Elsa Gómez
Revisión: Amelia Padilla

Diseño cubierta: Romi Sanmartí
Foto cubierta: Klimt 1862-1918, Gustav Baumgarten bei Wien, Austria

Primera edición: Junio 2012
ISBN: 978-84-9988-142-3
Depósito legal: B 15.524-2012

Fotocomposición: Beluga & Mleka, s.c.p., Córcega, 267. 08008 Barcelona
Tipografía: Times, cuerpo 11, interlineado 12,8

Impresión y encuadernación: Romanyà-Valls. Verdaguer, 1. 08786 Capellades

Este libro ha sido impreso con papel certificado FSC, proviene de fuentes respetuosas con la sociedad y el medio ambiente y cuenta con los requisitos necesarios para ser considerado un "libro amigo de los bosques".

En honor de Ella

Tú, de corazón bondadoso,
Tú, de corazón radiante,
Cantaré de tus poderes cósmicos.

De la *Exaltación de Inanna*,
de Enheduanna, suma sacerdotisa de Sumeria,
hija de Sargón de Acad,
princesa imperial de Sumer y Acad,
ca. -2300

Enheduanna es la primera autora,
de uno y otro género,
que se menciona en la literatura mundial.

Sumario

Prefacio

Toda mujer quiere sentirse como una diosa. Fuerte. Sabia. Valiente. Amante. Y... ¿quién mejor que las magníficas diosas pueden servirle de modelo? *Diosas para cada día* presenta una colección de 366 diosas, ejemplo todas ellas de la divinidad femenina en distintas épocas y culturas. Este libro, escrito a modo de calendario, pone ante ti un espejo para que puedas ahondar en una nueva diosa cada día y ver tu propia naturaleza reflejada en los incontables ejemplos de la sabiduría de las mujeres y el poder femenino. El papel de las diosas es actuar como guías cotidianas, indicar el camino en las encrucijadas de la vida, despertando lo sagrado femenino que hay dentro de ti.

Diosas para cada día está diseñado a modo de bucle, de viaje meditativo a lo largo de un año, con las diosas organizadas dentro de cada signo del Zodíaco. Todas las culturas han basado de algún modo su cómputo del tiempo en los movimientos de la Luna y la trayectoria que describen los planetas con las estrellas de fondo. Los babilonios y los egipcios utilizaron los signos zodiacales hace miles de años. Este círculo de estrellas, al que se ha dado el nombre de Guirnalda de las diosas, me pareció un marco apropiado para el año. Las diosas están asimismo vinculadas a los ciclos estacionales. Así, a las diosas de la aurora y de los nuevos comienzos las he alineado con la primavera; a las diosas del nacimiento, con el verano; a las de la cosecha, con el otoño, y a las diosas relacionadas con la muerte, con la época oscura del año en el hemisferio norte.

Hay símbolos de lo sagrado femenino, como las aves, los árboles, las serpientes y las espirales, que aparecen en prácticamente todas las culturas del mundo, y en cierto momento me di cuenta de que esos iconos están asociados con los doce signos del Zodíaco que todas conocemos. Dado que este libro es una crónica del poder femenino, he elegido uno de esos símbolos para representar a cada signo zodiacal. Por ejemplo, Libra está simbolizado por la paloma, y Tauro, por el Árbol de la Vida; los llamo signos de diosa. Precede a la lista de cada capítulo una pequeña explicación que describe con brevedad las características del signo: por qué elegí ese símbolo y signo de diosa en particular, y por qué seleccioné a esas diosas en concreto para esa sección.

Las múltiples facetas e incontables manifestaciones de la diosa entrañan una aparente paradoja. Se alternan, como en la vida misma, sus expresiones dulces y fieras, sustentadoras y castigadoras, o creativas y destructivas. Las diosas que aparecen en este libro son con frecuencia complejas, e incluso contradictorias, así que no siempre parecían encajar del todo en un signo del Zodíaco; por eso, las he colocado bajo el signo con el que guardaban una mayor afinidad, basándome en la que a mi modo de ver era su cualidad dominante.

Las mujeres entendemos los ciclos porque nuestras vidas están enmarcadas en ellos, y hay un flujo y reflujo que son intrínsecos a la experiencia femenina. Las etapas de la vida de una mujer son demarcaciones de la menstruación: la prepubertad, los años de maternidad y el cese del flujo menstrual. Cada mes de la vida de una mujer adulta es un ciclo completo de nacimiento y muerte, un microcosmos de la vida en sí. A medida que la mujer envejece, sus ciclos cambian y la vida adopta un carácter distinto. La rueda del año se relaciona simbólicamente con la etapas de la vida de la mujer, comúnmente expresadas como la triple diosa: doncella, madre y sabia o anciana. Esta trinidad de lo sagrado femenino existió en las culturas antiguas mucho antes que la trinidad masculina que conocemos por la Biblia. La triple diosa estaba simbolizada por una triple corona formada por las fases de la Luna: cuarto creciente, luna llena y cuarto menguante, corona que llevaron Isis y muchas otras diosas y que era el símbolo de la creación, la generación y la regeneración. La mayoría de las culturas de la Antigüedad honraban a la anciana, o sabia, como mujer que había asumido plenamente su poder. En la cultura occidental, en cambio, parece que veneremos la edad de la juventud y el miedo, cerrando así el paso a la sabia voz de la experiencia.

Diosas para cada día narra los mitos de 366 diosas. La palabra "mito" tiene su raíz en el término que significa "boca", ya que las narraciones fueron originariamente una tradición oral. Los mitos son relatos sagrados, y han sido el medio por el que la gente transmitía sus verdades más sagradas, lo que a su entender era nuestra relación con lo divino, durante miles de años. El famoso psicoanalista suizo CarlG. Jung observó que los arquetipos — los patrones intrínsecos de la conciencia humana, tales como el de la doncella, la madre y la anciana, la reina y la princesa— no dejan de existir por mucho que los ignoremos o infravaloremos, sino que, en caso de que así lo hagamos, se sumergen en lo que Jung llamó lo inconsciente colectivo y se convierten en potentes fuerzas que afloran en los sueños, los complejos e incluso las psicosis. Los arquetipos son pilares de la naturaleza humana, y los mitos, leyendas y cuentos de hadas, que contienen principios y moralejas, están estructurados precisamente con su mismo lenguaje simbólico.

En la cultura occidental hemos infravalorado, y hasta demonizado, aspectos de la feminidad durante 4.000 años, y hemos conseguido soterrar con gran efectividad estos arquetipos bajo nuestra percepción consciente. Quienes han estudiado en serio la mitología se han dado cuenta de que el tono de los relatos empezó a dar un giro hace casi 4.000 años. Entre los síntomas de este cambio está la creciente glorificación de la guerra, así como un deterioro del valor que hasta entonces se les había atribuido a la agricultura y a los ciclos de tiempo. La Gran Diosa fue perdiendo importancia, hasta el punto de que, en esencia, ha estado enterrada durante cuatro milenios, y esa pérdida de la mitad de la divinidad ha tenido como consecuencia una ruptura entre la mente y el corazón que ha reverberado a través de los siglos, siendo sus manifestaciones la violencia, la alienación y la progresiva devastación medioambiental. La actividad de la cultura occidental ha dejado de estar en armonía con los ciclos naturales, y yo creo que esa falta de equilibrio con las estaciones naturales de la Tierra y el cielo nos ha colocado en una situación muy precaria.

La humanidad tiene una profunda necesidad de reverenciar el lado femenino de la divinidad, y esta necesidad no satisfecha ha empezado a aflorar en nuestro tiempo; y un ejemplo de ello, entre muchos otros, es la inmensa popularidad que ha alcanzado la película *El código Da Vinci*. Las apariciones de María, la madre de Jesús, son cada vez más frecuentes en todo el mundo. Uno de los casos más documentados de nuestros tiempos es el que sucedió en Egipto, en la localidad de Zeitún, donde cientos de miles de personas se han congregado a lo largo de 23 años para contemplar cómo aparecía María sobre una pequeña iglesia de un suburbio de El Cairo. Millones de personas hacen cada año una peregrinación a Fátima, a Lourdes y a Nuestra Señora de Guadalupe, en México, que es, en el mundo católico, el segundo lugar de peregrinación más visitado del mundo, superado solo por el Vaticano. La inconmensurable demostración de amor y aflicción tras la muerte de Diana, la princesa de Gales, puso asimismo de manifiesto la necesidad que tenemos de reverenciar el arquetipo femenino.

Escribir este libro ha sido para mí un viaje a las profundidades, una reunión personal con la divinidad femenina. Ha sido una labor de amor que me ha enseñado mucho sobre el significado esencial de contar con una guía y dejarse guiar. Cientos de diosas me revelaron su profunda sabiduría sobre la cualidad del poder femenino, hablándome en su intemporal lenguaje de símbolos, mitos y arquetipos. Me ha asombrado la hondura y magnitud de la sabiduría que he descubierto, y me admira a cada momento el proceso creativo que, en mi calidad de participante deseosa, aunque a veces deslumbrada, me ha ido llevando hasta el final.

Mientras investigaba sobre el tema y escribía este libro, con frecuencia me sentí transportada espontáneamente a un estado alterado de consciencia, en el que experimenté un ámbito de percepción diferente. A veces, una diosa declaraba su intención de estar incluida en un círculo determinado llevándome hasta cierto libro. Como por arte de magia, o del misterioso mecanismo de la sincronicidad, mi mirada se fijaba de pronto en una diosa que no conocía y que encajaba perfectamente en el lugar del calendario del que me ocupaba en aquel momento. Otras veces, la guía llegaba a través de un sueño provocativo. Había ocasiones en que las diosas parecían cobrar vida y girar alrededor de la rueda, revelándome alguna cualidad de sus naturalezas que ponía de manifiesto una profundidad mucho mayor de lo que yo había percibido en un principio. En esta misma línea, *Diosas para cada día* puede utilizarse como oráculo, bien formulando una intención clara, o bien haciendo una pregunta, dejando que el libro se abra, aparentemente al azar, y permitiendo que desde esa página una diosa te hable.

El dios de la religión actual es predominantemente una única figura de padre autoritario, a pesar de los muchos dioses que pueblan los mitos del mundo. Tengo la esperanza de que *Diosas para cada día* sirva de algún modo para restaurar el principio global de la diosa al lugar que en justicia le corresponde, como mitad femenina de la divinidad. Rezo por ello. En muchas culturas se le ha dado el nombre de Reina del Cielo y Gran Madre, y parece sencillamente natural que reclame su trono. Te invito a que entres en este círculo sagrado y hagas tuya esta sabiduría ancestral, acogiendo estas verdades en tu corazón y en tu alma. Confío en que llegarás a conocer a los poderosos seres femeninos que aparecen representados en este libro. Los habitantes del antiguo Egipto decían que toda mujer era una *nutrit*, una "pequeña diosa" que participaba de la naturaleza y el poder de la diosa Nut. Y confío en que, al embarcarte en tu propio viaje alrededor de la rueda sagrada, te sentirás empoderada y te convertirás en la diosa que eres, encarnando conscientemente amor, fuerza, valor, compasión, belleza interior y receptividad. Así es como salvaremos el mundo: mujeres empoderadas una a una.

Los signos
y las estaciones

El fenómeno astronómico que conocemos con el nombre de precesión de los equinoccios, causado aparentemente por el bamboleo de la Tierra sobre uno de los polos, y que cambia la orientación de su eje de rotación, nos da la gran rueda de las eras astrológicas. Este lento movimiento de los cielos siempre se ha interpretado como un vasto círculo de tiempo, y dura alrededor de 26.000 años. Al girar la rueda, el tiempo atraviesa cada una de la eras, confiriendo a cada período de aproximadamente 20.000 años la energía global del signo del Zodíaco imperante. En este punto de la rueda en que nos hallamos estamos abandonando la era de Piscis y entrando en la de Acuario.

Hace 5000 años, durante la era de Tauro, las culturas eran más agrícolas, y la fertilidad y el ciclo de crecimiento de la Tierra se tenían en gran estima. Se experimentaba el tiempo como una serie de movimientos cíclicos que se repetían diaria, mensual y anualmente. La sexualidad se consideraba sagrada, y se honraban todos los aspectos de la fertilidad, en los que se veneraba a la Gran Diosa. Los festivales de cada estación celebraban el flujo y reflujo anuales de la vida, y la gente se hacía eco conscientemente de los ciclos cambiantes de luz y oscuridad, de vida y muerte. En eras pasadas se reverenciaba a las mujeres por su cualidad de dadoras de vida, y, como cada etapa de la vida de una mujer se consideraba un importante cruce de caminos, o rito de paso, se ejecutaban ceremonias y ritos de iniciación para guiar a la mujer a la fase siguiente.

Cada año, la Tierra describe un círculo completo alrededor del Sol, y ese movimiento orbital de la Tierra hace que parezca que el Sol se desplaza en el cielo trazando una línea curva a la que se ha llamado la eclíptica. Desde una perspectiva astronómica, el Zodíaco es una banda de cielo circular, que se extiende ocho grados por encima y ocho grados por debajo de la eclíptica, y que contiene las constelaciones zodiacales que todos conocemos, desde el Carnero hasta los Peces. Desde una perspectiva temporal, el Zodíaco marca también el aparente viaje del Sol, basado en nuestro movimiento relativo al Sol, y tiene cuatro subdivisiones principales, que podríamos considerar puntos cardinales del año: los equinoccios y los solsticios. A pesar de que la astrología occidental emplea actualmente una medida de tiempo que comienza en el equinoccio de primavera en el hemisferio norte, los nombres de los signos del Zodíaco siguen siendo los mismos que los de las constelaciones de las que originariamente derivaron sus nombres.

Los doce signos astrológicos están organizados atendiendo a lo que se denomina los cuatro "elementos", o fases de expresión, y dispuestos de acuerdo con las tres maneras de actuar de dichos elementos: iniciación, consolidación y alternancia. Según la tradición, los elementos son fuego, tierra, aire y agua, y los modos de expresión, cardinal, fijo y mutable. Se dice que los elementos describen fases de expresión, desde la energía pura a la materia, de la misma manera en que el agua puede ser líquida, sólida o gaseosa. Cada uno de los doce signos se combina con un elemento y una cualidad. Se dice, por ejemplo, que Aries es un signo cardinal de fuego, intenso e iniciador. El Zodíaco es un ciclo de experiencia que proporciona el patrón base de evolución por medio del cual la Tierra recibe las influencias del Sol y los planetas.

Este ciclo anual que se repite constantemente está dividido en doce secciones iguales que representan fases sucesivas de experiencia. Las fronteras, o divisiones, entre los signos no son sistemáticamente iguales año tras año. Yo he utilizado las fechas que con más frecuencia se han repetido en los últimos diez años, así que, a veces, los signos y las fechas de ciertas fechas de nacimiento pueden no coincidir. Es decir que, como las estaciones del año varían en la actualidad ligeramente de un año a otro, una persona nacida en la cúspide de dos signos puede encontrarse con que, en este libro, su fecha de nacimiento esté incluida en el signo precedente o posterior. Y del mismo modo que las energías de los dos signos se fusionan en la cúspide, también lo hacen las cualidades de las diosas respectivas; así que, si es tu caso, invoca a las dos, en vez de a una sola, para que bendigan el día en que conmemoras tu nacimiento.

El libro está organizado de acuerdo con el calendario y empieza el 1 de enero. Sin embargo, el signo de Capricornio comienza con el solsticio de invierno, el 21 de diciembre, así que, por razones prácticas, la introducción a la diosa de este signo aparece tanto al principio del año como antes del 21 de diciembre.

Se ha dicho que los signos del Zodíaco son como vidrieras polícromas que "colorean" las influencias solares y planetarias. He hecho todo lo posible por presentar a las diosas, y lo que representan, dentro de este marco ancestral, así como bajo una nueva luz.

LAS DIOSAS
DE CAPRICORNIO
La rueca

LAS ELECCIONES Y LOS HECHOS
HILAN LAS HEBRAS DEL DESTINO

Capricornio fija el solsticio de invierno y combina los principios de las energías iniciadoras cardinales con la afianzadora influencia de la Tierra. En este signo, la materia se organiza internamente para cobrar forma perfecta. Capricornio se expresa con una energía rectora y conservadora, centrada en el logro, la integridad, la responsabilidad y el reconocimiento. Las nativas de Capricornio están impulsadas por una tremenda ambición, y la lección es para ellas descubrir el motivo que subyace a su ansia de escalar. Capricornio es el décimo signo y representa el estadio del viaje espiritual en el que nuestra aspiración se vuelve hacia dentro para respirar el aire puro de nuestra naturaleza espiritual. Representa asimismo el principio de la ambición, tanto si está dirigida hacia fuera, hacia el mundo de los logros, como si está enfocada en el sendero espiritual.

El signo de diosa que corresponde a Capricornio es la rueca, que representa a las viejas diosas tejedoras del destino. El hilado, la tejeduría y los telares son los dominios de las sabias diosas ancianas que dictaminan nuestro destino y miden y cortan las hebras de nuestras vidas. Aunque Escorpio hila las hebras con la sustancia que brota de las entrañas de la diosa, es en Capricornio, el signo de la forma, donde esas hebras adoptarán forma concreta y se entretejerán para crear el tapiz de nuestras vidas. En muchas tradiciones, las montañas simbolizan la búsqueda espiritual, por eso tradicionalmente Capricornio está simbolizado por la Cabra de Mar, una cabra montés con cola de pez o delfín. Por la misma razón están incluidas en este apartado antiguas diosas de las montañas, así como diosas que encarnan la idea de estructura y organización, de duración o tiempo, de finales, de la oscuridad del invierno y de la sabiduría de la vejez.

Tara Blanca
1 de enero: Eternidad

Tara Blanca, llamada Dama del Loto Blanco, es una de las manifestaciones de la Gran Diosa Tara, que se originó en la India como diosa hindú. Tara tiene 108 nombres y muchos aspectos o cualidades. La adoración de Tara se incorporó al budismo; ella es la más venerada *bodhisattva* femenina.* Su nombre significa "estrella" en sánscrito, y también "aquella que da a luz". Tara Blanca, con sus tres ojos, es una diosa del día, y se la representa con la rueda del tiempo sobre el pecho. Viaja por el océano de la existencia en una nave celestial, y su semblante rebosa de amor y compasión.

Como Yeshe Dawa, o Luna de la Consciencia Primordial, fue una princesa que vivió hace millones de años y alcanzó *bodhichitta*, "el despertar del corazón". Decidió encarnarse solo en forma femenina hasta que las heridas de la humanidad hayan sanado; entonces, en su encarnación de Tara, manifestará el *bodhi* supremo, o espíritu de la iluminación, en el mundo. En Japón, las campanas doblan 108 veces en su honor en Noche Vieja, a las 12 de la noche, para contrarrestar los pecados de la humanidad y acelerar la manifestación iluminadora de esta diosa.

---

* El término sánscrito *bodhisattva*, compuesto por *bodhi*, "conocimiento supremo", "iluminación", y sattva, "ser vivo", se emplea en el budismo para designar a aquella persona que, motivada por una gran compasión, ha generado *bodhichitta*, el deseo espontáneo de alcanzar la budeidad, o iluminación suprema, en beneficio de todos los seres sintientes. Una cualidad que define al *bodhisattva* es la de renunciar a su entrada en el nirvana por compasión hacia quienes viven en la ilusión. (*N. de la T.*)

Meditación

Ahora que, en su eterno girar,
la rueda de las estaciones empieza
de nuevo el ciclo del calendario,
pongo la mirada en nobles empresas
y me inclino para servir a su consecución.

Chomolungma
2 de enero: Devoción

Chomolungma es la diosa nepalesa encarnada en el monte que hoy llamamos Everest. Su nombre es el que originariamente dieron a esta montaña los habitantes de la región, pues la consideran su diosa, y madre del mundo. Chomolungma es la consciencia que perdura a través de miles de millones de años. Cuando nos dirigimos a ella, o a lo que a nuestros ojos es una montaña, deberíamos adoptar una actitud de devoción.

Hoy en día, cuando los sherpas de la región acompañan a quienes quieren escalar hasta la cima de este pico de 8.848 metros, el más alto de la Tierra, rezan y cuelgan banderas de colores en hilera, honrándola en cada etapa del ascenso. Son budistas, y su relación con esta diosa austera es de humildad y de profundo respeto hacia los desafíos que presenta.

Meditación
Escalo hasta la cima de las montañas de mi vida
con actitud de humildad y atención.

Konohana Sakuya Hime
3 de enero: Carácter

Konohana Sakuya Hime es la diosa sintoísta del monte Fuji de Japón.* Su nombre significa "princesa de la flor naciente". Fuji es la montaña más alta y famosa de este país de islas volcánicas. La serenidad de la montaña coronada de nieve simboliza la paz que llega solo con la meditación, cuando la ajetreada actividad de la mente se detiene. Aunque, por supuesto, hay veces en que rompen esa quietud las potentes erupciones de la vida humana.

Su mito nos habla de los celos de su marido, el cual dudaba de la fidelidad de la diosa. Para demostrar su inocencia, estando embarazada se puso en medio de una hoguera, y tanto ella como el hijo que llevaba en su vientre salieron ilesos. En conmemoración, se celebran ceremonias de fuego cada año. La gente enciende velas en los altares de sus casas y antorchas en las ceremonias públicas para honrar a Konohana Sakuya Hime. Las mujeres, además, la invocan para que alivie sus dolores de parto.

Meditación
*Si aquieto la mente, puedo aquietar
los temblores y reverberaciones de mi consciencia indisciplinada.*

---

* El sintoísmo (*shinto*, en japonés) es la religión original de Japón. (*N. de la T.*)

Ninhursag
4 de enero: Talento

Ninhursag es una diosa madre y creadora sumeria, una de las siete deidades principales de Sumer, venerada hace 5 000 años. Su nombre significa "señora de la montaña sagrada", y generalmente se la representa con un tocado adornado con cuernos y una falda de volantes semejante a la de las diosas cretenses. Fue diosa tutelar de varios gobernantes sumerios, que se denominaban a sí mismos "hijos de Ninhursag".

Ninhursag, a veces junto con Marduk, dios principal del panteón babilónico, moldeó a los primeros seres humanos con arcilla o barro. Este mito es muy anterior al relato bíblico sobre la creación del hombre. Dio forma a Enkidu para que fuera rival del héroe Gilgamesh, y algunas versiones cuentan que dio a luz al propio Gilgamesh. Fue ella la que creó toda la vegetación, y era también la diosa de los nacimientos. Las serpientes eran para ella sagradas, símbolos de la regeneración continua.

Meditación
Soy la escultora de mi futuro y la tejedora de mi destino.

Jord

5 de enero: Fuerza

Jord (yord) es una diosa nórdica y germánica a la que se veneraba en las cimas de las montañas, donde, según la leyenda, una vez copuló con el cielo, trayendo así el cielo a la Tierra. En la antigua lengua norse,* *jord* significaba "tierra", luego esta diosa de inmenso poder pudo haber encarnado toda la fuerza y resistencia de nuestro planeta. Se creía que su padre había sido un gigante de tiempos muy antiguos, de modo que a Jord, como le corresponde a la Tierra, se la consideraba una diosa gigante.

Algunos relatos cuentan que era una esposa del dios escandinavo Odín y rival de su otra esposa, Frigg. Era la madre de Thor, dios del trueno y el relámpago, lo cual hace de ella una importante figura de la cosmología nórdica, considerando que dio a luz al trueno, el rayo y la lluvia que les sigue, con la que fertilizó los campos haciendo posible la vida en la Tierra, que es su cuerpo.

Meditación

Si cierro los ojos y abro la imaginación,
siento que soy tan inmensa como la Tierra entera.

---

* Norse: antigua rama occidental de las lenguas escandinavas. (*N. de la T.*)

La Befana
6 de enero: Deber

La Befana es la diosa italiana de la Duodécima Noche, el 6 de enero, y festividad de la Epifanía, que es 12 días después del 25 de diciembre. Su nombre es una forma adulterada de la palabra original en italiano, *epifania*. En la tradición cristiana, esta es la fecha en la que los Reyes Magos visitaron al niño Jesús. La diosa La Befana visita a cada niño y niña de Italia la noche anterior al 6 de enero, y les llena los calcetines de dulces; y en una versión que es de todos conocida, se dice que, en vez de dulces, a los que han sido malos les deja carbón. Normalmente se representa a esta diosa como una bruja que viaja por el cielo montada, no en un trineo, sino en una escoba, con la que suele decirse que, además, limpia cada casa que visita.

La leyenda de La Befana cuenta que los Reyes Magos, que viajaban siguiendo la estrella, le preguntaron cómo llegar a Belén. Pasaron la noche con ella y la invitaron a que se les uniera, y aunque la diosa rechazó el ofrecimiento, se le nombró madre simbólica de todos los niños y niñas de Italia. Entre el 25 de diciembre y el 6 de enero se celebra en Roma un festival, en el que se venden juguetes, dulces y carbón.

Meditación
A veces la sabiduría de los siglos llega
envuelta en un atuendo modesto,
portando consigo inestimables regalos.

Parvati
7 de enero: Renunciación

Parvati es una diosa hindú, también llamada Señora de las Montañas, especialmente del monte Annapurna, que se eleva en el centro de Nepal y es el décimo pico más alto del mundo. Parvati es consorte de Shiva y se ganó su afecto con actos de devoción y sacrificio. Shiva es el tercer aspecto de la trinidad hindú, compuesta por Krishna, el Creador, Vishnu, el Sustentador, y Shiva, el Destructor. Las prácticas que realizó Parvati purificaron su cuerpo hasta tal punto que este empezó a irradiar un resplandor dorado. Ella es la madre de Ganesha, el dios elefante hindú que tanto afecto despierta en los fieles, y se la venera por su naturaleza obediente, su lealtad y su generosidad hacia quienes sufren necesidades.

Cuenta el *Soundarya Lahiri* —que significa "olas de belleza"—, famoso libro espiritual sobre la diosa, que Parvati es la fuente de todo el poder del universo, y que el Señor Shiva obtiene de ella su poder. Se dice que la energía de su sacrificio y renunciación se transforma en una bendición para la humanidad.

Meditación
¿Hay algún terreno en el que,
mediante un acto consciente de renunciación,
podría desatar un poder inconmensurable?

Las Moiras
8 de enero: El Destino

Las Moiras son las diosas griegas del destino, que se consideraba preestablecido, pero que podía modificarse por elección o actos de voluntad. Las Moiras son las tres hijas de la diosa Nyx —símbolo de la noche— y sus nombres son Cloto, "la hilandera", Laquesis, "la repartidora", y Átropos, "la cortadora", indicando cada uno de ellos el papel que desempeñan a la hora de confeccionar el destino de un mortal. Cloto hila la materia prima para hacer el hilo, Laquesis decide la longitud de la vida, y Átropos corta el hilo y sella el destino. En los mitos, con frecuencia se presenta a las Moiras en contraposición a Zeus, lo cual indica el formidable poder que se les atribuía. Por otra parte, ayudaron a Hermes, el dios griego de la escritura y mensajero divino, a inventar el alfabeto. En la mitología romana se las conoce como las Parcas, y sus nombres latinos son: Nona, Décima, Morta.

En la mitología escandinava, las Nornas son las tres diosas del destino, similares a las Moiras, y sus nombres son Urd, "destino", Verdandi, "necesidad", y Skuld, "ser". A veces se hace referencia a ellas como las Hermanas Wyrd. Vivían bajo las raíces de Yggdrasil, el gran Árbol del Mundo, que crece en el centro mismo del cosmos. Las Nornas controlan el destino tanto de las deidades como de los seres humanos, además de supervisar las inmutables leyes del universo. La vida de cada persona era un hilo de su telar, y la longitud del hilo determinaba la longitud de la vida de la persona.

Meditación
Aprovecho al máximo la porción que hoy se me ha asignado.

Paivatar
9 de enero: Liberación

Paivatar, diosa finesa de la luz, aparece en el poema épico nacional de Finlandia, el *Kalevala*. El *Kalevala* dice que: «vivía en el cielo, resplandeciente sobre un arco de luz del firmamento». Los mitos fineses, transmitidos como poemas orales, se remontan a hace muchos siglos. El mito de Paivatar se asemeja en parte al de la diosa japonesa Amaterasu, y habla de la liberación anual del Sol, que sale de la cueva donde su madre, una maga muy poderosa llamada Louhi, lo tiene cautivo mientras ella supera sus pruebas de iniciación. Se requieren valor e inteligencia para ganar la batalla año tras año. Estos relatos prometían el retorno anual de la luz durante los meses de oscuridad, y contenían además un mensaje más profundo: que la fortaleza de carácter acaba finalmente conduciéndonos a la iluminación.

Paivatar es una virgen solar, un solitario principio de luz sin consorte. Es la hija del Sol y el frío ártico, y teje la luz del día sentada sobre su arco iris. Tiene un carrizo de plata, del que hila las hebras del destino, y una lanzadera dorada con la que teje un magnífico paño de oro con hebras de luz del día. La labor de Paivatar es parecida a la de su pariente Parvati, la diosa hindú que hilaba los hilos de colores del destino.

Meditación
¿Es posible que tenga cautivo mi esplendor
en una cueva que yo misma he creado?

Nott
10 de enero: Oscuridad

Nott es una diosa escandinava a la que se considera personificación de la noche. Es la hija del gigante Norvi. Contrajo matrimonio varias veces, y de cada matrimonio nació una criatura. Los relatos difieren unos de otros en cuanto a los detalles de su vida, pero generalmente se identifica a Nott como madre de Jord, la Tierra, aunque a veces se dice también que la Tierra es su hermana. Dagr, el día, es hijo de Nott, pero a veces Dagr es femenino y es su hija. Nott viaja en una carroza negra tirada por un caballo de color oscuro llamado Hrimfaxi, que significa "crin de escarcha". El rocío helado, que cubre la tierra con un manto blanco, se dice que cae gota a gota de su crin según galopa alrededor de la Tierra.

Dagr, el día, viaja por el mundo en una carroza de luz, y la espuma que sale de las fauces del caballo que tira de él, llamado Skinfaxi, crea el amanecer del nuevo día. Tanto Nott como Dagr rodean la Tierra en sus carros, tirados por sus caballos mágicos, creando los ciclos de la luz y la oscuridad y trayendo a la Tierra, en alternancia, la noche y el día.

Meditación
En la profunda oscuridad del invierno
me vuelvo hacia mi interior
y aprendo a conocerme a mí misma.

Louhi
11 de enero: Cristalización

Louhi es una diosa de Finlandia y Laponia. En el poema épico *Kalevala*, compilación del folklore finés, se da a su reino, situado en el norte ártico, el nombre de Pohjola. El nombre de la diosa significa "magia" y se refiere también a un trance o estado alternativo de consciencia. Los habitantes de esta parte del mundo temían a menudo sus poderes chamánicos. La investigación antropológica da a entender que las primeras exponentes del chamanismo fueron mujeres, luego no es de sorprender que Louhi fuera un poderosa maga que podía cambiar de forma y obrar conjuros.

A veces se la representa como una criatura alada y, al igual que a otras diosas de poder, se la suele contemplar desde un punto de vista negativo. Cuanto más poder tenía una diosa, más se la temía y difamaba al ir ganando poder el patriarcado. En el *Kalevala*, Louhi retó al pretendiente de una de sus hijas a crear un *sampo*, un molino mágico que pudiera moler continuamente sal, harina y oro. Después, un héroe desafió a Louhi a causa del valioso artefacto, y siguió así desarrollándose el drama que relata el poema. Sin embargo, a pesar de las muchas pruebas que hubo de superar, Louhi consiguió quedarse con el molino.

Meditación
El molino de mi vida muele grano y sal,
así como el oro del anhelo que nace de mi corazón.

Nortia
12 de enero: Reglas

Nortia es una diosa de los etruscos, que habitaron la parte de Italia actualmente conocida como la Toscana. El significado de su nombre está relacionado tanto con la palabra "norte" como con ese punto cardinal, lugar simbólico de sabiduría y dirección de la búsqueda espiritual. Nortia tenía un templo en la ciudad etrusca de Velsna.

Su símbolo es un clavo largo, que se hincaba ritualmente en un bloque de madera el día de Año Nuevo para simbolizar la idea de poner fin, o de dar sólida permanencia, a lo que hubiera ocurrido el año anterior. Cuando el martillo golpeaba y el clavo se hundía en la madera, se creía que la situación, o el destino, era inalterable. No se podían cambiar las reglas. Lo que había pasado ya no estaba en movimiento ni en juego, y una nueva fortuna gobernaba el futuro, o el año nuevo por venir. La costumbre sobrevivió hasta la época de la Roma clásica y se practicaba en el templo dedicado a Juno, Júpiter y Minerva.

Meditación
El universo opera de acuerdo con ciertas leyes.
Una vez que se emprende un determinado curso de acción
es sabio entregarse a él por entero.

Seshat
13 de enero: Estructura

Seshat es la diosa egipcia de la arquitectura, las escrituras sagradas, los libros y los registros. Ella grababa en el sagrado árbol de la Persea el nombre de cada faraón en cuanto ocupaba el trono. Como diosa de la escritura y de la grabación, se la llama Señora de los Libros. También se hacía referencia a ella como Dama de los Constructores en el ritual denominado "sacar el cordón", que ejecutaba asistida por sus sacerdotes. Este ritual alineaba con precisión el eje de los templos egipcios con ciertas estrellas en el momento en que se ponían sus cimientos.

Seshat es la esposa del dios Toth, a quienes los griegos conocían por el nombre de Hermes, y a ella se le atribuye también la invención de las matemáticas y los jeroglíficos. Seshat medía el cordón que determinaba la longitud de la vida de una persona, por lo cual se la consideraba, además, diosa del destino. Su tocado icónico es una estrella de siete puntas, una figura geométrica que ha de trazarse a ojo y que no se corresponde con una división del círculo en partes iguales. Se dice que este símbolo es, por tanto, emblema del trabajo espiritual.

Meditación
*Pongo los cimientos de lo que deseo construir
con la mira puesta en las estrellas.*

Berta
14 de enero: Amabilidad

Berta, o *Bertha*, conocida como la Dama Blanca, es una diosa del Año Nuevo a la que se da diversos nombres en el nevoso clima de Países Bajos, Alemania y Escandinavia. Se la consideraba físicamente poco agraciada, pero se la veneraba por sus cualidades interiores, especialmente por su amabilidad y dulzura de carácter. Dado que la verdadera belleza de Berta era interior, es eterna, perenne.

Una de sus responsabilidades era cuidar de las almas de los niños que no llegan a nacer, a los que se llama Heimchen, así como de las almas de los bebés que mueren antes de ser bautizados. A veces se considera a Berta la forma femenina del dios escandinavo Odín, y entonces recibe el nombre de Frau Gode.

Meditación
El sendero de la iluminación es para la mujer
un viaje de amor y compasión incondicionales.

Amaltea
15 de enero: Sustento

Amaltea, o *Amalthea*, es una diosa de la Creta antigua. En el mito posterior era una cabra mágica, nodriza de Zeus, que cuidaba de él en una cueva de la isla cretense de Lyktos. Cuando Zeus se hizo mayor, le rompió uno de los cuernos, y de él manaron leche a raudales y preciosos regalos, proporcionándole sustento. Este es el origen de la cornucopia, de la que se cuenta que contenía sustancia suficiente como para alimentar a toda la humanidad. El relato anticipa los posteriores mitos del unicornio.

En otras versiones, de uno de los cuernos de Amaltea mana néctar y del otro, ambrosía, la sustancia divina que otorga a los dioses la inmortalidad. En el mito posterior, Amaltea, con un solo cuerno, se transformó en una colección de estrellas que sería la constelación de Capricornio, en la que está eternamente suspendida entre la Tierra y el cielo.

Meditación
*Reconozco la abundante ayuda e invisible sustento
que continuamente llegan a mi vida.*

Skadi
16 de enero: Aceptación

Skadi es una diosa escandinava del invierno y las montañas que actualmente es también una de las lunas de Saturno. Su nombre es el origen del de la península de Escandinavia, y se la asimila además con la oscuridad y el frío del invierno, el tiempo de las sombras, y el estado de hibernación asociado con la época oscura del año. Se dice que da a los cazadores el regalo del arco y el conocimiento de cómo usarlo sabiamente. Skadi es una giganta con un lado fiero, exactamente igual que el invierno, y, dado que es diosa de un lugar con un clima tan riguroso, donde en el pasado solo se podía sobrevivir gracias a la caza, se creía que eran necesarios los ritos de sangre para propiciarse su voluntad.

El mito de Skadi cuenta que, con los ojos vendados, tuvo que elegir a un dios para marido, y, como solo lograba ver los pies de sus futuros consortes, escogió a aquel cuyos pies le parecieron más fuertes. Resultó ser una alianza desafortunada, pues ella y su esposo no tenían nada en común. Su siguiente elección fue un dios del invierno, con el que pudo compartir sus alegrías. Debemos afrontar nuestra naturaleza verdadera y sacar a relucir lo que está oculto.

Meditación
En la oscuridad del invierno,
me adentro en las profundidades de mi ser
para hacer frente a mis sombras.

Uma
17 de enero: Dedicación

Uma, La Brillante, simboliza en la India el aspecto de anciana sabia de la Gran Diosa. Su nombre significa "luz". Es una diosa de la sabiduría espiritual, y las experiencias que favorece tienen el propósito de proveer sabiduría. Irónicamente, se la conoce como la Madre de la Estación Oscura, ya que en dicha época la luz es interior. Uma es también una diosa de la cordillera del Himalaya, donde mora junto al espíritu de su hermana, Ganga, que se convirtió en el gran río Ganges de la India.

A Uma se la representa de color dorado, y se dice que encarna la belleza y la sabiduría. A veces se la considera una mediadora entre el cielo y la Tierra. Se cuenta que inspiró a todos los dioses con su dedicación, y también que es la reencarnación de Parvati, que se quemó en la hoguera al ofrecerse a sí mima en sacrificio.

Meditación
Me siento en silencio y cultivo un único punto de quietud,
como el silencio de la cima de una montaña.

Ega
18 de enero: Escudo

Ega, *Aega* en griego, es una diosa prehelénica de la región que más tarde sería Grecia. Es la hija de Gaia y Helios, la Tierra y el Sol, y su título es el de Hija del Sol. Su nombre significa tanto "ráfaga de aire" como "cabra". En algunos relatos, Ega adoptaba forma de cabra, y era la nodriza del infante Zeus. Es también una diosa de los animales domésticos. Sus hermanas son Circe y Pasífae, y las tres juntas constituyen una ancestral manifestación de la triple diosa. Este arquetipo de doncella, madre y anciana existió en las culturas de todo el mundo mucho antes de la aparición de la trinidad masculina de la Biblia. Cuando los Titanes atacaron el Monte Olimpo, Gaia protegió a Ega escondiéndola en una cueva para ocultar su belleza y su luz cegadora.

En la época en que Zeus asumió el mando como rey del cielo tenía un escudo llamado Egis, que estaba hecho de piel de cabra. Algunos relatos cuentan que era la piel de Ega, que se la había quitado tras morir degollada en la batalla. *Aegis* es el término que se emplea también para designar la "piel de cabra". El *aegis* era un símbolo de gran poder, y, antes de que Zeus tomara posesión de él, lo llevaban las sacerdotisas de Atenea. Ega se mostró también como una oscura nube de tormenta que rodeó el famoso rayo de Zeus. Más tarde se la situó en el cielo como la estrella Capella, la Cabritilla.

Meditación
*La verdad y la iluminación son poderosos escudos
que me protegen de la oscuridad.*

Xmucane
19 de enero: Tiempo

Xmucane es una diosa maya del maíz. Se la llama la Abuela del Sol, o Abuela de la Luz. Según cuenta el *Popol Vuh*, la gran creación épica maya, Xmucane, junto con su compañero Xpiayoc, crearon a los primeros seres humanos. Xmucane y Xpiayoc son los dioses mayas más antiguos, y se les considera abuelos divinos de los mayas. Hicieron a las primeras personas con maíz blanco y amarillo, y luego Xmucane cocinó un caldo que les dio la vida.

Xmucane y su consorte son también los guardianes de día del *Popol Vuh* y, como consecuencia, están conectados con el calendario maya y con el principio del tiempo. Aunque a menudo se habla de ellos como pareja, Xmucane es el personaje principal en la interacción mítica con los famosos Héroes Gemelos mayas, un relato en el que se la llama Abuela. Como otras grandes diosas ancianas, Xmucane está asociada con la luna menguante y con los ciclos de tiempo oscuros.

Meditación
Danos buena vida,
Abuela del Sol,
Abuela de la Luz,
Haz que amanezca, haz que llegue la luz.

(De la oración maya del amanecer,
en el *Popol Vuh: El libro maya del amanecer de la vida.*)

LAS DIOSAS
DE ACUARIO
La espiral

LO QUE PARECE UNA LÍNEA RECTA
ES UNA ESPIRAL SIN FIN

Acuario es el signo fijo de aire. En la etapa de Acuario, la secuencia del Zodíaco que se va desarrollando está expresada en forma de conciencia de grupo. Durante esta etapa es posible que los seres humanos se unan por un ideal común. Las nacidas en Acuario buscan la verdad en todas las cosas y desean unirse con los demás a nivel universal. Su forma de pensar se adelanta a su época, y pueden ser pioneras en sus ideas y abrir caminos conceptuales hacia nuevas posibilidades utópicas que otros signos más terrestres no son capaces de concebir. Sin embargo, esta energía está fijada en sus mentes, por eso las nacidas bajo el signo de Acuario tienden a ver las cosas solo a su manera, y tal vez se rebelen también contra el *statu quo* o se opongan por principio a estructuras que parecen no funcionar, o que a su modo de ver están anticuadas.

Tradicionalmente, el símbolo de Acuario es el Aguador, y se dice que este es el signo que rige la ancestral disciplina de la astrología. El signo de diosa que corresponde a Acuario es la espiral, que puede verse en los huracanes, en las piñas de las coníferas, las caracolas y las galaxias que se arremolinan en lo recóndito del espacio. El movimiento en espiral representa la naturaleza espiral de la realidad, que eternamente gira y evoluciona. La espiral representa asimismo los ciclos de la naturaleza y del cielo, incluidos los brazos de nuestra Vía Láctea, que nos invitan a mirar hacia arriba y más allá de nuestro ámbito limitado y ampliar nuestra perspectiva. Las diosas de Acuario están conectadas con los cielos, con el espacio y con el conocimiento del principio alquímico del "Arriba". Esto se refiere al ámbito de la superconsciencia y la mente superior —el dominio del pensamiento abstracto—. Las diosas de Acuario están en contacto con el cielo y con el ámbito de la mente superior, y se conectan con las estrellas, los temas celestiales y la ancestral sapiencia de la astrología.

Hebe
20 de enero: Actitud

Hebe es la diosa griega de la eterna juventud y la frescura de la primavera. A veces se la llama la Aterciopelada, pues representa los verdes y aterciopelados brotes primaverales. Su santuario estaba generosamente adornado con esquejes de hiedra. Hebe fue la copera original de los dioses del Olimpo, un puesto muy importante, ya que la poción mágica que contenía la copa era ambrosía, el elixir de la inmortalidad. Era también la guardiana del Árbol de la Vida, que daba manzanas mágicas, la fruta que producía dicho néctar. Los héroes podían hacerse inmortales con tan solo vivir en su jardín.

Hebe, como otras diosas que perdieron el estatus que en un tiempo habían tenido, fue más tarde reemplazada. En este caso usurpó su puesto el apuesto joven Ganímedes, un cabrero del que Zeus se enamoró. Así, Hebe fue colocada en las estrellas, convirtiéndose en la constelación de Acuario.

Meditación
Hoy he elegido jugar y deleitarme
con fruición y admiración de niña.

Yngona
21 de enero: Previsión

Yngona es una diosa danesa cuya festividad se celebra el 21 de enero. Es una diosa anciana cuyo papel es destruir las formas viejas y desfasadas, y elimina, por tanto, aquello que no debe seguir existiendo en los días cada vez más largos del año nuevo. El festival que se celebraba en su honor coincidía con el momento en que el Sol entra en el signo de Acuario. Con el tiempo se la cristianizó y empezó a ser santa Inés —término cuya raíz significa "sagrada"—. La diosa original, Yngona, debió de ser muy poderosa, y debió de estar profundamente arraigado el culto que se le rendía, ya que santa Inés es una de las únicas siete santas femeninas, aparte de María, que se conmemoran en el canon de la misa católica.

Las jóvenes aún rezan a santa Inés y ejecutan rituales la víspera de su día para obtener visiones de sus futuros maridos. Esta costumbre quedó inmortalizada en un poema de Keats. Irónicamente, cuenta la leyenda que santa Inés mártir fue decapitada por negarse a contraer matrimonio, y, sin embargo, hoy en día invocan a la santa las vírgenes que buscan marido y las víctimas de violación que le piden su ayuda sanadora.

Meditación
Si pudiera ver el futuro,
¿cambiaría el curso de mi vida presente?

Bau
22 de enero: Espaciosidad

Bau es una diosa celestial babilónica. Se la llama Diosa de las Aguas Oscuras, haciendo referencia al cielo nocturno. Es posible que Bau fuera la predecesora de la diosa Tiamat, pues se la llamaba también la Mayor del Cielo. El nombre Bau significa en realidad "espacio". Se la invocaba para que bendijera las cosechas, ya que su benevolente colaboración se consideraba esencial para que la cosecha fuera abundante. Se la veneraba también como diosa del perro, lo cual, desde una perspectiva cosmológica, pudo vincularla, como a la diosa egipcia Isis, con Sirio, la Estrella Perro.

Aunque se consideraba que Bau tenía poderes sanadores, se la invocaba también para que maldijera a quienes pisoteaban los derechos de los demás. Se cree que una oración a Bau que descubrieron los arqueólogos, y que aparece traducida en *Myths of Babylon and Assyria*, de Donald A. Mackenzie, se recitaba con ocasión de un eclipse lunar para suplicarle que neutralizara cualquier influencia dañina que pudiera haber causado el eclipse. Uno de los versos dice: «Escúchame, Bau, poderosa señora que moras en los cielos radiantes».

Meditación
Todas las estrellas que veo en el cielo nocturno,
nítido y oscuro, representan solamente
una fracción infinitesimal de las galaxias de nuestro universo.

Tanit
23 de enero: Cielo

Tanit, o *Tanith*, es una diosa fenicia que fue la deidad principal de Cartago, donde el templo construido en su honor se conocía como el Santuario de la Virgen Celestial. Su consorte era Ba'al-Hammon, pero las representaciones la muestran con una categoría superior a él. Tanit es una diosa celestial que gobierna sobre el Sol, la Luna y las estrellas. Algunos estudiosos la asocian con la diosa egipcia Hathor en su calidad de diosa de la luz.

El símbolo de Tanit, también llamada Reina de las Estrellas, era un triángulo coronado por una esfera y una media luna. Otro de sus símbolos era la palmera, por ser el árbol dador de vida en el desierto. Se han encontrado muchas inscripciones con su nombre, en las que se la llama Madre de Todas las Cosas y Deidad Suprema. Los romanos destruyeron Cartago, pero siguieron llamando a Tanit Diosa Celestial y se llevaron sus ritos consigo a Roma, donde representaron a la diosa con alas y con un disco zodiacal sobre la cabeza.

Meditación

Vuelve tus ojos hacia el cielo
para que puedas traer el cielo a la Tierra.

Uni
24 de enero: Totalidad

Uni es la diosa suprema y cósmica de los etruscos, y la patrona de la ciudad de Perugia, en Italia. El alcance de Uni es tan vasto que lo contiene todo y es el origen de todo. Los etruscos vivieron en lo que es actualmente el norte de Italia unos 400 años antes que los romanos. Estaban muy influenciados por los griegos y los fenicios. Se cree que Uni fue la predecesora de la diosa latina Juno, y se la compara también con la griega Hera. Los expertos se han dado cuenta de que su nombre suena igual que *yoni*, término que hace referencia al órgano sexual femenino y al umbral de la vida.

Uni, su esposo y su hijo formaban una importante trinidad, que, en épocas más antiguas, habría estado compuesta por la diosa en su triple forma: la triple manifestación de la doncella, la madre y la anciana. Era la diosa celestial Uni, no su marido, la que lanzaba rayos de lado a lado del cielo. Daba también bendiciones con ocasión de los nuevos nacimientos.

Meditación
¿Puedo imaginar que mi corazón se hiciera tan grande como para contener el universo entero?

Cliodna

25 de enero: Resonancia

Cliodna es una diosa irlandesa y escocesa, y pertenece a los Tuatha Dé Danann, el pueblo celta de la diosa Danu. Cliodna es una deidad de gran belleza que gobierna también el patrón recurrente de las olas del océano. Se dice que cada novena ola representa a la diosa, y que esa ola es más fuerte y más alta que las demás de su ciclo. En esta imagen es fácil percibir el símbolo de ola de Acuario.

Las aves son símbolos celtas de la vida después de la muerte, y Cliodna puede convertirse en chochín; a menudo la acompañan otros tres pájaros que comen manzanas mágicas y tienen el poder de curar a los enfermos con su trino. Su manzano mágico tiene hojas de plata y da frutos de oro. Cliodna es también la diosa del cobre, y posee una copa de esmeralda que puede transformar el agua en vino. En los mitos sobre ella, la diosa seducía a amantes humanos y los llevaba al reino de las hadas, del que ya no podían regresar. Como consecuencia, se la desterró al Otro Mundo, desde el que ahora ejerce su dominio sobre la vida ultraterrena.

Meditación

Todo gira en ciclos que se repiten,
que son eco uno de otro,
inspirando y espirando.

Lemkechen
26 de enero: Fijeza

Lemkechen (lem-QUE-quen) es una diosa estelar del pueblo bereber amazigh del norte de África. Vive en la Estrella Polar y se la ve totalmente quieta, sujetando las riendas de una cría de camello que mama de su madre. Damos a estas constelaciones del camello el nombre de Ursa Minor, la Osa Menor, y Ursa Major, la Osa Mayor. Lemkechen cree que las demás estrellas quieren matarla, de modo que permanece fija mientras el resto del cielo se mueve a su alrededor.

Para el pueblo amazigh, Lemkechen es una gran diosa madre. Su culto es ancestral; se remonta a hace más de 5 000 años. Estos pueblos africanos son actualmente en su mayoría musulmanes, pero siguen poniendo en práctica algunas de sus costumbres ancestrales. Quienes viven en el desierto veneran a las estrellas y creen, además, en espíritus mágicos del desierto, a los que llaman *djinns*, término del que proviene la palabra castellana "genio". En el planeta Venus hay una formación geológica a la que se ha dado el nombre de Lemkechen Dorsa.

Meditación
¿Cuál es el punto de referencia fijo
alrededor del cual
gira toda mi vida?

Zigarun

27 de enero: Conocimiento

Zigarun es una diosa acadia cuyo nombre significa "cielo" o "madre que ha engendrado el cielo y la Tierra". Tiene dominio sobre el abismo marino al que se llamaba Apsu Profundo, o la Casa del Conocimiento, que en el mito babilónico y sumerio era el origen de todas las cosas. La raíz de la palabra *apsu*, abismo profundo, expresa el mismo concepto que aparece en el libro bíblico del Génesis, donde se dice que «las tinieblas estaban sobre la faz del abismo, y el Espíritu de Dios se movía sobre la faz de las aguas».[*]

En Babilonia, a Zigarun se la conocía también por el nombre de Apsu. Con el tiempo, Apsu se convertiría en un dios masculino, al que se le empezaría a representar como el consorte dragón de la diosa Tiamat; pero en las versiones más tempranas del relato, Apsu era de naturaleza femenina y fuente de todas las cosas que emergían del abismo acuático del conocimiento potencial. El posterior dios varón Apsu apareció en las *Enuma Elish*, o *Siete Tablas de la Creación*, composición épica babilónica que data de alrededor del año -600. A las cisternas de agua sagrada se las denominaba asimismo *apsu*, y se reservaban para las prácticas rituales en los patios de los templos asirios y babilónicos.

Meditación

Si no tengo la sabiduría de un corazón amante,
¿qué más da que consiga todo el conocimiento del mundo?

---

[*] Génesis 1:2. (*N. de la T.*)

Las Pléyades
28 de enero: Hermandad

Las Pléyades son las siete hijas del Titán Atlas y la ninfa marina Pléyone. Nacieron en Arcadia, y seguían a Artemisa, la cazadora, en sus escapadas. Algunos eruditos dicen que Pléyone no era una mera ninfa marina, sino que era en realidad la diosa Afrodita. Cuando Atlas se vio obligado a cargar con el mundo sobre los hombros, esto dejó a Orión, el cazador, libre para perseguir a las hermanas; y a fin de mantenerlas a salvo, Zeus las transformó, primero en palomas, y luego en estrellas que colocó en los cielos.

Todas las Pléyades contrajeron matrimonio con otros dioses para engendrar descendientes divinos, excepto Mérope, que se unió a un mortal y, a consecuencia de ello, brilla menos que sus hermanas. El grupo de estrellas Pléyades se conoce y venera en una amplia diversidad de mitos de todo el mundo. Como estrellas, las Pléyades desempeñaban un papel crucial en el año agrícola de los habitantes de Babilonia, mientras que para los egipcios eran las siete Hathor, jueces de los seres humanos.

Meditación

Honro el inestimable tesoro de la hermandad en mi vida,
y en ella me regocijo.

Néfele

29 de enero: Discernimiento

Néfele, o *Nephele*, cuyo nombre proviene de *nephos*, "nube", es la diosa griega a la que Zeus, dios celestial, creó con nubes, queriendo que fuera una réplica exacta de Hera, su esposa, que le había advertido de que cierto rey la deseaba y quería violarla. Como Zeus necesitaba estar seguro antes de actuar, dio forma a Néfele para que sirviera de señuelo. El rey Ixión, que ciertamente albergaba malvadas intenciones, cayó en la trampa y violó a Néfele. La crueldad de este acto fue origen de toda una raza de centauros, que cayeron como gotas de lluvia de una tormenta que se desató sobre el monte Pelión.

Ixión recibió su merecido castigo. Se le encadenó a una rueda de fuego para toda la eternidad; pero era demasiado tarde, pues los rapaces y belicosos centauros ya habían nacido. Néfele se casaría más tarde con Atamas, rey de Orchómenos en el mito griego, y dio a luz gemelos. Después, la familia sería representada en el famoso mito de Jasón y los argonautas, y su búsqueda del vellocino de oro.

Meditación
Aguzo los sentidos para ver lo que de verdad está ante mí
y no dejarme engañar por lo ilusorio.

Ixchel
30 de enero: Memoria

Ixchel es una diosa maya del agua y la lluvia. Como muchas otras diosas gobernaba sobre el nacimiento y tejía los destinos. Se la llamaba Anciana de la Luna, pues representa la sabiduría de la luna creciente, y también Abuela, que es el nombre con el que siguieron honrándola los mayas. El origen del nombre Ixchel es incierto, aunque la palabra *chel* puede significar en lengua maya "arco iris". En el *Códice de Dresde*, uno de los pocos textos mayas que han sobrevivido, se la representa vaciando un gran recipiente de agua, que parece destinada a provocar una terrible inundación. Tal vez el arco iris se forme en el agua que mana del recipiente.

Las mujeres mayas que deseaban un matrimonio fructífero hacían una peregrinación a su santuario, erigido en la isla de Cozumel. A una isla más pequeña que hay cerca de esta se le ha dado el nombre de Isla de las Mujeres, pues se encontraron en ella estatuas de la diosa. Ixchel tiene dominio sobre el baño de vapor que las mujeres tomaban antes y después del parto para purificarse.

Meditación
Hoy puedo buscar a una abuela
y beber hasta saciarme de sus recuerdos y experiencias.

Nut

31 de enero: Despertar

@ @ @

Nut es la diosa egipcia del cielo y una de las nueve deidades originales de Egipto. Es la madre de Isis y Osiris. Con su cuerpo sostiene físicamente el firmamento, y los frescos pintados en los techos de los templos la muestran con las manos y los pies en la Tierra y el cuerpo arqueado, formando la bóveda celeste. Su nombre significa "noche", y la representa el estrellado cielo nocturno. También se la consideraba la gran vaca cuya leche creó la Vía Láctea. Como se ha mencionado en el prefacio, los egipcios de la Antigüedad decían que toda mujer era una *nutrit*, una pequeña diosa, hecha a semejanza de la gran diosa Nut.

Todas las estrellas y cuerpos celestes se consideraban hijos de Nut. Ella los daba a luz y luego los engullía, una y otra vez, en un ciclo que se repetía eternamente. Uno de los títulos más ilustres que se le dieron fue el de Aquella que Acoge un Millar de Almas, y uno de los más mundanos y sorprendentes epítetos, el de Cerda que Devora a sus Cerditos. Nut engullía también a Ra, el Sol, cada atardecer, y le daba a luz de nuevo cada madrugada. Se decía que Osiris, dios de la resurrección, utilizaba una escalera sagrada, uno de los símbolos de Nut, para ascender a los dominios celestes de la diosa.

Meditación

Cada noche trae consigo un olvido más
y cada amanecer, una nueva promesa,
una nueva oportunidad de rehacer el mundo.

Brigid
1 de febrero: Devenir

Brigid, que significa "brillante" o "flecha de fuego", es una diosa de los celtas irlandeses. Era Brigantia para los ingleses, Bride para los escoceses y Brigandú en la Francia celta. La devoción que se le tenía estaba tan extendida que la Iglesia católica la convirtió en santa Brígida y canonizó a la santa de ficción con todos sus atributos de diosa. Cuenta una leyenda que Brigid inventó el silbido, así como los lamentos del duelo a los que llamamos plañidos.

Es diosa de la curación, la orfebrería, la poesía y la música. En su calidad de musa de los poetas recibe el nombre de La Elevada, refiriéndose al ámbito del que llega la inspiración. Su festividad es Imbolc —o la Candelaria, para los cristianos—, que marca el punto medio entre el solsticio de invierno y el equinoccio de primavera. En Imbolc, la savia despierta en el interior de los árboles y, al empezar a fluir de nuevo la energía de vida, se forman brotes en sus ramas. El Día de la Marmota es una vaga remembranza de anteriores ceremonias que honraban el cambio de inclinación en la balanza de la luz y la oscuridad.* La víspera de Imbolc, las mujeres colgaban un paño inmaculado de lana blanca en un árbol, pues se creía que este absorbía la energía de la diosa y, santificado de esta manera, serviría de paño para el altar o de talismán de gran poder.

---

*El Día de la Marmota es un método folklórico usado por los granjeros, especialmente de los Estados Unidos y Canadá, para predecir la fecha en que terminará el invierno basándose en el comportamiento de este animal cuando sale de su hibernación al comenzar el mes de febrero. (*N. de la T.*)

Meditación

Como un inmaculado paño blanco de potencial puro,
siento la energía de Brigid fluir hoy dentro de mí
al abrirse y manifestarse externamente
las estaciones y los ciclos internos de la vida.

Dou-Mu
2 de febrero: Constancia

Dou-Mu es una diosa madre y diosa celeste china. Su nombre significa "madre del gran vagón", y las siete estrellas incluidas en la constelación de la Osa Mayor son su prole; los chinos vieron en ellas un vagón o un arado. Dou-Mu supervisa un registro en el que se inscriben la fecha de vida y muerte de cada persona. Se dice que a quienes la invocan los salva de incontables males y problemas. En el arte chino se la ha representado sentada en un trono de flor de loto, con cuatro cabezas, orientadas respectivamente hacia los cuatro puntos cardinales, cada una de las cuales tiene tres ojos, concepto al parecer relacionado con los doce signos del Zodíaco. Tiene además ocho brazos de gran alcance.

Dou-Mu es una importante deidad en la jerarquía taoísta, y en China hay famosos templos dedicados a ella, en el monasterio Nube Blanca de Pekín, y en Shandong, la Montaña Qian y Yunnan.

Meditación
Contemplo la constancia de las estrellas del norte
que viajan eternamente en círculo por la bóveda celeste
y afianzan mi sentido de la dirección.

Ha Hai-i- Wuthi
3 de febrero: Consciencia

Ha Hai-i Wuthi es un espíritu del pueblo hopi. Se la llama la Escanciadora de Agua, pues sostiene una jarra de agua que ha sido bendecida en una ceremonia. Para un pueblo que depende de las aguas vivificadoras y que invoca la lluvia casi en cada oración, esta bendición es de máxima importancia. El espíritu de Ha Hai-i Wuthi derrama sus abundantes bendiciones y agua de vida sobre la humanidad. Se considera que provee de sustento a todos los seres de todos los niveles de la existencia, ya sean *katsinas*, espíritus benignos que habitan los Picos de San Francisco, en Arizona, u otras formas de vida, incluidas las plantas, los animales, los seres humanos e incluso las rocas. Los hopi la consideran madre espiritual de los *katsinas*.

Ha Hai-i Wuthi es relevante en varias ceremonias estacionales ejecutadas en las mesetas, o *mesas*, hopi, especialmente en el rito Powamu, o danza del frijol, y la danza nocturna. Se la ha esculpido en forma de una tradicional *katsina* tridimensional, y también como muñeca plana colgante, primer regalo que se le hace a un recién nacido y que se coloca cerca del bebé para que lo proteja. Este mismo tipo de muñeca se coloca dentro de la jaula de las águilas cautivas.

Meditación
La calidad de mi vida está determinada por el estado positivo o negativo de mi consciencia, al igual que determinan la calidad del agua las nieves de las montañas.

Pali Kongju
4 de febrero: Limitación

La diosa coreana Pali Kongju es la antecesora directa de los chamanes, o *mudang*, de la Corea actual. La mayoría de los practicantes del chamanismo son mujeres, y han de pasar por un complicado y difícil proceso de iniciación. Los mudang se consideran a sí mismos los descendientes, privados del derecho de representación, de las casas reales de Corea, que en un pasado lejano disfrutaron de gran poder. Pali Kongju era la séptima hija de un rey que deseaba tener un solo hijo. Como hija no deseada, se la arrojó al mar, pero milagrosamente sobrevivió. Viajó entonces al Polo Norte para recoger agua mágica de la parte más occidental del cielo.

El mito de Pali Kongju es la historia de un difícil rito de paso; en ella asume la búsqueda más importante, que normalmente le hubiera correspondido al primogénito. Contra todo pronóstico y los más diversos obstáculos, salió victoriosa y regresó para curar a sus padres y a su pueblo. Se cree que hoy en día Pali Kongju reside aún en las alturas y viene a la Tierra cuando se la invoca para rescatar a las almas que se hallan a las puertas del infierno.

Meditación

Sean cuales fueren los obstáculos
que vaya a encontrar en mi camino
por el hecho de ser mujer,
superarlos me hace más fuerte de lo que era.

Ataensic
5 de febrero: Soltarse

Ataensic, o *Aataensic*, es una gran diosa celeste de los hurones, que originariamente vivieron en la región de los Grandes Lagos de Norteamérica. Su mito de la creación habla de un tiempo anterior a la existencia de la Tierra y de los seres humanos, y de cómo Ataensic cayó por un agujero que había en el cielo. Algunas versiones cuentan que se casó con un hechicero muy poderoso, que tuvo celos de ella porque la magia de la diosa era aun superior a la suya, y que ella intentó escapar. Otras dicen que iba en busca de medicina para su esposo cuando cayó; trató de agarrarse a la rama de un árbol pero, finalmente, se tuvo que soltar, y esto la hizo caer en la oscuridad. Con la ayuda de dos gansos aterrizó sobre el caparazón de una gran tortuga conocida por su sabiduría. Todos los animales llevaron entonces raíces y barro para crear en la Tierra lo que sería la Isla Tortuga, que los hurones consideraban el centro de todo.

Ataensic estaba embarazada cuando cayó por el agujero del cielo, y, llegado el momento, dio a luz a dos varones gemelos, uno bueno y uno malo. Un hijo es dador de maíz, vida y buen tiempo, y el otro causa la muerte y el infortunio. Ataensic tiene la capacidad de convertirse en una bella joven siempre que lo desea, y sigue apareciendo en las ceremonias disfrazada de humana.

Meditación
Por más aterrador que parezca el salto al vacío,
siempre hay un lugar donde aterrizar.

Anahita
6 de febrero: Purificación

Anahita es una antigua diosa madre de Persia —el territorio del actual Irán—. Su nombre significa la "inmaculada". Los ríos y lagos eran para ella sagrados, ya que se consideraban las aguas del nacimiento. Es también una diosa celeste que tiene dominio sobre las aguas fertilizantes y el gran manantial que brota de entre las estrellas, la Vía Láctea, considerada entonces origen de todos los ríos de la Tierra. Se la llamaba Madre de los Dioses, y el mito creado en torno a ella la relaciona con Fátima, que está reconocida en el islam.

Según el Avesta, los textos sagrados del zoroastrismo, Anahita y Ahura Mazda conferían la realeza a los mortales. En Irán hay unos preciosos relieves esculpidos en la roca que representan dichas escenas, y se hallan en lo que antiguamente fue la Ruta de la Seda que atraviesa el Oriente Medio. Anahita purificaba la simiente de todos los varones, santificaba el vientre de las mujeres y purificaba la leche de sus pechos. Las mujeres invocaban su protección durante el parto. Se la representa con una jarra de agua; una corona de ocho puntas, como las fases de la Luna, con un centenar de estrellas de diamante; un manto dorado, y un fabuloso collar de oro.

Meditación
*Me imagino bañándome en las purificadoras aguas
de la Vía Láctea, río cósmico de las estrellas.*

Ananké
7 de febrero: Necesidad

Ananké es la diosa griega de la necesidad, y se dice que se creó a sí misma y emergió del Caos con forma serpentina. Su consorte es Chronos, dios del tiempo. Juntos se enroscaron alrededor del huevo cósmico y constriñeron sus espirales hasta que el huevo se rompió, dividiéndose en cielo, tierra y océano. Se cree que su abrazo en espiral dirige los ciclos rotativos de los cielos y el movimiento del tiempo en sí. El ancestral mito del huevo cósmico se anticipa a la ciencia moderna al decir que el universo estuvo en un tiempo contenido en un espacio muy pequeño, una singularidad. Ananké representa lo que los físicos modernos consideran una respuesta ineludible a lo que se ha llamado el "big crunch" [gran colapso, o gran implosión] del universo previo, antes del "big bang" [gran explosión] que dio origen a este.

A Ananké se la veneraba con el culto del misterio órfico, y se la concebía como representación de una necesidad, o de un curso de acción que era imposible alterar. El dramaturgo griego Eurípides, famoso por sus tragedias, consideraba a Ananké la más poderosa de las deidades, pues gobierna esas ciertas circunstancias en las que realmente no tenemos elección. Era la madre de las Moiras, las diosas que determinaban el destino de los humanos. En la actualidad, Ananké es también la decimotercera luna de Júpiter.

Meditación
Y, sin embargo, la verdadera creadora es la Necesidad,
que es la madre de la invención.

(Platón, *La república*.)

Nísaba
8 de febrero: Aprendizaje

Nísaba es la diosa sumeria responsable de la arquitectura, el registro de datos y la escritura. Hace casi 5 000 años era la diosa patrona de los escribas. A veces se la muestra en el importante papel de escriba jefa de la diosa Nanshe. Todo escriba concluía su composición con las palabras «Alabada sea Nísaba». Había un templo dedicado a ella en Eresh, llamado la Casa de las Estrellas, y otros santuarios que honraban su sabiduría.

Nísaba tenía un conocimiento preciso de las estrellas, y se la representaba con una tableta de lapislázuli, que tal vez contuviera alguna clase de carta celeste. La diosa poseía también lo que se ha traducido como "líneas de medición", con las que calculaba las distancias del cielo. Era una deidad tutelar, o diosa docente, que instruía a los reyes y a otros dioses, entre ellos Babu, el hijo de Marduk, uno de los dioses sumerios de alto rango. Una imagen de la diosa que se encontró en Lagash, en el Irak moderno, la muestra coronada y con una larga cabellera, sosteniendo unas espigas de trigo y una media luna.

Meditación
Las palabras que salen de mi boca y de mi pluma
son igual de ciertas y constantes que las estrellas del cielo.

Las Dakinis

9 de febrero: Intención

Dakini, o, en sánscrito, Kandroma, puede traducirse como "aquella que atraviesa el espacio" o, en ocasiones, "bailarina del cielo". De acuerdo con el budismo, una *dakini* no es una diosa individual, sino un espíritu del aire. Las Dakinis son similares a las hadas celtas y a los espíritus del aire que sirven a la diosa hindú Kali. Se dice que, como los ángeles o los elfos, son seres sobrenaturales que actúan a modo de iniciadoras de pruebas espirituales, desafiando nuestra determinación. Aparecen en momentos críticos, decisivos, en los que la elección que hagamos tendrá importancia trascendental.

El reino celestial de las Dakinis recibe el nombre de Khechari, que significa "tierra de Dakinis", un estado de iluminación alcanzado mediante determinadas prácticas de *yoga* tántrico. Existen cinco órdenes de Dakinis, organizadas por color y atributo. Las Dakinis sacerdotisas, como hacen las trabajadoras de las residencias para enfermos desahuciados, cuidan de los moribundos, y se cuenta que son ellas las que toman el último aliento de aquellos que mueren, facilitando así el tránsito de la persona y ayudándole a conseguir una muerte consciente.

Meditación

Tomo la determinación de atenerme al curso elegido,
por más tentador que pueda parecer desviarme de él.

Bixia Yuanjin
10 de febrero: Adaptabilidad

Bixia Yuanjin es una diosa japonesa de la climatología, y vive a grandes altitudes; las nubes son fundamentalmente sus dominios. Uno de los más bellos títulos que le ha concedido el taoísmo es el de Princesa de la Nube Azul. Se dice que las nubes que vemos en lo alto son guardianas o señales que indican el camino a los templos. Las mujeres de las áreas rurales de China honran a Bixia Yuanjin según ascienden por el largo camino que conduce a su templo, situado en la cima de la montaña Tai Shan.

Bixia Yuanjin tiene dominio sobre el destino y se dice que trae de vuelta la luz cada año, sacándola del vientre de la Tierra, del mismo modo que la vida nace del vientre de la madre. Las nubes de incienso evocan su naturaleza, y, al ascender su humo, se dice que la diosa se transmuta, adoptando formas diferentes.

Meditación
Las creencias que albergo en mi mente
deberían poder cambiar
como las caprichosas formas de las nubes.

Feng Po-Po
11 de febrero: Aire

Feng Po-Po es una diosa china del viento y la meteorología que ostenta el ilustre título de Señora del Viento. Cabalga a lomos de un gran tigre a través de los cielos por un sendero hecho de nubes, y lleva en los brazos una enorme bolsa llena de viento. Cuando hay días de calma, se dice que Feng Po-Po generosamente ha recogido todos los vientos en su bolsa, y que los días borrascosos se deben a que ha vaciado el contenido de su bolsa en el cielo. A veces cambia de humor y decide desencadenar una formidable tormenta.

Cuenta la leyenda que Feng Po-Po encarna todas las manifestaciones del elemento aire, y se la representa como una anciana llena de arrugas. Tal vez se deba al azote del viento, por pasar demasiado tiempo en su propio elemento, y necesite experimentar un equilibrio más elemental.

Meditación
El viento que sopla con fuerza
me ayuda a dirigir mi velero hacia donde quiero ir,
pero un vendaval puede hacer que mi viaje termine en desastre.

Iris

12 de febrero: Esencia

Iris es una diosa griega cuya forma física es el arco iris. Antes de que Hermes, o Mercurio, fuera el mensajero de los dioses, Iris desempeñaba este papel, y sus palabras nunca fueron puestas en duda. Era capaz de volar alrededor del mundo, y desde las alturas del cielo hasta las profundidades del mar, conectar a la humanidad con lo divino. En el arte se la representa como una joven muy bella con alas doradas, y aparece normalmente junto a Hera o Zeus. Al igual que la diosa Hebe fue también copera de los dioses, dispensándoles el elixir mágico, la ambrosía, que les confería la inmortalidad.

Sus hermanas son las Harpías aladas, que fueron en un tiempo hermosas doncellas, pero que, como les sucedió a otras diosas, fueron después denigradas y se convirtieron en criaturas espantosas. El consorte de Iris es Céfiro, el viento del oeste. Iris era especialmente leal a la diosa Afrodita. Una de sus obligaciones era conducir las almas de las mujeres fallecidas a la otra vida, que existía en los Campos Elíseos. En señal de su constante gratitud, los griegos de la Antigüedad plantaban siempre iris púrpuras en las tumbas de las mujeres.

Meditación

¿Está teñida por mis emociones negativas
la forma que tengo de ver la vida,
o está imbuida del resplandor de la luz divina?

Ayizan
13 de febrero: Virtud

Ayizan, o Ayizan Velekete, es una diosa, o *loa*, del sistema llamado Vodun —aunque estamos más familiarizados con el término "vudú"—. Es una diosa de gran poder y está presente en la ceremonia de iniciación llamada Kanzo. De hecho, se dice que Ayizan es Madre de Todos los Iniciados. Su imagen es la de una mujer que va al mercado, ataviada con un vestido blanco y un delantal de profundos bolsillos, que contienen velas, monedas, o dulces que regalar a sus hijos. El plano terrestre de la existencia se concibe como un gran mercado y como un crisol.

En su religión, Ayizan es una *mambo*, o gran sacerdotisa. La mayoría de los ritos celebrados en su nombre son ritos secretos por su naturaleza iniciática, pero a ella se la asocia con la limpieza, la bendición y el empoderamiento. Se emplean una serie de diseños geométricos, llamados *veves*, para invocar a los *loas*, poderosos espíritus del Vodun. Cuando los miembros de la tribu yoruba, del oeste de África, fueron capturados y vendidos como esclavos superpusieron a los espíritus de su tribu el nombre y figura de los santos católicos, y Ayizan empezó a asociarse así con santa Clara.

Meditación
Cuando esté preparada para afrontar la verdad
empezará la siguiente etapa de mi viaje.

Psique
14 de febrero: Almas Gemelas

Psique, o *Psyche*, es una diosa romana, considerada representante del alma inmortal en su búsqueda de unión espiritual con el corazón humano, tipificada en el mito por la relación de Psique con su amado, Cupido (Eros para los griegos). Su historia de amor parece apropiada para el día de san Valentín. Psique era una mortal, más hermosa que la misma diosa Venus. Hechizada por su belleza, la gente dejó de venerar a Venus, y el mundo se volvió un lugar ruinoso. Venus envió entonces a su hijo Cupido para que con una de sus flechas hechizara a Psique, pero cuando Cupido la vio, en vez de hechizarla se enamoró de ella. En algunas versiones, Cupido la esconde en un jardín secreto, adonde acude cada noche para estar con ella a oscuras. Tal vez esto simbolice la naturaleza incompleta del amor romántico, que carece de la conexión consciente entre dos almas.

Psique tenía curiosidad por conocer la identidad de su amante, de modo que encendió una lámpara prohibida, y Cupido huyó. Acto seguido, Psique —y no el héroe masculino, como suele ocurrir en las leyendas— salió a buscar a Cupido guiada por su corazón. Tras un arduo viaje lleno de pruebas logró finalmente reunirse con su amado en la consciencia superior del cielo, satisfaciendo así su anhelo espiritual. Tuvieron hijos, llamados Amor y Deleite.

Meditación
Debo reconocer la divinidad que hay en mí
antes de poder unir esa divinidad con la de otra persona,
y fundirnos entonces en corazón y en alma.

Ceridwen
15 de febrero: Admiración

Ceridwen, o Keridwen, es una diosa galesa de la inspiración poética. Tenía un caldero mágico en el que removía sin cesar el espeso caldo de la inspiración divina. Con este potente brebaje intentaba hacer de su hijo el más sabio e ingenioso poeta. Pero un día, dejó a un simple mortal al cuidado del caldero, y este bebió por accidente un poco del brebaje, al salpicar unas gotas y caerle en la mano. Ceridwen persiguió al mortal adoptando formas de lo más diversas para no ser reconocida, y al fin lo encontró y lo consumió, quedándose embarazada como consecuencia, y dando a luz al famoso bardo galés Taliesin.

El caldero mágico de Ceridwen se llama *amen*, y por una intrigante conexión lingüística, los musulmanes, los cristianos y los judíos concluyen sus oraciones con la palabra "amén"; mientras que para los egipcios, Amen era el Oculto, una deidad inmensamente poderosa. Quién sabe, es posible que el sonido de *amen* esté relacionado con el ancestral canto que invocaba el poder oculto simbolizado por el caldero de esta diosa.

Quizá el relato de Ceridwen sea una metáfora del intenso y a veces doloroso proceso de la creación, hasta que nos inspira la musa. En un nivel más profundo, Ceridwen es diosa de la iniciación, y encarna las pruebas que se han de superar previamente.

Meditación

El caldero en el que bullen las experiencias de mi vida
es en realidad la vasija oculta de mi transformación.

Saraswati
16 de febrero: Palabras

Saraswati es una diosa hindú del conocimiento y de todos los aspectos de la tradición literaria. Su nombre significa "aquella que fluye". En la India, la gente le rinde culto en las bibliotecas ofreciéndole frutas, flores e incienso. Se le atribuye la invención del alfabeto, la gramática, la literatura, la poesía, y los complejos patrones por los que se rige la música india. Irónicamente, en su festividad se guarda completo silencio y no se permite ningún tipo de lectura. Algunas fuentes dicen que descubrió también *amrita*, el elixir que confiere a los dioses la inmortalidad.

En la creencia hindú, solo por medio del conocimiento puede alcanzarse la liberación respecto al ciclo de reiterados nacimientos y muertes. Se dice que las sagradas aguas de inspiración de Saraswati se originan en las nevadas cumbres del Himalaya, y fluyen luego en el río de su mismo nombre en su largo viaje hasta desembocar en el océano. Se representa a la diosa como una mujer bella y elegante, con una media luna en la frente, que cabalga a lomos de un pavo real, llamado *hamsa*. Los cisnes eran para ella seres sagrados.

Meditación
Cuido de que solo la verdad y palabras imbuidas de poder
salgan de mi boca.

Mujer de Cristal
17 de febrero: Visión Interior

La Mujer de Cristal es la mítica diosa de las calaveras de cristal. Se dice que transmitía información entre dimensiones de existencia diferentes, especialmente a los hechiceros. Numerosos pueblos indios de América, entre ellos el maya, nos han dejado o tienen relatos sobre calaveras, atribuyéndoseles el poder de hablar o cantar. La leyenda más conocida cuenta que la diosa poseía trece cráneos sagrados con mandíbulas móviles, pero que dicha colección de cráneos fue dividida y una serie de chamanes guardaron cada una de las piezas para protegerlas hasta que llegara la fecha de que se redescubrieran.

Algunas de las calaveras que se han encontrado están hechas de cristal de cuarzo, y son totalmente transparentes. Algunas tienen tamaño real y están talladas en un solo bloque de cuarzo. Su origen y la manera en que fueron creadas son desconocidos y han dado lugar a muchas controversias, pues las investigaciones que se han llevado a cabo empleando tecnología moderna no han hecho sino aumentar el misterio. Tienen enigmáticas propiedades de refracción, y en 1964 los científicos de Hewlett-Packard, líderes mundiales en la fabricación de osciladores de cristal en aquel tiempo, llegaron a la conclusión de que no debería ser posible que el cráneo que examinaron existiera.

Meditación
La voz de la diosa habla
cuando abro mi ojo interior a la luz.

Atargatis
18 de febrero: Originalidad

Atargatis es una diosa celestial siria representada generalmente como una sirena, pues a veces se aparecía en forma de pez. Se cuenta que cayó del cielo en forma de huevo, y, cuando este se rompió, salió de él una mujer con cola de pez. Cuando se la muestra como diosa del cielo, su rostro está ligeramente velado por lo que parecen ser nubes, y las águilas le rodean la cabeza. En los templos dedicados a ella había estanques sagrados que se llenaban de peces oraculares a los que únicamente los sacerdotes de Atargatis podían tocar.

Estaba prohibido comer pescado o pichones (ya que la hermana de la diosa, Semiramus, se convirtió en paloma), y así sigue siendo en ciertos dogmas egipcios y del Oriente Medio. Algunas fuentes dicen que la constelación Piscis Austrinus, o Pez Austral, cuya boca recibe las aguas de la urna de Acuario, se colocó en los cielos en honor de esta diosa. También los romanos le rindieron culto, y aparece asimismo en el Talmud.

Meditación
Puedo aprender a sentirme cómoda en múltiples elementos,
ascendiendo hasta el cielo
y sumergiéndome en las profundidades.

LAS DIOSAS
DE PISCIS
El grial

UN CORAZÓN RECEPTIVO
ESTÁ LLENO DE COMPASIÓN

Piscis es el signo mutable de agua, y puede considerarse que es el disolvente universal, pues, por un lado, disuelve los límites de la separación creada por todos los signos que le preceden y, por otro, crea un medio fluido en el que las semillas de un nuevo ciclo pueden germinar. En Piscis, las desdichas y alegrías de los demás se sienten intensamente, y bajo este signo nace la compasión. Más que las nativas de ningún otro signo, las nacidas en Piscis se ven obligadas a trascender el sentimiento de individualidad e interés personal y servir a algo más elevado. Piscis tiene conocimiento de la unidad subyacente de todas las cosas, que es la realidad oculta tras el mundo de formas manifiestas.

El signo de diosa que corresponde a Piscis es el grial, el cáliz que contiene las aguas de la consciencia colectiva. El grial es símbolo de búsqueda de inmortalidad y de unión consciente con lo divino. Tradicionalmente se ha asignado a Piscis el símbolo de los dos peces que nadan en direcciones opuestas en el océano de la existencia, pero atados por la cola. Piscis puede representar la ilusión, el no ver con claridad o el negarse a ver, y la inspiración divina. Esta etapa del viaje exige fe. Piscis otorga a quienes nacen bajo su signo el conocimiento del principio alquímico del "Debajo", el profundo embalse de la existencia colectiva, a veces llamado subconsciente colectivo, que engendra empatía. Entre las diosas de Piscis hay sirenas, deidades pez, y madres creadoras nacidas del mar, y están también aquellas que encarnan los principios del sacrificio y la compasión.

Kwan Yin
19 de febrero: Compasión

Kwan Yin, a la que se llama Madre de Misericordia, es la *bodhisattva* china, encarnación del principio de la compasión. En sánscrito, el término equivalente a "compasión" es *karuna*, y se entiende por *karuna* un estado de intensa conexión con los demás, en el que la persona siente sus tristezas y alegrías como si fueran propias. *Karuna* está relacionado con la idea de llorar por otros. Kwan Yin es objeto de gran veneración en todos los lugares hasta los que se ha extendido el budismo. En Japón, a esta misma diosa se la denomina Kannon; en Bali, Kannin; en Corea, Gwaneum, y en Tailandia, Kuan-eim. Su nombre completo significa "observando los lamentos del mundo".

Generalmente se la representa vestida con una holgada túnica blanca, sosteniendo en una mano una urna, en la que hay una sustancia llamada agua de vida, y en la otra una rama de sauce llorón. Las pinturas suelen mostrarla de pie sobre un dragón, lo mismo que muestran a la Virgen María sobre una serpiente. Cuenta una leyenda que Kwan Yin tiene un millar de brazos con los que llega y responde a los incontables lamentos del mundo. En China, los pescadores le rezan pidiéndole que los proteja en sus travesías.

Meditación
Tú que oyes los lamentos del mundo entero,
ten misericordia de mí.

Korobona

20 de febrero: Empatía

Korobona es una diosa acuática de Centroamérica y Sudamérica cuya historia se parece un poco a la de las Hermanas Wawalag de Australia. Korobona es una de las dos hermanas que caminaban un día por la orilla de un lago sagrado y decidió bañarse en sus aguas. Mientras lo hacía se quedó como hipnotizada al mirar un leño que asomaba del lago en posición vertical. Lo agarró, y esto rompió el encantamiento que tenía cautivo y hechizado bajo el agua a un poderoso espíritu. El espíritu emergió y la llevó a su hogar, que estaba en el fondo del lago.

Como en la mayoría de los mitos, la criatura nacida de esta unión creó muchas disputas en la familia, y los símbolos de esta leyenda incluyen la potencia y los tabúes relacionados con el agua y la sangre menstrual. La relación de la madre y el hijo es fundamental para toda la creación de leyendas de las etnias caribes, arawakas y waraos de América Central y América del Sur. El hijo de Korobona, que era mitad serpiente, acabaría siendo un salvador, que fue sacrificado y más tarde resucitó, siendo así el primero de los indios caribes y un poderoso guerrero.

Meditación

Si me paro a mirar hasta lo más profundo,
y me resisto a la tentación de juzgar,
siento el dolor de los caminos ajenos.

Ganga
21 de febrero: Absolución

Ganga, cuyo nombre significa "veloz", es la diosa hindú cuyo cuerpo es el sagrado río Ganges de la India. Supuestamente, el origen de sus aguas está en el cielo, donde la diosa da tres vueltas alrededor del monte Meru. En el arte se la ha representado como una sirena coronada o una gran reina blanca. Cuando la preciosa Ganga nació, danzaba por el cielo, pero un sabio la maldijo por reírse demasiado, y la condenó a ser el río en el que todo el mundo se bañara para purificarse.

Una parte de su destino kármico era inundar cierto *ashram*,* para liberar a 60 000 almas de sus cenizas y absolverlas de su *karma*. Se la considera Ma Ganga, Gran Madre, y, en este sentido, el escritor David Kinsley dice en su libro *Hindu Goddesses* que Ganga es «la esencia destilada de la compasión en forma líquida». En la iconografía se la representa con una vasija llena, que simboliza su potencial de dar vida, así como la cualidad purificadora de sus aguas.

Meditación
Así como el fuego consume el combustible,
este río consume el error.

(Extracto de «Ganga Lahan»,
himno de alabanza a Ganga, de Jagganatha.)

---

* Comunidad espiritual, propia del hinduismo, en la que convive un guía espiritual junto con sus discípulos. (*N. de la T.*)

Britomartis
22 de febrero: Heridas

La diosa a la que se conoce por el nombre de Britomartis, o Dulce Doncella, pertenece a la antigua Creta, y entró en la leyenda griega de la mano del rey Minos. Se cree que "dulce doncella" era en realidad un epíteto del aspecto de doncella que tiene la trinidad de la triple diosa, y no su nombre verdadero. Anteriormente había tenido un aspecto más poderoso, como Madre de las Montañas, en el que la diosa blandía el hacha de doble filo cretense y atesoraba serpientes sagradas. Britomartis sería luego diosa de la pesca y la caza, con el nombre de Señora de las Redes, aspecto que la asocia con Artemisa, que pudo haberla colocado en los cielos como estrella.

De acuerdo con la leyenda posterior, el rey Minos, imitando a Zeus, la persiguió, y ella saltó al océano para librarse de él. Allí, fue salvada, o capturada, por las mismas redes de pesca con que había obsequiado a los mortales, y los pescadores la llevaron entonces a la isla de Egina. Aunque los expertos tienen la sospecha de que Britomartis pudo haber sido en un tiempo la diosa más importante de la cultura minoica, los griegos patriarcales, por el mero hecho de haberla recogido con una red, no solo se sintieron con derecho a reducir su poder, sino que la convirtieron en un feo demonio, que aparecería representado en las monedas de un período posterior.

Meditación

Soy cautelosa en mis elecciones, para no adentrarme ingenuamente en una cárcel enmascarada de santuario.

Hel
23 de febrero: Finales

Suele definirse a la diosa Hel como "la oculta", o "la que se esconde", a raíz de la palabra en lengua norse *hel*, que significa "ocultar". Es una diosa de la muerte y de la vida ultraterrena, y su nombre pudo ser el origen de la palabra inglesa *hell*, "infierno". Hel tiene una naturaleza dual, en cuanto a que la parte superior de su cuerpo está viva y la parte inferior, decrépita, queriendo tal vez insinuar que la vida terrenal puede ser una muerte en vida. Nadie podía eludir el encuentro con Hel, ni siquiera los dioses. Cabalgaba sobre un caballo negro a través de la noche, anunciando los nombres de todos aquellos que morirían antes del amanecer, ya fuera por enfermedad, vejez u otras causas. Los rodeaba amorosamente con sus brazos y se los llevaba a su reino de nueve mundos.

En las versiones más antiguas, su reino se parecía más a una caldera de renacimiento, y se contemplaba a Hel bajo una luz más positiva. Gobernaba también sobre la tierra de las sombras, donde todas las almas se reúnen después de abandonar sus cuerpos. A veces se la llamaba Brunhilde, que significa "Hel en llamas", y era la guía de las Valquirias, que, en el mito posterior, iban recogiendo y llevándose consigo a aquellos que morían heroicamente o en la batalla.

Meditación

Si con valor me desprendo de las sombras del pasado,
pues sé que un día todo ha de morir,
puedo afrontar el futuro con esperanza.

Nammu
24 de febrero: Potencial

Nammu es la ancestral y primigenia diosa sumeria del mar que aparece en el mito babilónico de la creación llamado *Enuma Elish*. Ella es la madre de todos los dioses, incluidos An, dios de las alturas cuyo nombre significa "cielo", y Ki, la tierra. Es posible que a Nammu se la representara en el cielo como la constelación a la que llamamos Cetus, la Ballena, simbolizando la idea de lo "Profundo", el vasto potencial acuático del que emergió toda la existencia, y al que los sumerios denominaban Apsu, que quiere decir "aguas fértiles". Por esta razón se la ha comparado con la diosa Tiamat.

Nammu era también la encargada de crear seres humanos, moldeándolos con arcilla, para que fueran sirvientes de los dioses. Este acto de la creación ocurrió miles de años antes del Génesis. Nammu está representada por un motivo que simboliza el mar.

Meditación
¿Qué potencial reside en las partes más profundas
de mi conciencia al que desee ahora dar forma?

Oba
25 de febrero: Sentimientos

Oba es una gran diosa de los yoruba, del oeste de África, pueblo brutalmente tratado en los tiempos del comercio de esclavos. Los yoruba fueron trasladados a las plantaciones de caña de azúcar del Caribe, donde se les bautizó a la fuerza. La diosa está representada por las aguas del río Oba. Hay quienes dicen que está celosa de su hermana, Oshun, que vive en otro río, de su mismo nombre, y, como prueba de esta envidia, quienes la veneran han señalado que, en el lugar donde ambos ríos se encuentran, las aguas son turbulentas y peligrosas, reflejando la naturaleza volátil de la relación entre las dos diosas.

En otros relatos, Oba aparece como diosa de la cultura y de la ciencia, portadora de sabiduría. Ella es, además, la que proporciona las aguas vivificadoras: el agua para beber y para irrigar los cultivos. Los yoruba sincretizaron sus creencias, superponiendo los santos católicos a los espíritus de su creencia anterior, u Orishas, y el resultado fue la santería, o "Vía de los Santos". Los yoruba creen que, después de la muerte, entran en el reino de sus antepasados, y por eso hacen peregrinaciones anuales a las tumbas de sus familiares para rendirles homenaje.

Meditación
Cuando están fuera de control,
mis sentimientos pueden desbocarse
igual que un río en primavera, inundando sus orillas
y salpicando mi vida de armonía o de discordia.

Lorop
26 de febrero: Misterio

Lorop es una diosa marina y deidad creadora de la tribu yap de Micronesia. Esta región del Pacífico, compuesta por miles de pequeñas islas, está dividida en ocho territorios y naciones Estado. Lorop es la hija de la deidad creadora Liomarar, que tiró arena al océano para formar las primeras islas de lo que sería la Micronesia, y luego dio a luz a Lorop. Esta tuvo tres hijos, uno de los cuales llegaría a ser un personaje heroico.

Cada día, Lorop se zambullía en secreto en el océano. Finalmente un día, uno de sus hijos, que tenía curiosidad por saber lo que hacía su madre, la siguió y la descubrió llenando su cesta de pescado que sacaba de las profundidades del mar. El descubrimiento significaba que tenía que permanecer bajo las olas, pero que cada día salía a la superficie para alimentar a su familia. En la época moderna, Lorop tuvo el honor de aparecer en un sello de correos de 1997, que formaba parte de una serie dedicada a las Diosas Marinas del Pacífico emitida por Palau y Micronesia, dos repúblicas que fueron en un tiempo protectorados de los Estados Unidos. El sello la mostraba zambulléndose en las profundidades del océano con una cesta que llenaría de peces.

Meditación
A veces el misterio es su propia fuente de poder,
y conocer el secreto arruina la magia.

Tetis
27 de febrero: Vulnerabilidad

Tetis, o *Thetis*, a quien se conocía como la Hija de Pies de Plata de la Anciana del Mar, es una diosa griega que posee el don de la transformación. Es una de las Nereidas criadas por Hera, lo cual sugiere que es una diosa ancestral y poderosa. Algunas fuentes creen que Tetis era una de las primeras deidades a las que se veneró en épocas anteriores a la Grecia clásica. Naturalmente, en el mito griego Zeus la deseaba, pero un oráculo había profetizado que, si Tetis daba a luz un hijo, este sería más poderoso que los dioses, lo cual es también indicio del gran poder de la diosa.

Debido a la profecía, Tetis estaba condenada a casarse con un mortal, y fue en su boda con Peleo donde Eris, diosa de la discordia, arrojó su manzana dorada de la discordia entre los invitados. La manzana estaba marcada con las palabras «para la más bella», palabras que, según cuentan algunas versiones del relato, provocaron una discusión entre Afrodita, Atenea y Hera. El mortal Paris fue el elegido para decidir cuál de las tres era la más bella, y escogió a Afrodita porque esta le había prometido a cambio entregarle a Helena de Troya, que estaba ya casada. En el mito, la Guerra de Troya estuvo provocada por este incidente. Posteriormente, Tetis dio a luz al héroe Aquiles y lo sumergió en el río Styx para hacerlo invencible. Desgraciadamente, cuando lo hizo, su mano cubría el talón de Aquiles, que nunca dejó de ser vulnerable y, finalmente, sería su perdición.

Meditación
Conviene que conozca mis puntos débiles
para saber si la mejor defensa es la franqueza o la protección.

Ma Tsu
28 de febrero: Segundo Sentido de la Vista

Ma Tsu es una ancestral deidad taoísta china, diosa del mar. Su nombre significa "madre antecesora", y se la venera como santa patrona. Protege a los pescadores, a los marineros y a todo el que viaja por mar. La veneran más de 100 millones de personas de las áreas costeras del sureste de China, y sus devotos provienen de linajes de marinos. Hay más de 1500 templos dedicados a ella.

La leyenda de Ma Tsu es la de una muchacha mortal que más tarde se convirtió en diosa. Según cuenta una de las versiones, Lin Mo, "muchacha silenciosa", demostró tener un espíritu de tan alta calidad que un maestro taoísta la tomó como pupila a la edad de 13 años. Desarrolló un segundo sentido de la vista y fue capaz de aplacar las tormentas y rescatar a aquellos que corrían peligro en el mar. Se la proclamó *bodhisattva*, persona que ha alcanzado la iluminación. Tras su muerte se la elevó a la categoría de diosa, con el nombre de Ma Tsu.

Meditación
Al entrar en un profundo estado de silencio,
se me revela el verdadero curso de mi vida.

Sedna
29 de febrero: Sacrificio

Sedna es una diosa del pueblo inuit del gélido Ártico, a los que solía llamárseles esquimales. Su mito es la historia de una bella muchacha a la que engañó un potencial marido que era en realidad un monstruo. Se le apareció con aspecto de joven apuesto, y Sedna se fue a vivir con él, hasta que un día descubrió su verdadera naturaleza. Invocó a su padre para que la ayudara, y él llegó en una barca a rescatarla; pero el temor por su propia seguridad le obligó a traicionar a su hija. La arrojó al mar, y luego le cortó los dedos y las manos, pues la muchacha se resistía a soltarse de la barca. Sedna y sus apéndices fueron hundiéndose en el océano y se convirtieron en las focas, morsas y ballenas del profundo océano Ártico.

Como Reina del Mar, Sedna es la responsable de proveer los alimentos acuáticos que los inuit han de cazar. Solamente a los chamanes les está permitido emprender el peligroso viaje para pedirle indulgencia y poder cazar a su prole marina, y para ello hace falta mucho valor y espíritu de sacrificio. Una vez que los chamanes llegan al reino helado conocido como Adlivum, la tierra inuit de los muertos, o inframundo, peinan sus largos cabellos y masajean sus miembros. En época reciente se dio el nombre de Sedna a un planeta enano recién descubierto en la periferia helada de nuestro sistema solar, en un área llamada Cinturón de Kuiper.

Meditación
¿Qué bien valioso estaría dispuesta a sacrificar por el bien común?

Maya
1 de marzo: Ilusión

La diosa hindú y budista Maya (no la griega Maia) es la creadora universal de todas las formas de la existencia, y es el poder divino que permite la evolución del mundo. Se la venera como Madre de la Creación y Tejedora de la Red de la Vida. Aunque la palabra *maya* se traduce generalmente por "ilusión", Maya representa el intercambio continuo de materia y energía. Maya es la encarnación de la famosa ecuación de Einstein: $E = mc^2$. Encarna la realidad cuántica que conecta la vida entera.

Maya es la sustancia misma del Poder Único e Ilimitado que cambia de forma y se plasma en lo que percibimos como realidad manifiesta. Desde el punto de vista de lo que nosotros experimentamos es como un manto que cubriera la energía subyacente y unificadora de la manifestación. Ilusión no es lo mismo que engaño, y su lección más trascendental es que podemos elegir identificarnos con nuestro ego y nuestras vidas carentes de permanencia, o aprender a ver la naturaleza pasajera de las formas externas y entender que somos almas de viaje por la eternidad.

Meditación
De todas las formas de Maya, la mujer es la más importante.

(Sutra tomado de las Escrituras del budismo Mahayana, citadas por Joseph Campbell en *The Masks of God: Oriental Mythology*.)

Anfítrite
2 de marzo: Haciendo Olas

Anfítrite, o *Amphitrite*, es una diosa griega que gobernaba el mar, pero tal vez se entienda mejor su significado si decimos que era la personificación misma del océano. Se la describe como "la que rodea todo", dando a entender que los océanos abarcan la Tierra. Anfítrite aparece entre las principales diosas listadas en las fuentes arcaicas. El mito griego posterior la rebajó al asignarle el papel de esposa de Poseidón, que se casó con ella para ser dios del mar.

En el arte griego se representa a Anfítrite en una carroza tirada por *hippocampi*, caballos con cola de pez, y a veces lleva una corona decorada con patas de cangrejo. Tenía especial afecto a los delfines y a las focas, que estaban entre su progenie. Todo esto hace pensar que el origen de la diosa fue muy anterior, ya que dio a luz a las criaturas del mar. Tristemente fue un delfín, transformado luego en la constelación Delphinus, el que la convenció para que se casara con Poseidón. Su dominio predilecto eran las cuevas submarinas, en las que guardaba sus tesoros.

Meditación
*Mis emociones pueden ser
como el suave chapoteo del mar en calma
o como las tempestuosas olas de una tormenta mar adentro.
Está en mi mano gobernar estas cambiantes
y poderosas corrientes.*

Hsi Wang Mu
3 de marzo: Receptividad

Hsi Wang Mu, conocida como la Reina Madre de Occidente, es una diosa taoísta china cuyos dominios son la vida inmortal. En un nivel más profundo representa el equilibrio y los ciclos de vida y muerte. Es la encarnación del principio del yin, el lado femenino de la creación. En el sistema del yin y el yang, se dice que yin es "refugio" y "oscuridad" y yang, "tierra" y "luz". Se considera que son opuestos y complementarios, y que existen en un continuo flujo y reflujo, como los principios masculino y femenino de la vida.

Hsi Wang Mu vive en un palacio dorado junto a un lago turquesa en el monte Kun-Lun, una montaña de jade, ya que es la guardiana de la lista de los inmortales. Por esta razón se la llamó Madre Dorada del Lago Reluciente. Es también la guardiana del melocotonero sagrado, P'an-t'ao, que da los melocotones de la inmortalidad. El inestimable fruto tarda 3 000 años en crecer y otros 3 000 en madurar. Hsi Wang Mu no tiene marido y es una presencia independiente muy poderosa que no está sometida a la autoridad masculina. Fue enormemente popular en China hace alrededor de 2 000 años. En su aspecto más antiguo se decía que era la responsable de las plagas y la pestilencia, así como de determinar si semejantes males debían propagarse o no.

Meditación

Toda vida tiene un movimiento de flujo y reflujo en el eterno ciclo de la oscuridad y la luz. Aprendo a ejercitar la paciencia, mientras espero a que la marea vuelva a subir a su debido tiempo.

Hina-Ika
4 de marzo: Respeto

Hina-Ika es una diosa hawaiana conocida como Señora de los Peces. Se la considera madre creadora de la isla de Molokai. En Polinesia se la conoce por el nombre de Ina y en Nueva Zelanda, por el de Hine-tu-a-maunga, que significa "diosa de las aguas". Hina-Ika fabricaba un tejido muy especial con corteza de árbol, y enseñaba esta técnica a la humanidad. En su versión de Ina guardaba una anguila en un tarro, pero su prisionera creció y un día intentó atacarla. La diosa la mató y enterró su cabeza en una playa como castigo por el ataque, y en aquel preciso lugar creció la primera palmera. Sin embargo, algunas variantes del relato cuentan que, como en otros mitos, la serpiente era en realidad su amante.

Hina-Ika es la guardiana del mar y de sus criaturas, pues sus devotos tienen la creencia de que todas las formas de vida emergieron de los océanos. Las ballenas son sus hermanas, y ella las protege, y cuando se las mata toma represalias. Ella es un aspecto de la diosa global, que, en Tahití, es el primer ser, del que todos los demás nacieron.

Meditación

Aprendo a respetar la vida en todas sus formas
y, de lo que la naturaleza con generosidad me ofrece,
no tomo más de lo que necesito,
pues he entendido que lo que se extingue
se extingue para siempre.

Ningyo
5 de marzo: Soledad

Ningyo es una diosa pez o sirena japonesa a la que en el arte se ha representado como hermosa mujer de larga cabellera negra y cola de pez. Aparecen relatos sobre ella en *Nihonshoki*, un registro histórico de Japón. Se la considera diosa de la buena fortuna, y hay estatuas de ella tanto en los templos sintoístas como budistas de todo el país que honran Ningyo Shinko, la "Religión de la Sirena".

Cuenta la leyenda que, cuando Ningyo llora, sus lágrimas se convierten en perlas preciosas de gran valor. Es esquiva, y vive en las profundidades del mar, pero a veces es posible que lleguen a verla los mortales. Ha existido tradicionalmente la creencia, un tanto macabra, de que toda aquella mujer que consiga capturarla y arrancarle de un mordisco un bocado de carne obtendrá juventud y belleza perpetuas. Así que no es de extrañar que la diosa no se deje ver.

Meditación
¿Qué precio permitiría que pagaran otros
—incluidas las criaturas del mar—
a cambio de conseguir juventud y belleza?

Wah-Kah-Nee
6 de marzo: Expiación

Wah-Kah-Nee es un espíritu de las etnias amerindias chinook, de Norteamérica, establecidas a lo largo del río Columbia, en la región noroeste de la costa del Pacífico. La vida de los chinook dependía totalmente del río, ya que el pescado era su principal recurso alimentario. Cuenta la leyenda que un año el pueblo tuvo que afrontar un invierno sin fin. Los ancianos se reunieron en consejo, y llegaron a la conclusión de que aquel tiempo gélido les había sido enviado como castigo por haber matado a un ave. Una niña confesó con dolor que ella había lanzado la piedra que había matado al pájaro. La muchacha se ofreció en sacrificio. Los chinook la vistieron con sus mejores ropas y la tendieron sobre el hielo, donde se fue helando lentamente.

Su expiación aplacó a los espíritus. El hielo empezó a derretirse y las aguas del río volvieron a fluir. Un año más tarde, el bloque de hielo que recubría el cuerpo de Wah-Kah-Nee se derritió también, y milagrosamente la muchacha revivió. Durante el resto de su vida fue chamana de su pueblo. Se decía que, desde aquel día, podía caminar sin ropa de abrigo en medio del tiempo más inclemente.

Meditación
Toda acción provoca una reacción,
y toda elección tiene una consecuencia.

Nyai Loro Kidul
7 de marzo: Reparación

Nyai Loro Kidul es una diosa sirena de la isla de Java, en Indonesia. Java, situada entre Bali y Sumatra, y que en un tiempo fue escenario de poderosos reinos hindúes, es la isla más poblada del mundo. Nyai Loro Kidul vive en el fondo del mar y controla las olas, a veces traicioneras, del océano Índico. Sus largos cabellos de color verde están llenos de conchas y algas, así que los javaneses nunca utilizan prendas de color verde dentro del agua por miedo a ofenderla. En ocasiones, la parte inferior del cuerpo de la diosa tiene forma de serpiente, y entonces se la describe como *nagini*, una serpiente hembra.

Cuenta la leyenda que Nyai Loro Kidul, cuya historia nos recuerda a la de Cenicienta, era una bella princesa, víctima del desprecio y la envidia. Su malvada madrastra envenenó el agua en la que se bañaba, y Nyai Loro Kidul fue objeto de un maleficio que le produjo una enfermedad de la piel. Tras su mágica curación se transformó en sirena.

Meditación

No esperaré reparación por parte de nadie,
pero pediré a los demás que me perdonen
cuando sea necesario.
La venganza crece sin control
y sus repercusiones pueden hacer mucho daño.

Andrómeda
8 de marzo: Fortaleza

Andrómeda es la hija humana de Cefeo, rey de Joppa [Etiopía]. En el mito, su madre, Casiopea, proclamó que su hija era más bella que las ninfas marinas. Naturalmente, las hijas de Poseidón, dios del mar, se sintieron ofendidas, y, para reparar el daño, Poseidón exigió a Cefeo que ofreciera a Andrómeda en sacrificio. La encadenaron a una roca para que Cetus, el monstruo marino, la devorara; pero, afortunadamente, el héroe Perseo pasó por allí en el momento oportuno y la rescató.

Algunos estudiosos creen que el origen de Andrómeda es muy anterior, dado que su nombre significa "gobernante de los hombres" y su historia tiene paralelismos con la de Marduck y la diosa Tiamat, y con la de Ba'al y la diosa Astarte. Como muchas de las diosas a las que posteriormente se redesignaría como simples esposas de dioses o héroes, Andrómeda sería luego la esposa del héroe Perseo y su poder disminuiría. Finalmente, Atenea la elevó a las estrellas, y cada año se relata el mito entero al pasar las constelaciones por sus ciclos anuales. La galaxia de Andrómeda es nuestra vecina galáctica más próxima, y los astrónomos creen que nuestra Vía Láctea es similar a ella en cuanto a forma y características.

Meditación
Ante cualquier cosa que el destino me depare,
por más injusta que parezca,
puedo mantenerme firme con dignidad.

Secuana
9 de marzo: Santuario

Secuana, o *Sequana*, es la diosa celta del río Sena, el río más famoso de Francia. *Sequana* es el nombre latino del río, que nace en las altas cumbres al oeste de los Alpes, pasa por París y desemboca en el Canal de la Mancha. Se representa a la diosa dentro del agua, que fluye tanto sobre la superficie de la tierra como en profundos arroyos y pozos subterráneos.

Recientemente se han encontrado reliquias bajo el agua en el recinto de un santuario de sanación erigido en el nacimiento del río. Se cree que los objetos debieron de ser presentes ofrendados a la diosa por los peregrinos que acudían a su santuario sagrado en busca de solaz y sanación. Durante la festividad anual de Secuana, la gente remolcaba una barca por el río, en la que se llevaba la figura de un pato con una baya en el pico. Se cree que una estatua de características similares que hay expuesta en el Museo Arqueológico de Dijon debe de ser de Secuana. Es la estatua de una mujer vestida con una larga túnica y coronada con una diadema, de pie en medio de una barca con forma de pato.

Meditación

Hoy busco un momento para volverme hacia mi interior
y crear una atmósfera de santuario sagrado.

Hat-Mehit
10 de marzo: Confianza en sí misma

Hat-Mehit es una eminente diosa predinástica del antiguo Egipto a la que generalmente se representa con forma de pez. A veces se la ve como un delfín, que transporta su significación más allá del río y hasta el gran océano. Se la veneraba en el delta del Nilo, en Mendes, donde se la consideraba personificación del propio Nilo. *Mehit* significa "gran inundación", y la traducción del nombre de la diosa sería "casa de Mehit". Es una diosa madre a la que también se llamaba La que Preside los Peces.

Se muestra a Hat-Mehit con un pez sobre la cabeza, símbolo del nomo —subdivisión territorial del antiguo Egipto— en el que reinaba. El hecho de que fuera portadora del símbolo de la región indica lo poderosa que fue en un tiempo. Más tarde, cuando comenzó el culto a Osiris se la consideró su esposa y aquella que le había dado la autoridad; por último se la degradó. Se han encontrado piezas de cerámica en el exterior de lo que se cree que pudo haber sido su templo.

Meditación
Echo la red en las profundas aguas de mi conciencia.
La promesa de encontrar tesoros
sumergidos desde hace mucho tiempo
me da confianza.

Chalchihuitlicue

11 de marzo: Perdón

Chalchihuitlicue, llamada Señora Esmeralda, o Señora de la Falda de Jade, o a veces Saya de Piedras Azules, es la diosa azteca de los lagos y arroyos. A veces se la considera compañera del héroe y dios Quetzalcoatl, cuyo nombre significa "serpiente con plumas". Otro de sus títulos es Aquella cuya Bata de Noche Hecha de Refulgentes Estrellas Da Vueltas en lo Alto. Al igual que otras diosas tiene un aspecto benigno y uno oscuro. En su comportamiento benévolo es un río ancho y caudaloso, con una chumbera rebosante de frutos que crece en su orilla, lo cual representa un corazón sincero y generoso. Chalchihuitlicue bendecía, además, a aquellos que pescaban en sus aguas.

Tenía dominio sobre el cuarto mundo, el que existía antes del nuestro, en el que el cielo estaba hecho de agua; pero la diosa provocó una gran inundación y lo destruyó. No obstante, salvó de ella a quienes lo merecían, los transformó en peces y construyó un largo puente hasta el quinto mundo; ese puente es el arco iris que vemos en el cielo. A Chalchihuitlicue se la asocia también con las flores y con los hongos alucinógenos que se utilizan en las ceremonias de iniciación. Esto muestra el papel que desempeña en alterar y expandir la conciencia.

Meditación

El aferrarme a las ofensas y pérdidas pasadas me refrena.
Hoy perdono el pasado y afronto el futuro.

Hermanas Junkgowa
12 de marzo: El tiempo de los sueños*

Las Hermanas Junkgowa son diosas marinas de los aborígenes australianos, y viven en el Tiempo de los Sueños. Como otros tríos de hermanas de todo el mundo, las Hermanas Junkgowa representan el triple aspecto de la Gran Diosa: doncella, madre y anciana. Estas tres hermanas crearon a todas las criaturas de los mares y los ríos, así como a los primeros seres humanos. Para explorar las aguas del océano fabricaron una canoa y se hicieron a la mar, cantando mientras remaban. Y allí donde hundían los remos iban naciendo las criaturas del mar.

Cuando las Hermanas Junkgowa llegaron a tierra empezaron a pasear. Y en cada lugar donde tocaban el suelo con sus varas aparecía un agujero del que manaban las aguas de un manantial sagrado. Estas aberturas se consideran portales que dan paso al mundo de los espíritus. Todavía se imagina a la tres hermanas a bordo de su canoa deslizándose sobre su reino acuático, y así es como aparecieron en el sello de correos de las Diosas del Mar de la Serie del Pacífico.

Meditación

*Cada acto puede ser una potente meditación
que me conecte con la sabiduría colectiva, y puedo también
conectarme con ella a través de los sueños.*

---

* Según los aborígenes australianos, la época anterior a que el ser humano habitara la Tierra. (*N. de la T.*)

Dama del Lago
13 de marzo: Reclamación

Vivianne es el nombre que con frecuencia se da a esta diosa celta que se nos muestra con varias apariencias distintas. Para los celtas de la Edad Media era la Dama del Lago, y aparece en la leyenda del rey Arturo. Su nombre significa "vida". En algunos relatos vive en la isla encantada de Ávalon con sus ocho hermanas, especie de musas. Ávalon es el místico territorio submarino de los muertos, y el mítico lugar al que se llevó al rey Arturo después su muerte.

Con el nombre de Dame du Lac fue la madre adoptiva de Lancelot —el caballero Lanzarote— e hizo de él un gran héroe de su tiempo, de la misma manera en que lo hizo la diosa griega Tetis con Aquiles. Se dice también que la Dama del Lago era la guardiana de los Símbolos de la Tradición, objetos sagrados que simbolizaban el principio de la soberanía, y como tal, dio a Arturo su famosa espada, Excálibur. Como la mítica diosa Vivianne, hechiza a su profesor, Merlín, y lo sume en un estado de encantamiento perpetuo para mantenerlo junto a ella en su mágica relación maestro-pupila. Sin embargo, si profundizamos un poco más, el relato nos revela el período de iniciación que los magos debían superar en la Tierra de las Hadas para aprender los misterios de la vida y la muerte.

Meditación

¿Qué objetos de mi vida son sagrados
y parecen estar imbuidos de poder?

Ran
14 de marzo: Corrientes ocultas

Ran es una diosa escandinava del océano a la que se conoce como Reina de los Ahogados, y están también bajo su dominio las tormentas del mar. Se decía que tenía predilección por el oro, de modo que los marinos siempre llevaban una moneda de oro en el bolsillo, por si acaso una ola los arrastraba de la cubierta del barco durante una tempestad, ya que con ella podrían entrar en el paraíso de la diosa. En los *Eddas*, compilación de mitos escandinavos en dos volúmenes, se denomina a esta práctica «pago del viaje hacia Ran».

El marido de Ran es el dios del mar Aegir, con el que tuvo nueve hijas, que son las olas del océano y las "Garras de Ran". A veces se las representaba como sirenas. Los marineros supersticiosos creen que Ran tiene una gran red con la que atrapa a los hombres y se los lleva al fondo del mar para hacerlos compañeros de sus hijas; sin embargo, a todos aquellos a los que lleva a su reino submarino los cuida con ternura. Se dice que cualquiera que se ahogue y se aparezca luego como fantasma en su propio funeral está en las buenas manos de Ran.

Meditación

Trazo el rumbo e izo las velas en aguas tranquilas,
para que no me arrastren de cubierta las corrientes ocultas
de mis emociones no expresadas.

Glispa
15 de marzo: Afirmación

Glispa es una diosa navajo que dio a los dine, o "la gente" como se denominan a sí mismos, el canto sagrado de la belleza y la sanación. Tras un viaje lleno de peligros, un viaje de naturaleza chamánica, Glispa conoció a un chamán de la tribu culebra que sería su amante y maestro. Este levantó la superficie de un lago mágico, que era la entrada al inframundo, y la dejó entrar. Las serpientes son guardianas de la sabiduría en todas las mitologías del mundo, y casi siempre se las contempla bajo una luz positiva. Las culebras suelen estar también conectadas con el elemento del agua primigenia.

Glispa pasó dos años con el pueblo de la Culebra, que vivía en el Lago del Despertar, dentro del inframundo, y aprendió allí su bello y complejo canto, que luego enseñaría a los indios navajo cuando regresó del inframundo para visitar a su familia. Se dice que los cantos navajo procuran sanación y restablecen el equilibrio y la armonía.

Meditación
En el sendero de la belleza estoy,
con él vago.

(Extracto del Canto navajo de la Unidad.)

Modjadji
16 de marzo: Poderes Secretos

Modjadji, que significa "gobernadora del día", es una deidad de Sudáfrica, diosa de la lluvia y manifestación de la diosa Mwari. Se la conoce por el nombre de Khifidola-maru-a-Daja, que significa "transformadora de las nubes", pues se cree que posee el secreto de la lluvia, y que la provoca interactuando con los espíritus nube. La diosa dio a luz a un linaje de reinas humanas, a las que se atribuía el título honorífico de Modjadji, y estas reinas sucesivas han gobernado a la tribu lovedu de Sudáfrica. Se dice que encarnan el poder de la diosa, y su linaje y capacidad de provocar la lluvia se remontan a ella.

El relato moderno empezó cuando una joven princesa se escapó del imperio Karanga de Zimbabwe acompañada de sus partidarias y fundó una nueva comunidad. Ella fue la primera de un linaje de reinas de la lluvia humanas que recibían su poder de la diosa. Con el tiempo, incluso los guerreros zulúes y swazi sentirían admiración por ella. Existe en la actualidad una reserva de la naturaleza llamada Modjadji, en nombre de la Reina de la Lluvia poseedora de tan misteriosos poderes, en la que se inspiraría también el famoso libro *Ella*, de H. Rider Haggard.

Meditación
*Hoy invoco a los espíritus nube para que traigan la lluvia
clara y purificadora a las áreas desérticas de mi vida.*

Erish-Kigal
17 de marzo: Letargo

A Erish-Kigal, diosa sumeria y reina de Arallu, la Tierra Sin Retorno, se la conoce como la Gran Dama que Mora Bajo la Tierra. Actúa a modo de psicopompo, aquel ser que conduce las almas de los difuntos a la ultratumba, que en este caso es el palacio de lapislázuli donde mora en el inframundo, mientras que su hermana, Ishtar, vive en el cielo. Cuando el cielo y la tierra se separaron y se creó el mundo, Erish-Kigal fue llevada bajo tierra; y, como en mitos de muchas diosas de todas las partes del mundo, sus dominios son la época del año en que la tierra está en letargo.

Una vez, hace mucho tiempo, Erish-Kigal reinó sola en una tierra virgen occidental, en los confines del mundo, que estaba envuelta en jardines de arcos iris. Luego recibió a los muertos propiamente dentro de ella, ateniéndose a una especie de programa de reciclaje cósmico. A veces se la representa con cabeza de león y piel oscura. Algunos mitos creados en torno a ella tocan el tema de los interminables ciclos de la vida y la muerte.

Meditación
Durante la estación oscura del año puedo gestar
nuevas creaciones y buscar cobijo en mi luz interior.

Kauri

18 de marzo: Ternura

⊚ ⊚ ⊚

Kauri es una diosa prevédica de la India, dispensadora de *karuna*, que en el Tantra incluye el amor en todas sus formas. El Tantra es un sistema de creencias asiático en el que se venera a la diosa Shakti, y el universo se contempla como manifestación del juego de amor de Shakti y el dios Shiva. El amor de Kauri lo acompaña todo, desde el afecto físico y la sexualidad hasta el amor incondicional de la madre hacia su criatura. Las investigaciones psicológicas han demostrado lo vital que es el afecto para la salud y el bienestar emocional, y especialmente el afecto de la madre hacia su hijo o hija. Se concebía a Kauri como el aspecto virginal, o del poder potencial, de Shakti, que empoderaba a los dioses, y sin el cual no podían actuar.

Karuna suele entenderse normalmente como compasión impregnada de sabiduría, o misericordia, y, sobre todo, como generosidad ofrecida a quienes sufren. *Kauri* suena igual que *cowrie*, el nombre de la concha en forma de vulva que es tan apreciada como talismán y que se utiliza para la joyería en todo el mundo. Esta concha se considera emblema del órgano reproductor femenino y de sus propiedades generadoras.

Meditación
El amor intenso no mide, solo da.

(Madre Teresa de Calcuta.)

Ixtab
19 de marzo: Valor

Ixtab, diosa maya a la que se conoce como la Dama de la Soga, es la guardiana de aquellos que se suicidan, y especialmente de los ahorcados. Los mayas creían que quienes se suicidaban iban directamente al cielo, y que la horca era una manera honrosa de morir. Ixtab es una deidad psicopompa que conducía las almas directamente al paraíso, donde comían debajo de Yaxshe, el Árbol Placentero, y descansaban bajo su sombra. Recogía también a las mujeres que morían de parto, víctimas sacrificiales, y a los que morían en la batalla.

Ixtab aparece en el *Códice de Dresde*, uno de los pocos textos mayas que han sobrevivido, colgada de una soga que cae del cielo y con aspecto de muerta. Se la representa rodeada de tablas en las que se registraban los eclipses, luego es de suponer que tenía importancia astronómica en relación con los eclipses de Sol y de Luna. Los eclipses se Sol, principalmente, pueden considerarse emblemas de la muerte y el renacimiento, ya que, en ellos, aparentemente el Sol desaparece por completo durante un tiempo detrás de la órbita de la Luna.

Meditación

*¿Estoy afrontando de verdad
la situación en la que me encuentro,
o intento simplemente tomar la única salida
que me parece posible?*

LAS DIOSAS
DE ARIES
El hacha de doble filo

EL VALOR CONSISTE EN ACTUAR
A PESAR DEL MIEDO

Aries es el signo cardinal de fuego que, en el hemisferio norte, empieza con el equinoccio de primavera, el momento en que tienen la misma duración el día y la noche. La época de Aries tiene carácter de fuerza iniciadora, surgida de la naturaleza colectiva del decimosegundo signo, Piscis. Aries es una fuerza irresistible, y representa los principios de la resurrección y la individualización, punto simbólico de todos los comienzos y punto de partida del círculo de las estaciones. Tradicionalmente ha representado a Aries la figura del Carnero, y su energía, como la de la primavera tras el invierno, tiende a ser pionera, iniciadora, apasionada, impulsiva y aventurera.

El signo de diosa que corresponde a Aries es el hacha de doble filo cretense, llamada *labrys*, que utilizaban específicamente las sacerdotisas con fines rituales. Era símbolo de poder real, y no un arma, aunque pudo haber sido el instrumento empleado en los sacrificios. El término tiene curiosamente la misma raíz etimológica que la palabra "laberinto". Los laberintos más antiguos se han encontrado en Europa meridional y datan de hace 4 000 años. Los nativos de Aries son buscadores de caminos, y el abrirse paso por el sendero sagrado de un laberinto, blandiendo el hacha de doble filo, parece una metáfora muy apropiada para los pioneros del Zodíaco.

Entre las diosas de Aries encontramos a las dulces diosas de la primavera, que encarnan los nuevos comienzos, la luz del alba, la renovación cíclica de la tierra y el renacer de la vida. Son también líderes valerosas, pioneras que abren nuevos caminos, y fieras guerreras que tienen la determinación de batallar. Las diosas de Aries son independientes y sienten un intenso gusto por la aventura. Es fundamental para la mujer Aries tener una visión, una perspectiva clara, pues será esta la que le permita avanzar por el camino nuevo.

Tefnut
20 de marzo: Visión

Tefnut y su hermano, Shu, son deidades egipcias veneradas por su papel de Ojos Gemelos del dios Sol Ra. El ojo izquierdo era la Luna, el ojo de la noche, y el derecho era el Sol. El dios primigenio Atum creó a los dos hermanos en el principio de los tiempos, y ellos fueron la primera pareja de la Enéada,* los nueve dioses originales de Heliópolis, la ciudad del Sol, en el norte de Egipto. Tefnut es el ojo izquierdo del Sol y está asimismo asociada con el úreus, o *ureus*, signo de la cobra en osición de ataque que simboliza la realeza y la maestría, y que los faraones llevaban en la frente. A Tefnut se la conocía también como el Úreus de la Cabeza de los Dioses.

Se veneraba a esta diosa en Leontópolis, en el antiguo Egipto, en su aspecto de león rojo, o de león con un disco del sol y el úreus en la cabeza. En Heliópolis se la concebía como una fuerza creativa que ocupaba un espacio entre el cielo y la Tierra, y como mediadora que hacía posible la vida en el mundo. Aunque se conocía a Tefnut como Señora de la Llama, su nombre está relacionado con la humedad del rocío matinal, y fue su misteriosa gracia como principio solar la que hizo que hubiera humedad en Egipto. Junto con Shu, Tefnut sostenía el arco del cielo y recibía al Sol recién nacido cada mañana.

Meditación

Cuando tengo la visión clara, mis creaciones
son de inspiración divina y tienen la fuerza del Sol.

---

*   *Eneada* es la denominación en griego; el término egipcio era *Pesedyet*. (*N. de la T.*)

Aditi
21 de marzo: Orden

Aditi, cuyo nombre significa "ilimitada", es la diosa hindú vestida de Sol. Es la autocreada Madre de los Mundos. Dos de sus títulos son Espacio Cósmico y Sostenedora del Cielo. A Aditi se la suele identificar con una vaca que proporciona el sustento. Como vaca cósmica, similar a Isis y Hathor, suministra una leche que es una bebida redentora, llamada *amrita*.

Aditi dio a luz a los doce espíritus del Zodíaco, llamados Adityas, es decir, "hijos de Aditi". Cada uno de estos espíritus gobierna un mes del calendario; así pues, Aditi marca el tiempo, dado que sus hijos estructuran los límites del espacio anteriormente ilimitado. Encargó a sus hijos que supervisaran el orden de los ciclos de la naturaleza, y, en su calidad de Sol, Aditi viaja a través del año para visitarlos. Uno de estos espíritus es el héroe Aryaman, probablemente Aries, que sería el ancestral dios de los arianos. Se dice que Aditi libera de sus ataduras o limitaciones a quienes se lo piden, y su papel de guardiana del orden moral cósmico es semejante al de su hijo, Varuna.

Meditación
La rueda de las estaciones empieza de nuevo
al ir avanzando los hijos de Aditi.

Eostre
22 de marzo: Renovación

Eostre es la diosa germánica de la primavera, también llamada Ostara o Eastre. Su nombre es el origen de la palabra *Easter*, con la que en lenguas anglogermánicas se denomina la Pascua, única festividad del calendario cristiano que todavía está determinada por la Luna. Eostre es la diosa del amanecer, del renacer y de los nuevos comienzos. Su festival se celebra el primer día de la primavera, en que se la invoca al alba, con un fuego ritual, para resucitar la tierra mientras la luna llena simbólicamente se oculta tras la diosa. El retorno de Eostre cada primavera calienta el suelo y lo acondiciona para un nuevo ciclo de crecimiento.

Un año la diosa se retrasó, y una niña encontró a un pajarillo casi muerto a causa del frío. La niña invocó la ayuda de la diosa y, en respuesta, apareció un arco iris, sobre el cual llegó Eostre vestida con su túnica roja de radiante luz solar y derritió las nieves. Como la avecilla no tenía remedio, Eostre la convirtió en una liebre blanca como la nieve, que luego traería regalos en huevos irisados. Las liebres y los arcos iris son sagrados para la diosa, como lo es la luna llena, pues antiguamente se veía la imagen de la liebre dibujada en la Luna.

Meditación
A veces han de rendirse con gentileza las viejas formas
para que la vida renazca en formas nuevas y sublimes.

111

Perséfone
23 de marzo: Renacimiento

Perséfone, o *Persephone*, es la diosa griega de la primavera. Cada año, al final del invierno, Perséfone retornaba a la superficie de la Tierra para reunirse con su madre, Deméter. En invierno, mientras Perséfone vivía en el inframundo como Reina del Hades, la tristeza de Deméter hacía que la tierra se volviera fría y árida. Luego, cuando simbólicamente madre e hija se reunían cada primavera, las aves cantaban en los árboles y los arbustos volvían a florecer.

A Perséfone se la conocía también como Koré, y fue la Proserpina de los romanos, cuyo nombre en latín significa "emerger". En algunas versiones de la leyenda, Plutón (Hades) engañó a Perséfone haciéndola comer semillas de granada para que tuviera que quedarse en el inframundo. En otras comió la fruta por iniciativa propia. Ahora Perséfone pasa cuatro meses en el Hades, y durante los ocho restantes irradia su luz y calor sobre la Tierra.

Meditación
Incluso en la más oscura noche de desesperación
sé que el amanecer siempre llega.

Atalanta
24 de marzo: Independencia

Atalanta, cuyo nombre significa "equilibrada", es una diosa amazona de la antigua Grecia. Cuando nació, se la dejó sobre una roca del monte Partenio y allí se la abandonó a su suerte, porque su padre quería un hijo varón. Pero la encontró una osa, enviada por la diosa Artemisa para rescatarla, que la amamantó. Algunas versiones cuentan que era la propia Artemisa en forma de osa. Atalanta creció y se convirtió en una gran cazadora y guerrera. Mató incluso a dos centauros que intentaron violarla.

Un día, su padre oyó de su fama y sus aventuras y quiso que se casara, a fin de poder obtener reconocimiento personal por la buena reputación de su hija. Engañosamente, se persuadió a Atalanta de que participara en una carrera en la que, si su oponente ganaba, habría de casarse con él. Pese al engaño inicial, Atalanta acabó casándose con él por amor. Algunos relatos cuentan que ella y su esposo serían transformados luego en leones, y tirarían del carro de la diosa madre Cibeles.

Meditación
Si me soy fiel a mí misma,
incluso las experiencias más desafiantes o dolorosas
pueden tornarse en sabiduría y fortaleza.

113

Nertus
25 de marzo: Tregua

Nertus, o *Nerthus*, es una diosa teutónica de la fertilidad que, según la mitología nórdica, cruzó Dinamarca montada en un vagón tirado por vacas, bendiciendo la abundancia del suelo. La abundancia la seguía, y allí donde sus pies desnudos tocaban la tierra, algo crecía. Era miembro del Vanir, grupo de dioses amantes de la paz, que estaban siempre en desacuerdo con los dioses guerreros, los Aesir. Según la mitología, Nertus podría ser la madre de la diosa Freya.

Nertus presidía Asgard, la morada de los dioses daneses. Se le ofrecían sacrificios en una arboleda sagrada de la isla de Fyn, en un gran lago de Dinamarca. Su poder alcanzaba máxima grandeza al aproximarse el tiempo de Ostara, el equinoccio de primavera. Durante su jovial festival primaveral reinaba la paz, y sus devotos se negaban a tomar las armas y a hacer la guerra. Nertus enseña que nada es tan importante como para no poder dedicar un poco de tiempo a la gratitud y la celebración.

Meditación

Hoy elijo iniciar la paz,
pues sé que la guerra nace de un estado de miedo y carencia.

Niké
26 de marzo: Victoria

Niké es una diosa griega que personifica la victoria en todas las áreas de la vida, incluida la del atletismo. Por esta razón, el diseñador Jeff Johnson, al que había contratado el empresario Phil Knight, recomendó utilizar su nombre para la conocida marca de material deportivo. Así, el triunfante poder de esta diosa de la Antigüedad se manifestó en la más exitosa empresa fabricante de calzado que se haya conocido.

Como para demostrar que el tamaño no es sinónimo de poder, los griegos esculpieron a Niké como una diminuta figura alada. Se decía que se encaramaba al hombro de otros dioses, o que asomaba por entre la túnica de alguna diosa. Exquisitos relieves de Niké adornan los templos griegos. Su representación más famosa quizá sea una estatua sin cabeza llamada Victoria de Samotracia, expuesta en París, en el museo del Louvre. Aunque era capaz de correr o volar a velocidades vertiginosas, a menudo se la representa tocando la lira o la flauta.

Meditación
Muchas batallas son solo mentales,
y la rapidez mental y una estrategia inteligente
pueden ganar a la fuerza bruta.

Diosa Reno
27 de marzo: Dirección

La diosa de hoy es un espíritu del reno siberiano, y guardiana de todos los recién nacidos, en especial de los nacidos en primavera. Un grupo de arqueólogos alemanes descubrió un cráneo de reno hembra montado sobre un palo ritual de más de dos metros de alto, que evidentemente se había caído en un antiguo lago sacrificial cercano a la ciudad de Hamburgo. Las hembras añosas de especies con astas, como esta, eran sagradas para las tribus de la Antigüedad y sus chamanes. Entre los rumiantes, tales como el ciervo, las hembras de mayor edad eran las exploradoras del terreno y líderes de la manada.

El reno y el caribú son las dos únicas especies de cérvidos en las que las hembras tienen astas. Según el Departamento de Pesca y Caza de Alaska, tanto a los machos como a las hembras de reno les crecen astas cada verano. A los machos se les caen al llegar el invierno, normalmente entre finales de noviembre y principios de diciembre, mientras que las hembras las conservan hasta después de dar a luz en primavera. (Por lo tanto, basándonos en las representaciones gráficas que históricamente se han hecho de los renos de Santa Claus, todos debían de ser hembras.)

Meditación
*Confío en que la sabiduría
que me dan mis experiencias singularmente femeninas
me permita encontrar el camino verdadero.*

Gendenwitha
28 de marzo: Paradoja

Gendenwitha es una diosa iroquesa,* cuyo nombre significa "aquella que trae el día". Como Venus, es la estrella de la mañana. Su relato es la triste historia de un amor malhadado, como el de Romeo y Julieta. A Gendenwitha le encantaba bailar bajo el cielo estrellado, y un valiente joven llamado Sossondowah, gran cazador del espíritu del alce, se enamoró de ella. La vio danzar durante toda la noche, anhelando estar a su lado.

Intentó enamorar a Gendenwitha con el canto de las aves: en primavera cantó como un azulejo; en verano, como un mirlo, y en otoño chilló como un cuervo, tratando de capturarla y llevarla al cielo. Pero otra diosa, el envidioso espíritu del Alba, apresó al cazador y lo obligó a ser guardián de su Portal de la Mañana. Lo ató a la jamba de la puerta y luego convirtió a Gendenwitha en el Lucero del alba. Sossondowah todavía la contempla durante toda la noche, pero nunca podrá estar de verdad con ella. Al amanecer, como Lucero del alba, y a pesar del dolor de no estar con su amado, señala el comienzo del nuevo día.

Meditación

Danzo por pura dicha a pesar de mi dolor,
esperando a que llegue el alba y la promesa de un día nuevo.

---

* El pueblo iroqués es originario de la región de los Grandes Lagos, en América del Norte. (*N. de la T.*)

Aya
29 de marzo: Comienzos

Aya es una ancestral diosa caldea de la aurora a la que con frecuencia se llamaba la Novia del Sol; su luz brillaba sobre el mar y daba esperanza a todo el mundo. Con el tiempo se fusionó a Aya en la mitología de la diosa Ishtar. Al igual que a otras diosas del amanecer, a Aya se la asocia con las montañas orientales, que simbólicamente dan a luz la órbita solar cada día; no solo porque se ve ascender el Sol por detrás de sus picos y elevarse en el cielo, sino que parece que las montañas lo empujaran hacia arriba como en un parto.

Caldea era una tierra pantanosa a orillas del río Éufrates, la región que hoy en día corresponde al sur de Irak y Kuwait. Los caldeos creían que la unión mística, o matrimonio sagrado, de Aya con el dios Sol había hecho crecer y florecer la vegetación existente. Se la invocaba en todos los comienzos, cuando se necesitaba un potente raudal de energía que aportara la renovadora luz del amanecer.

Meditación
Cada día trae consigo el regalo de un nuevo comienzo
y la fuerza para volver a empezar.

Olwen

30 de marzo: Maestría

Olwen es una diosa galesa de la primavera y de la luz del Sol cuya larga cabellera dorada flota en el aire a su espalda cuando camina. Su nombre significa "sendero blanco", pues cuenta la leyenda que deja un rastro de tréboles blancos al pasar por los prados, que recobran la vida en primavera. Su magia hace que se abran las flores y los árboles florezcan. Se la llama también Rueda Dorada y Blanca Dama del Día, y representa el aspecto opuesto a Arianrod, Rueda de Plata de la noche estrellada.

El padre de Olwen era un gigante muy posesivo que no quería que su hija se casara, e ideó trece tareas imposibles que la diosa debía realizar para obtener el beneplácito paterno. Olwen salió airosa de cada una de ellas y luego se casó con el hombre al que amaba. Algunas versiones del relato cuentan que el éxito que fue obteniendo en cada tarea provocó la muerte de su padre, lo cual da a entender que se trataba del rey Sol anual, mientras que las tareas harían referencia al ciclo de trece lunas nuevas o llenas de cada año solar.

Meditación

Puedo encontrar la fuerza interior
para superar situaciones aparentemente imposibles,
y sigo el rastro de la luz y de la vida mientras actúo.

Thorgerd
31 de marzo: Defensa

Thorgerd es una diosa guerrera de Islandia que vive en Trudheim, el hogar de los dioses. Su nombre significa "protección de Thor", y sus cualidades habrían podido tomarse de historietas épicas modernas tales como *X-Men*. Era ferozmente protectora. Cuando el enemigo atacaba a su pueblo, la diosa manifestaba un poder inconmensurable, y afiladas flechas salían disparadas de cada uno de sus dedos. Cada flecha iba dirigida contra un enemigo, y, según estos veloces proyectiles mortíferos alcanzaban su blanco, cada combatiente enemigo quedaba eliminado.

Se veneraba a Thorgerd como poderosa patrona y protectora. Se la invocaba también para obtener éxito en la caza y la agricultura debido a su precisión infalible. A veces se la emparejaba con el dios nórdico Thrud, cuyo nombre significa "poder" o "fuerza".

Meditación
Ataco las situaciones difíciles de frente, y atravieso con certeza el corazón de cualquier problema.

Belona
1 de abril: Diplomacia

Belona, o *Bellona*, es la diosa romana de la guerra, pero también de la diplomacia y la autoridad militar. Su ámbito era en realidad mucho más extenso que el de Marte, que luego sería el más famoso dios de la guerra. Si es cierto que las guerras se declaraban en el templo de Belona, también lo es que era allí donde se recibía y agasajaba con gran ceremonia a los embajadores extranjeros y a los generales que regresaban de la batalla.

Suele representarse a Belona enfundada en una armadura, con una antorcha y un látigo manchado de sangre. A veces su cabellera está hecha de serpientes, que son símbolo de sabiduría, dando a entender que jamás debería declararse la guerra sin una juiciosa deliberación previa o haber apelado antes a la diplomacia. Su nombre es el origen de la palabra latina *bellum*, guerra, y *antebellum*, término empleado sobre todo en el sur de Estados Unidos para referirse a las estructuras construidas antes de la Guerra de Secesión.

Meditación
Elijo con prudencia qué batallas librar y, antes,
apelo siempre a la diplomacia y las negociaciones.

Eos
2 de abril: Promesa

Eos es la diosa griega de la aurora. Su nombre es similar al de Eostre, pero Eos es la diosa de cada amanecer sin excepción, y es por tanto equivalente a la diosa romana Aurora. Su hermana es Selene, la Luna, y su hermano es Helios, el Sol. Eos tuvo un romance con Astreo, cuyo nombre significa "estrellado", y de esta unión nacieron cuatro vientos: Bóreas, el viento del norte; Noto, el viento del sur; Céfiro, el viento del oeste, y Euro, el viento del este.

A Eos se la imaginaba luciendo una flamante cabellera roja, vestida con una túnica de color azafrán dorado y conduciendo una magnífica carroza púrpura tirada por dos caballos. Por la mañana conducía su carroza a través del cielo, pero en otros momentos del día se la veía cabalgando a lomos de Pegaso, el corcel alado. Sin embargo, Eos tenía alas propias, de modo que, cuando lo deseaba, volaba por el cielo portando una antorcha que iluminaba las nubes rosas del amanecer e incendiaba el cielo.

Meditación
Doy la bienvenida a cada amanecer
con optimismo y una vivificante expectación.

Tea
3 de abril: Vista

Tea, o *Theia*,* era la Titánide de la vista, una de las diosas que formaban parte de la poderosa raza de los Titanes, que precedieron y dieron a luz a los dioses griegos del Olimpo. Sus padres eran Gaia y Urano, la Tierra y el cielo, y su nombre suele traducirse por "diosa". Tea era la responsable de dotar al oro, la plata y las piedras preciosas su brillo y su valor intrínseco. Dado que representa la facultad de la vista posee también la capacidad de evaluar con claridad cualquier situación, y, por consiguiente, de quitarnos de los ojos la venda que nos ciega a la realidad.

Tea se casó con su hermano Hiperión, que era asimismo un dios de la luz, y fue madre de Helios, el Sol, y Selene, la Luna —a quienes se conoce como las "luces" del cielo—, así como de Eos, la aurora. Tea tenía un santuario oracular en Tesalia al que la gente acudía a "ver la luz" oculta tras la oscuridad de sus problemas.

Meditación
La luz me permite ver el brillo exterior,
que a pesar de su centelleo quizá no tenga valor intrínseco.

---

* En griego, "diosa". (*N. de la T.*)

Inanna
4 de abril: Complejidad

Inanna es una antigua diosa sumeria del amor y el vino, pero también de la batalla, pues, como toda pareja sabe, donde hay amor suele haber también guerra. Se la conocía como la "sagrada virgen", lo cual en aquel tiempo significaba que era una diosa independiente y que nunca se casó. Se la muestra generalmente de pie sobre dos grifones, bestias míticas femeninas con cuerpo de león y alas de águila. Hace 6 000 años se asociaba a Inanna con la ciudad de Uruk, la mayor ciudad del mundo en aquella época, que estaba situada al este del río Éufrates y al oeste del Tigris, donde está la actual Al Muthanna, en Irak. Se encontró allí un famosa vasija que mostraba a la diosa engalanada para un matrimonio divino.

Al igual que su sucesora babilónica Ishtar, cada año Inanna hacía un descenso al inframundo. Otro mito fascinante nos cuenta que aspiraba a obtener los Decretos de la Civilización, similares a las Tablas del Destino, a fin de incrementar su poder y mejorar las condiciones de su pueblo. Para conseguirlas viajó por el cielo en su barca en busca del dios Enki, que tenía su morada en Eridu. Tras embriagarlo, Inanna escapó con el tesoro, y este episodio estuvo seguido de persecuciones y batallas, pero finalmente las valiosas tablas quedaron en poder de Inanna.

Meditación
Mi Señora, tú eres la guardiana de toda grandeza.

(De «La exaltación de Inanna», -2300,
tomado de *Inanna, Lady of the Largest Heart*,
traducido al inglés por Betty de Shong Meader.)

Al Uzza
5 de abril: Pujanza

Al Uzza es una antigua diosa del desierto de la Arabia preislámica, y forma parte de la trinidad de diosas que incluye a Al Lat y Al Menat. Su nombre significa "la poderosa" o "la fuerte", y se la veneraba como el Lucero del alba y el Lucero de la tarde. De la trinidad, ella encarnaba el aspecto de la joven doncella, y era además una fuerte guerrera a la que se mostraba cabalgando a horcajadas sobre un camello. Pudo haber sido una *djinn*, una genio o espíritu del desierto con magníficos poderes, como la posterior reina de Saba. En la tradición judía muy posterior era un ángel rebelde que robó secretos mágicos a los dioses y se los reveló a Eva.

Hasta el siglo VII, Arabia estuvo gobernada por reinas muy poderosas. Antes de su conversión, Mahoma honraba a Al Uzza, pero acabó traicionándola y destruyendo su arboleda sagrada de acacias al sur de La Meca. La creencia en "la poderosa" sobrevivió a la profanación de la arboleda durante casi 1000 años, e, incluso en la actualidad, la estrella y la media luna siguen siendo símbolos del islam.

Meditación
Nunca menosprecio la pujanza silenciosa
de la fuerza femenina.

Aerten
6 de abril: Desafío

Aerten es una diosa galesa cuyo nombre significa "firme en la batalla" y se deriva del término celta *aer*, "batalla". Tenía un santuario en el río Dee, de Cornualles, Gales, en un lugar llamado Glyndyfrdwy, desde donde se cuenta que predecía el resultado de las guerras entre los clanes celtas. Según las leyendas locales, tres seres humanos sacrificaron sus vidas y se ahogaron en el río, cerca del santuario, para lograr la victoria en la batalla.

Suele compararse a Aerten con las Moiras griegas, lo cual es indicio de que en un tiempo debió de tener un aspecto triple. La naturaleza de Aerten es similar a la de Átropos, la diosa del destino encargada de cortar el hilo que determinaba la longitud de una vida. Es también parecida a la diosa irlandesa de la guerra, Morrigan.

Meditación
Afronto las batallas con firmeza,
pues sé que la mayoría de mis luchas son internas.

Nemétona
7 de abril: Energía

Nemétona es una diosa británica a la que honraban los druidas. El significado de su nombre es "la de la arboleda sagrada", que es en realidad un título honorífico de la diosa, y en el corazón de dicha arboleda, que recibía el nombre de *nemeton*, había un santuario dedicado a ella. Nemétona protegía los recintos donde los druidas ejecutaban sus ceremonias sagradas y los imbuía del sentimiento de santuario. La raíz de su nombre se encuentra también en la tribu germánica celta de los németes, "el pueblo de la arboleda sagrada".

Nemétona tenía dominio sobre la guerra y las artes militares, y a veces se la asociaba con Loucetios, dios celta del rayo, asimilado a Marte. Y debido a su asociación con el rayo, o fuego del cielo, capaz de incendiar un árbol, Nemétona estaba también conectada con los árboles sagrados, y especialmente con el roble. En las calurosas primaveras inglesas, se le rendía culto en Bath junto a la diosa romana Sulis. Se representaba a Nemétona como a una reina, sentada en su trono con un cetro en la mano, rodeada de las figuras de tres hombres encapuchados y un carnero.

Meditación
Puedo crear un santuario sagrado
en lo más hondo de mi corazón
y entrar en ese lugar sagrado
para rezar y cobrar nuevas energías.

Chamunda
8 de abril: Ferocidad

Chamunda es una diosa hindú a la que se considera feroz y vengadora. Se manifiesta como uno de los aspectos de la diosa Kali en su papel de degolladora de los demonios Chanda y Munda, y su nombre es una combinación del nombre de ambos. La historia de Chamunda cuenta cómo estos dos malvados y arrogantes generales de los ejércitos de demonios abordaron a la diosa Durga y la retaron a luchar. Durga se enfureció, y el aspecto vengador de la diosa Kali afloró entonces de su frente, uniendo su poder al de Durga. Tras la victoria, a Durga se la llamó Chamunda.

Las imágenes de Chamunda como feroz diosa de la guerra son imágenes sombrías, pero no es su propósito glorificar la guerra. Se la representa como una mujer negra con los ojos rojos, inyectados en sangre, la lengua colgando fuera de la boca abierta, y acompañada de un chacal. Es una enemiga aterradora, armada con maza y espada. Lleva una horca, va vestida con una piel de elefante, y, cuando batalla, va montada en un búfalo.

Meditación
Consciente del peligro
que encierran las explosiones de cólera,
dirijo mi ira por cauces positivos.

Khon-Ma
9 de abril: Alerta

Kohn-Ma es una antigua diosa del Tíbet cuyo nombre significa "suerte" o "fortuna". Los budistas tibetanos dicen que Kohn-Ma gobierna todos los elementos. Viste una túnica amarilla y lleva una horca dorada, y, según algunas fuentes, cabalga a lomos de un gran carnero.

Hay ciertas prácticas supersticiosas relacionadas con Kohn-Ma que son indicio de su antigüedad. La gente suele atribuirle el dominio sobre los espíritus de la Tierra, algunos de los cuales son poco amistosos y necesitan ser aplacados; por eso, se acostumbra a colgar de la puerta de las casas un cráneo de carnero, o una fotografía de las personas que viven en ella, para confundir a los espíritus y asegurarse de que todo el mundo estará a salvo. Tal vez estas costumbres ancestrales tengan también como fin protegerse de una muerte temprana, e impedir a la Anciana Madre que se lleve a sus hijos de vuelta a su vientre demasiado pronto.

Meditación
Estoy siempre alerta a la naturaleza
de los pensamientos que albergo,
pues sé que mis pensamientos crean mi mundo.

Beiwe
10 de abril: Expectación

◎ ◎ ◎

Beiwe es una diosa de los saami, el pueblo indígena de Finlandia y Laponia. Vuela por el cielo en un carro hecho de astas de reno, y su hija, Beiwe-Neia, diosa del Sol, viaja con ella. Cada primavera, como expresión de gratitud por el retorno de la diosa, durante el festival de Beiwe los finlandeses extienden mantequilla sobre sus puertas, que se derrite con el calor del sol, y la gente interpreta que son las diosas las que se la comen, pues han de estar hambrientas tras su largo viaje de invierno.

Cada año, Beiwe devuelve a la región ártica el color verde de la primavera y los tiernos brotes, proporcionando así alimento a los seres humanos y a los renos. Se invoca su gracia para restablecer el equilibrio en aquellos que han enloquecido a causa de la oscuridad reinante durante la larga ausencia de la diosa, lo cual origina el estado que actualmente recibe el nombre de "enfermedad afectiva estacional", un tipo de depresión que aparece como resultado de la exposición a una oscuridad prolongada; el caso opuesto, la enfermedad afectiva estacional estival, está causado por el exceso de luz.

Meditación
Recibo la primavera con dichosa expectación
a medida que la luz regresa
y destierra la larga oscuridad del invierno.

Juana de Arco
11 de abril: Fe

Juana de Arco no es técnicamente una diosa, pero son muchas las diosas que empezaron siendo mujeres y más tarde fueron deificadas. Jeanne d'Arc es un potente símbolo del poder femenino, y su fe y valentía transformaron muchas vidas. Tenía trece años cuando empezó a recibir visiones de santa Margarita de Antioquía, santa Catalina de Alejandría y el arcángel Miguel. Pronto Juana sería una valerosa guerrera que ganó un reino para su rey; a continuación se la traicionó, y acabó siendo víctima de viles maniobras políticas.

Juana de Arco fue capturada y vendida a los ingleses por 10 000 francos. Un corrupto tribunal eclesiástico la condenó por herejía, y fue quemada viva en 1431. Su caso se reabrió en 1456, y fue absuelta. Varios siglos más tarde, la Iglesia cambió de opinión sobre ella; la beatificó el 11 de abril de 1905 y la declaró oficialmente santa católica en 1920. Generalmente se representa a santa Juana vistiendo una armadura y con una espada en alto.

Meditación

¿Estaría yo dispuesta a morir por mis creencias
y por la voz que me habla desde dentro?

Macha
12 de abril: Acción

Macha es una triple diosa celta que puede tener apariencias diversas: Macha la Pelirroja, Macha la esposa de Nemed, y Macha la esposa de Cruinniuc. Se consideraba que Macha la Pelirroja era el aspecto guerrero de la diosa Morrigan. En un macabro gesto de intimidación, las cabezas de los degollados en la batalla se colocaban sobre altas columnas de piedra llamadas "los pilares de Macha", *Mesred machae*, en lengua celta. Macha la Pelirroja fue coronada reina de Irlanda al conseguir el trono a la muerte de su padre, uno de los tres monarcas que gobernaban el país ateniéndose a un ciclo rotativo. Ella es la única reina de la lista de grandes reyes de Irlanda.

Como esposa de Cruinniuc, Macha —al igual que la diosa Rhiannon— se vio obligada a tomar parte en una carrera estando embarazada de gemelos. Hacía tiempo que Cruinniuc fanfarroneaba de que su esposa era más veloz que los caballos del rey, y este exigió que Macha lo demostrara. Ganó la carrera, pero, al terminar, maldijo al rey y al reino del Ulster, anunciando que, en los momentos de mayor necesidad, su linaje sufriría como una mujer durante el parto. Acto seguido murió dando a luz a los gemelos.

Meditación
Reconozco el peligroso poder de las maldiciones
y tengo mucho cuidado con lo que digo.

Neit
13 de abril: Atención

Neit, o *Neith*, es la diosa egipcia de la guerra y la caza, y el culto a su imagen se remonta a tiempos predinásticos. Se la representa con un escudo y con un arco y dos flechas cruzados, y a ella se le atribuía la fabricación de todas las armas para los guerreros. Era también la guardiana de los cuerpos de los soldados caídos. En períodos posteriores llevaba una lanzadera sobre la cabeza, con la que se decía que tejía los vendajes para las momias, y también para los heridos en la batalla.

Neit era la protectora de Sais, situada en el extremo occidental del delta del Nilo, y que fue la capital de Egipto en el siglo VII, durante la XVI dinastía. Herodoto cuenta que el templo de Neit rivalizaba con el de Karnak. Cada año se celebraba en su honor un festival llamado la Fiesta de las Lámparas, durante el cual se encendían innumerables lamparillas que ardían bajo el cielo toda la noche. Dado que el lugar donde se rendía culto a la diosa estaba próximo al delta del Nilo, el dios cocodrilo Sobek era su hijo. Los himnos y oraciones se referían a ella como La que Abre los Caminos, y era por tanto la equivalente femenina del dios chacal Anubis.

Meditación
Si presto atención a lo que es más importante,
se despejará el camino para que pueda avanzar.

133

Bendis
14 de abril: Conflicto

Bendis es la Gran Diosa de Tracia y de la isla de Lemnos, una región que hoy correspondería al sur de Bulgaria, noreste de Grecia y parte de Turquía. En la antigua cultura tracia, las mujeres eran las que se ocupaban de la tierra y el pastoreo. A la poderosa Bendis se la llamaba Cazadora de Dos Lanzas. Su nombre significa "atar", y se la representa agarrada a la rama de un árbol sagrado que otorgaba el acceso al inframundo.

Ya en tiempos de Platón, su festival de primavera, conocido como Bendideia, se celebraba en Creta, en el puerto del Pireo, y una de las actividades que se practicaban por la noche eran las carreras ecuestres de antorchas, que Platón menciona en su obra *La república*. Las mujeres que veneraban a Bendis iban ataviadas con pieles de león y de zorro, y ejecutaban ceremonias en su honor en la santidad de las arboledas sagradas. Un relato cuenta que las mujeres de Lemnos se rebelaron una vez en su nombre y mataron a todos los hombres de la isla, pero los expertos creen actualmente que se trata de una invención de los atenienses para justificar su invasión de Lemnos.

Meditación
Soy mujer, oíd mi rugido.

(Helen Reddy, «I Am Woman», 1972.)

Némesis
15 de abril: Venganza

Némesis es una diosa griega y persa de la justicia y la venganza; su nombre significa "justa sanción". Es hija de la diosa Nox —cuyo nombre significa noche— e implacable impositora de castigos a los culpables. Se representa a Némesis con porte de reina, montada en una carroza tirada por grifones, bestias míticas consideradas símbolo de venganza. El grifón tenía cuerpo de león, cabeza de águila y prominentes orejas equinas; y los grifones hembras tenían alas de águila, y talones de águila en vez de las patas delanteras del león.

Némesis suele aparecer alada, con una corona adornada con ciervos y sosteniendo una manzana en una mano y una rueda de plata en la otra. En su calidad de "impositora de sanciones" se la consideraba contrapuesta a Tyche, dispensadora de buena fortuna. Está conectada con la idea de que todas las cosas se miden en la balanza del tiempo, y esto es afín al concepto de que a todas las deudas e impuestos les llega, tarde o temprano, el día de vencimiento.

Meditación
La balanza de la justicia sopesa cada acción,
por lo tanto elijo reflexivamente
un curso de acción prudente y basado en el amor.

Andraste
16 de abril: Invencibilidad

Andraste es la diosa guerrera de la victoria a la que veneraba la tribu celta iceni, que en un tiempo habitó la costa sureste de Inglaterra, en el actual Norfolk. Se cree que su nombre significa "la invencible", o "aquella que no ha caído". Andraste era la diosa a la que invocaban los celtas de Gran Bretaña la víspera de la batalla, a fin de ganarse sus favores y adivinar cuál sería el desenlace del conflicto. La famosa guerrera celta que fue la reina Boudicca —o, en latín, Boadicea— encarnaba a esta diosa en su campaña de venganza contra los romanos. Después de que el marido de Boudicca muriera en el campo de batalla, los romanos saquearon la ciudad, torturaron a la reina y violaron a sus dos hijas. En el año 60, Boudicca se vengó, encabezando la más enérgica rebelión habida desde que los romanos invadieran Gran Bretaña.

Se rendía culto a la diosa Andraste en arboledas sagradas y santuarios creados en los bosques, y una de las leyendas sobre ella se refiere en particular al bosque de Epping, en el sur de Gran Bretaña. La liebre era el símbolo de la diosa, y cuenta la leyenda que Boudicca soltó una liebre en esta arboleda como parte de un rito propiciatorio antes de la famosa batalla. Después de una batalla más, en la que fue traicionada por el jefe de un clan vecino, Boudicca tuvo el valor de ingerir veneno antes que someterse a la violación y la esclavitud por parte de los romanos.

Meditación
No me inclinaré ante la tiranía, y, si la batalla está servida, tomaré partido por lo que es justo.

Esharra
17 de abril: Perspicacia

Esharra es una diosa babilónica de los campos verdes y la vegetación naciente cuyo nombre significa "sagrada morada de los dioses". Otro aspecto suyo es el de diosa guerrera que defendía las propiedades y tierras de quienes la veneraban. En la cultura babilónica de hace casi 5 000 años, las mujeres tenían derechos que luego nos ha costado miles de años recuperar.

Esharra era suma sacerdotisa de la ciudad de Kish en el famoso cuento del juramento de Sargón, relato de ficción basado en hechos históricos que refleja los antiguos rituales de la realeza, que exigían que los aspirantes al trono superaran una serie de pruebas. Esharra hizo de iniciadora en el reto que hubo de afrontar Sargón para que se determinara si era digno de ser nombrado rey. En la leyenda, compilación de textos y descubrimientos arqueológicos, Esharra le dice a Sargón: «Que la luz de tu alma te aliente cuando estés en tinieblas y el terror se apodere de ti. Que la prueba comience».

Meditación
Para descubrir la verdad de cualquier situación
debo aprender a hacer las preguntas acertadas.

Eris
18 de abril: Discordia

Eris es la diosa griega de la discordia y los conflictos. Su madre era la diosa primigenia Nyx, cuyo nombre significa "oscuridad" o "noche", y que fue uno de los primeros seres que surgieron al principio de la creación. En el mito ocurría con frecuencia que no se invitara a Eris a las actividades sociales del Olimpo, dado que siempre intentaba provocar conflictos por puro divertimento. Encarnaba la idea de la incertidumbre, y disfrutaba desbaratando cualquier plan ajeno solo por ver qué rumbo tomaban los acontecimientos. Enfadada por los desaires de la que se sentía objeto, apareció sin previo aviso en la boda del rey Peleo y la diosa Tetis, y, una vez allí, lanzó a la sala del banquete una de sus manzanas doradas, en la que había escrito «para la más hermosa».

Como consecuencia, surgió una disputa entre las diosas Afrodita, Hera y Atenea sobre a cuál de ellas correspondía tal distinción. El encargado de escoger a la más hermosa fue Paris, que eligió a Afrodita porque esta le había prometido a Helena, incidente que provocaría la Guerra de Troya. En 2006 se puso el nombre de Eris a un planeta enano recién descubierto, y que, como corresponde a la naturaleza de la diosa, causó no poca conmoción en la comunidad astronómica. Finalmente, el debate internacional sobre qué define a un planeta tuvo como consecuencia que se rebajara a Plutón a la categoría de planeta enano.

Meditación
¿Sobre qué cuestión en particular
necesito desafiar el status quo y hacer frente a lo inesperado?

Dali
19 de abril: Aventura

Dali, diosa rusa de la región de Georgia, reina sobre la caza y todos los animales astados. Estos eran sagrados a ojos de la diosa, y todos los que vivían en este territorio y los cazaban para obtener alimento conocían y respetaban el hecho, pues entendían la reciprocidad de la naturaleza y la importancia de sentirse agradecidos. Dali moraba en inaccesibles regiones salvajes de lugares misteriosos, donde rara vez se la veía. Llevaba la larga cabellera dorada peinada en trenzas, para mayor comodidad, y los cazadores quedaban cautivados por su fuerza y etérea belleza cada vez que la diosa decidía dejarse ver.

Como era la diosa de la caza, a veces mantenía relaciones románticas con hombres muy fuertes. Se ofrecía a ellos porque sabía que, como fruto de aquellas uniones, concebiría criaturas que un día serían cazadores fuertes y honorables.

Meditación
Apelo a mi sentido de la aventura cuando penetro
en los lugares salvajes y misteriosos de mi ser.

Medea
20 de abril: Astucia

Medea es una diosa griega diestra en la magia y el arte de la transformación. La raíz de su nombre es el término sánscrito *medha*, que es también la raíz de "medusa" y significa "sabiduría". En la India, la sabiduría se considera una cualidad femenina, y todavía se pone a las niñas el nombre de Medea en este país. Medea es la hija de Helio, dios del Sol, y, según algunas versiones, de la diosa Hécate. Tenía el poder de resucitar a los muertos. También ocupa un lugar prominente en el famoso cuento de Jasón y los Argonautas y su búsqueda del vellocino de oro, que era la piel de un tremendo carnero alado. Sus astutos y sutiles hechizos consiguen adormecer al dragón que custodia el vellocino, lo cual le permite al héroe Jasón obtener la valiosa piel. Después, Jasón la traicionaría.

Medea viajaba en un carro tirado por serpientes aladas. Con frecuencia se la ve envuelta en un halo de negatividad, pero su caso es parecido al de muchas diosas de gran poder que fueron rebajadas y demonizadas al ir haciéndose dominante el patriarcado. No obstante, hay cierta justicia poética en los mitos, teniendo en cuenta que Jasón murió en la miseria. Por otra parte, Medea era una maga tan diestra que fue directamente a los campos Elíseos sin pasar por el inframundo.

Meditación

Debo ser muy astuta para tomar desprevenido al dragón
que guarda el portal de mi valía interior.

Mahimata
21 de abril: Materialización

Mahimata es una arcaica diosa madre de la religión hindú de quien se dice que es la fuerza cósmica encarnada. El *Rig-Veda*, uno de los textos sánscritos sagrados de la India antigua, define a Mahimata como el poder femenino. Su nombre significa "Madre Tierra", y se la considera también madre de los dioses. El texto dice: «Todas las cosas existen pero se hacen manifiestas en Ella». En las *Upanishads*, otro de los textos sagrados de la India, se describe su naturaleza como «realidad manifiesta», la energía cósmica que está presente en todas las cosas.

El famoso poema épico *Mahabharata* dice que es «la raíz de todas las cosas y la eterna defensora de la verdad». Se invoca a Mahimata como ser supremo que reina en el cosmos. Tiene dominio sobre todos los dioses y es el principio de la energía cósmica encarnada. Mahimata es la energía que toma forma en el mundo de las apariencias.

Meditación
Invoco a la Gran Madre,
que es la sustancia de la vida toda,
para que me ayude a hacer realidad manifiesta
mis más nobles deseos.

LAS DIOSAS
DE TAURO
El Árbol de la Vida

HAY UN ÁRBOL DE LA VIDA
EN TODO JARDÍN

Tauro es el signo fijo de tierra y representa el principio de la sustancia pura. Tauro es la matriz que absorbe el impacto de la intensa energía que proyecta Aries. La energía es acción; la materia, reacción. En el simbolismo alquímico, la materia de Tauro se precipita sobre las aguas de Piscis, el decimosegundo signo, gracias al fuego de Aries. La naturaleza de Tauro, tradicionalmente simbolizada por el toro, está caracterizada por la estabilidad y la permanencia. El sendero espiritual de Tauro implica cultivar elevados valores, no solo buscar motivaciones puramente materiales. Las nativas de Tauro tienden a ser sustentadoras, y rara vez actúan sin reflexión previa.

El signo de diosa que corresponde a Tauro es el Árbol de la Vida. Los árboles, y principalmente aquellos que dan el fruto de la inmortalidad, están conectados con la diosa en todas las culturas del mundo. Lo típico es que viva en un jardín que mira hacia el oeste y con una serpiente que custodia el árbol. El hecho de que los jardines estén situados en el oeste simbólico, el lugar donde el Sol muere cada día, tiene connotaciones de inmortalidad en todas aquellas culturas en las que la diosa posee el secreto de la resurrección. La energía que se hunde en las profundidades de la tierra y sustenta las raíces es la responsable de la naturaleza afianzadora y estabilizadora de Tauro. Las diosas de Tauro encarnan el elemento tierra, y muchas de ellas están asimismo simbolizadas por una vaca u otro mamífero fuerte y protector. Las cualidades de las diosas de Tauro son abundancia, manutención, manifestación, seguridad, crecimiento, enraizamiento y fertilidad.

Tara Verde
22 de abril: Crecimiento

Tara Verde es una Buddha, y un aspecto de la Gran Diosa Tara, que engloba todas las manifestaciones de la divinidad femenina. A veces se la llama Madre de los Buddhas. Tara aparece con toda una diversidad de aspectos, dependiendo de su color. Su nombre significa "estrella" o "aquella que transporta", y la invocamos a medida que avanzamos en el aspecto de crecimiento espiritual de nuestras vidas. Para los budistas, la *puja* de Tara, una forma de devoción u "oración de alabanza", está dirigida a alcanzar la liberación respecto al sufrimiento. Tara es una deidad accesible a la que se puede invocar directamente sin la mediación de un *lama* o monje.

Tara Verde es la Madre Tierra en su forma más antigua. Es la más venerada de todas las diosas prevédicas de la India, la protectora de la humanidad mientras cruzamos el mar de la existencia. A veces, al igual que a la diosa egipcia Isis, se la muestra en una barca celestial. Se suele representar a Tara Verde como una muchacha de 16 años que encarna la cualidad lúdica y jovial de la niñez.

Meditación
Me acuerdo cada día de reír y jugar
mientras recorro mi camino,
y de no tomarme a mí misma tan en serio.

145

Gaia
23 de abril: Creatividad

Gaia es una de las deidades de la creación más antiguas. Sus santuarios se erigían en cuevas de las montañas y en pequeños bosques sagrados donde crecían los árboles más viejos. Fue mucho después cuando los griegos le edificaron un templo en la ladera de la montaña de mármol blanco del Parnaso, en Delfos. Gaia hablaba por mediación de sus sacerdotisas, y, durante más de 3 000 años, consultaron su oráculo personas de todos los niveles sociales. La diosa "de pecho profundo" dio a luz el mundo y todo lo que hay en él. Surgió del Caos y, como madre virgen, dio a luz a Urano, el cielo; luego concibió a los Ourea, las montañas, y a Ponto, el mar. Después se unió a Urano y dio a luz a los Titanes, seis de cada género, la poderosa raza de seres divinos que precedió a los dioses del Olimpo.

Según el mito fue la gran serpiente Pitón la que regaló a Gaia su templo. Incluso en la era posterior, en los tiempos del Panteón del Olimpo, cuando Zeus (Júpiter) era el señor del cielo, los griegos seguían haciendo sus juramentos más sagrados y vinculantes poniendo a Gaia por testigo, pues seguían supeditados a su ley.

Meditación
*Juro excavar hasta lo más hondo
en mi energía creativa latente
con la confianza de que daré a luz algo mágico.*

Asera
24 de abril: Fertilidad

Asera, o *Asherah*, es una diosa de la fertilidad particularmente antigua, a la que se adoraba tanto en Egipto como en Canaán, la tierra prometida de la que habla la Biblia. Es consorte a la vez de Ba'al y de Jehová. Era una diosa benévola que ofrecía su amor con liberalidad, por lo cual se la llamaba también Señora del Goce Sexual. En Israel, los arqueólogos han desenterrado miles de estatuillas de terracota que representan a Asera —algunas de las cuales parecen esculpidas en pilares o troncos de árbol— en sencillos altares domésticos diseñados a modo de pequeños templos. Era en estos santuarios domésticos donde se le rendía culto, y las mujeres las que le demostraban su devoción en la cotidianidad familiar, dando a los hechos sencillos de la vida, como el alimentar a la familia, carácter sagrado.

Generalmente se muestra a Asera desnuda y a, menudo, sosteniendo serpientes y lirios. Siempre se la asocia con los árboles y las arboledas sagradas, y tal vez representara el propio Árbol de la Vida. Eran árboles sagrados para ella las higueras, las moreras y los sicomoros. Su nombre proviene de una raíz lingüística que significa "recta", y era el deber de sus devotos llevar una vida de rectitud. La ortodoxia judía enterró su nombre y su simbología, pero cada vez hay más pruebas de que en el templo se siguió rindiendo culto a Asera durante bastante tiempo.

Meditación

Y los hijos de Israel hicieron secretamente
cosas no rectas contra Jehová su Dios,
edificándose lugares altos en todas sus ciudades [...]
y levantaron estatuas e imágenes de Asera
en todo collado alto, y debajo de todo árbol frondoso.

(Biblia, 2 Reyes 17:9-10.)

Kí
25 de abril: Manifestación

Ki es una diosa babilónica cuyo nombre significa "la totalidad de la Tierra". Los sumerios la consideraban personificación de la Tierra en sí. Era el principio original de la materia, o manifestación, que se consideraba de naturaleza femenina. Algunas fuentes la equiparan a la diosa Kishar o creen que puede tratarse de la misma deidad; en el primer caso, ambas serían hijas de la diosa Tiamat. Ki es la Tierra, y su consorte, An, es el dios del cielo.

Ki engendró y dio a luz a todos los Anunnaki, panteón de dioses supremos a los que se menciona en la creación épica sumeria *Enuma Elish*. El más sobresaliente de entre sus hijos era Enlil, dios del aire. En los mitos de Ki se repite un tema que es recurrente en todo el mundo, el de que cielo y Tierra estuvieron en un tiempo unidos y esa unidad se rompió luego en dos. En el mito sumerio y caldeo, el acontecimiento causante de esa ruptura fue el nacimiento de Enil, que, como principio de aire, o del movimiento, se extendió entre ambos.

Meditación
Me acuerdo de respirar con consciencia,
dejando así que los vientos del cielo soplen en mi mente
y sean la inspiración que me conduzca
hacia nuevas y mayores manifestaciones de la totalidad.

Malkuth
26 de abril: Cimientos

⊚ ⊚ ⊚

Malkuth significa "reino" y es el nombre de la décima *sephirah*, o esfera, del Árbol Cabalístico de la Vida. Se la representa simbólicamente como a una joven coronada y sentada en un trono. En su manifestación física de diosa, es, al igual que la diosa Mahimata, el "cuerpo" de la totalidad del universo manifiesto, y sustancia de todas las cosas. Malkuth está asociada asimismo con Shekhináh, el espíritu femenino de la divinidad en la creación. Es la reina que encarna el reino, y la novia espiritual de aquellos que simbólicamente ascienden por el Árbol de la Vida para alcanzar la iluminación.

El fundamento de los misterios de Malkuth y del Árbol de la Vida es el reconocimiento de que la vida es compleja, y está polarizada y caracterizada por la dualidad. Hay un enigmático dicho cabalístico: «Kether está en Malkuth, y Malkuth está en Kether».[*] Kether se halla en lo más alto del Árbol de la Vida y Malkuth, en las raíces. El dicho da a entender que en la verdad no hay separación. Se entiende que la Tierra en sí está hecha de luz cristalizada.

Meditación
Mi vida se asienta en los firmes cimientos del amor eterno.

---

[*] Kether es la primera *sephira*, la fuente, el Padre de las nueve restantes. Es la primera Emanación del Espacio Abstracto Absoluto. (*N. de la T.*)

Temis
27 de abril: Seguridad

Temis, o *Themis*, es una antigua diosa prehelénica de la isla de Creta. Las Amazonas, que vivían en una isla del mar Negro llamada Temíscira, veneraban una piedra negra como símbolo de la diosa, al igual que los devotos de la diosa preislámica Al Menat rendían culto a una piedra negra que la representaba. Había incluso una piedra muy antigua en el foro romano, Lapis Niger (piedra negra), sobre la cual estaba grabada la sagrada ley de la diosa. En Islandia se adoraba a la Gran Diosa simbolizada por una piedra llamada Spamathu.

Temis es la diosa originaria de la profecía. Era la *themistes*, o voz divina, que fundó el oráculo de Delfos (cuyo nombre significa "vientre") mucho antes de que Apolo se apoderara de él. Cuenta la leyenda que, cuando la isla de Tera, actualmente llamada Santorini, quedó destruida a causa de una erupción volcánica, Temis ordenó a los supervivientes, a través del oráculo, que tiraran los «huesos de su madre» y los dejaran yacer a su espalda cuando abandonaran su templo. Se dieron cuenta de que por "huesos" se refería a la piedras. Así, por la gracia de Temis, los "huesos" se transformaron en nuevos seres humanos.

Meditación
Me da seguridad saber que la muerte no es definitiva.
Las piedras de la Madre Tierra guardan recuerdos ancestrales,
y, si escucho con atención,
oigo la historia de incontables ciclos de nuevo nacimiento.

Zemyna
28 de abril: Dadivosidad

◎ ◎ ◎

Zemyna es una diosa báltica, de Lituania. Es la hija de la diosa del Sol, Saule, y se aludía a ella con los epítetos Floreciente, Generadora de Brotes y Dadora de Flores en los poemas bálticos escritos en su honor. Toda la vida nació de ella. Sus dominios eran la vida de las plantas, y sobre todo la del abeto rojo, el roble y el tilo; por eso, en todos los jardines se plantaba uno de estos árboles en un lugar de honor, y luego se consideraba simbólicamente un medio para ascender al cielo.

Por ser la parte más próxima a él, la copa del árbol se veneraba como la parte más sagrada. Se hacían ofrendas de comida, que devotamente se colocaban delante de las piedras cercanas a este árbol sagrado o se ataban a una de sus ramas. También había veces en que las ofrendas se tiraban a un arroyo de aguas claras en señal de gratitud por la dadivosidad de Zemyna. Como era una diosa de la primavera y el renacimiento, se invocaban sus bendiciones cada vez que nacía una criatura.

Meditación
Veo la promesa de la abundancia en cada árbol.
Hoy obsequiaré a alguien con comida o
flores en recuerdo de esa gracia.

Io
29 de abril: Decisión

Io es una diosa cretense a la que se veneraba encarnada en una vaca blanca. Los griegos la identificaron con Isis. En el mito primitivo se le rendía culto aludiendo a "la del ojo de vaca"; más tarde, también se llamaría así a Hera, otra deidad muy antigua. Ambas referencias corresponden probablemente a la era de Tauro, el toro, sucedió hace 4 000 años, o sea, antes de la época de los griegos. La magia de Io provocaba la lluvia, y en las danzas para invocar la lluvia se emulaba el movimiento del ganado al que los tábanos enloquecían en los meses de calor abrasador.

Io es también famosa por ser una de las lunas de Júpiter (los griegos llamaban a Júpiter *Zeus*), lunas a las que los astrónomos pusieron los nombres de las diosas implicadas en sus numerosos escarceos. Como sería típico en los posteriores mitos griegos patriarcales, una vez suprimido el poder de la diosa, Hera se transformó en una esposa enferma de celos, y su anterior identidad más poderosa quedó disfrazada, dividida o diluida. En el instante en que Zeus admiraba a alguien, Hera buscaba venganza. El relato helénico apócrifo dice que Hera envió un tábano para que atormentara a Io mientras se encontraba en forma de vaca. Io viajó entonces incansablemente hasta que llegó a las purificadoras aguas del Nilo, donde finalmente recuperó la paz mental y también su forma humana.

Meditación
Estoy decidida a defender mi verdad y a mantenerme firme,
por más inconsciente que sea el comportamiento de los demás.

Flora
30 de abril: Florecimiento

Flora es una diosa romana de la primavera y de la floración cuyo nombre significa "la que florece". Se la honraba cada año en un festival llamado Floralia, en la Víspera de Mayo, o 30 de abril según nuestro calendario. Esta era la primera vez que en Europa se sacaba al ganado de los pastizales de invierno y se le llevaba a darse un festín en los campos primaverales de pastos verdes. Algunos relatos cuentan que el nombre de Flora era en realidad el nombre secreto de Roma.

Su festividad se celebraba entre el 28 de abril y el 3 de mayo, e incluía, además de Floralia, un festival más largo, llamado Ludi Florales, de representaciones teatrales y juegos para celebrar el retorno de la primavera. En sus orígenes, solo tenían acceso a él los patricios, la élite acomodada, pero posteriormente se abrió también a los plebeyos. Más adelante, los padres de la iglesia declararon su inconformidad con estas celebraciones de la fertilidad, que consideraban licenciosas, lo cual hace pensar que aquella debía de ser toda una fiesta.

Meditación
Me deleito en la fragante dicha de la primavera.

Maia
1 de mayo: Florescencia

Maia (no la diosa hindú Maya) es la diosa griega que encarna las fuerzas del crecimiento y provoca el calentamiento estacional de la Tierra. Su nombre es el origen de la palabra "mayo". Se la considera la mayor de las Pléyades, las siete hijas de Atlas y Pléyone, y es la Gran Diosa del festival de mayo que se celebra a medio camino entre el equinoccio de primavera y el solsticio de verano. Las celtas llamaban a esta fiesta Beltane, y en la celebración original se practicaba el "vestirse de verde", que más tarde adoptaron los parranderos del Día de San Patricio. El vino de mayo, que con el tiempo sería la sangre de Jesús, el salvador sacrificado, cuando la Iglesia católica asumió todo el poder, se consumía con liberalidad en este festival. El día 1 de mayo, los celebrantes honran la renovación y resurrección de la Tierra, después del largo invierno, bailando alrededor de un Palo de Mayo. En esta misma fecha, los católicos honran a María, Reina de las Flores.

Los griegos tenían a Maia por la Abuela de la Magia, y algunos relatos cuentan que despreció el matrimonio pues prefería ser libre, lo cual apunta a sus ancestrales orígenes prepatriarcales. Maia era la madre de Hermes, además de una experta maga y mensajera de los dioses, e impuso a su hijo el deber de conducir las almas de los muertos al inframundo.

Meditación
Celebro los ritos de la primavera
bailando en torno a un Palo de Mayo,
o bien girando y girando gozosamente en pijama.

155

Blanche Flor
2 de mayo: Alquimia

Blanche Flor, que significa "blanca flor", es una diosa celta que representa el aspecto de doncella de la triple diosa. En las leyendas del rey Arturo y los mitos del Santo Grial se la llama Dindrane, y es en este caso la hermana de Pércival, uno de los caballeros que participó en la búsqueda del Grial. Como Blanca Flor, a veces es su novia; como Dindrane, es la heroína del Grial, que informó a su hermano de varios aspectos que el destino tenía preparados para ella, entre los que estaban un barco mágico y el Árbol de la Vida. Dindrane dio su sangre para curar a una mujer leprosa, y después ordenó que llevaran su cuerpo exangüe a bordo de un barco sin tripulación. Este relato es similar a la leyenda de María Magdalena, a la que conocemos por la Biblia, que zarpó en un barco con rumbo al sur de Francia.

El cuerpo de Blanche Flor acompañó a los caballeros del Grial en su cruzada a Sarras, isla mística en la leyenda del Santo Grial. Fue en este lugar donde sir Galahad, llevando el cuerpo de Blanche Flor, miró el interior del Grial y murió "en olor de santidad". Como muchas otras diosas y arquetipos femeninos sagrados, Blanche Flor sería después demonizada por la Iglesia, que la acusó ni más ni menos que de copular con Satán para concebir y dar a luz al anticristo.

Meditación

Quizá a veces me sienta perdida, pero puedo asegurar que, sean cuales fueren las apariencias, me guía una mano firme y segura. Sé que la alquimia de la vida lo transmuta todo en oro a su debido tiempo.

Rafu-Sen
3 de mayo: Calidez

Rafu-Sen es una diosa y ser inmortal sintoísta que vive en lo alto de una montaña sagrada de Japón; se dice que es el espíritu del ciruelo. Representa la renovación cíclica de la primavera y se la concibe como una joven doncella con el rostro blanco, de geisha. Se cree que Rafu-Sen vaga por las fragantes arboledas de ciruelos en flor durante la noche, y ondean a su espalda largos y etéreos velos iluminados por la plateada luz de la luna llena.

Una leyenda habla de un hombre que caminaba por las montañas y de pronto tuvo mucho frío. Entró en una vinatería para calentarse, y dentro encontró a una mujer de voz dulce y faz muy hermosa con la que compartió varias copas de vino de ciruela. Al cabo de varias horas le despertó el viento frío del amanecer, y se dio cuenta de que había estado durmiendo bajo un ciruelo. Supo entonces que la bella diosa Rafu-Sen le había salvado la vida.

Meditación
*Disfruto de la tonificadora calidez
que despierta en mi interior una bebida especial,
y dedico un momento a renovarme,
agradecida por las bendiciones que la vida me da.*

Taueret
4 de mayo: Protección

⊚ ⊚ ⊚

Taueret, o Tueris, cuyo nombre significa "La Grande", es una diosa hipopótamo egipcia conocida desde la época arcaica, hace 5 000 años, cuando los hipopótamos vivían en los fértiles lodazales de las orillas del Nilo. Aparece asimismo como combinación de hipopótamo, cocodrilo y león, criaturas que no dudarán en matar para proteger a sus crías, y que por esa razón pueden resultar muy peligrosas para los humanos. Se la conocía también por el nombre de Nebetakhet, título honorífico que significa "Señora del Horizonte", pues se creía que residía dentro de algunas estrellas, en la lejanía del cielo nórdico; de ahí que se la represente con siete estrellas a lo largo de la espalda, las que conocemos como el Carro en la constelación de la Osa Menor. La diosa formaba parte también de la moderna constelación de Draco.

A menudo la vemos llevar a modo de amuleto el jeroglífico *Sa*, que significa "protección". *Sa* representa una tienda de pastor enrollada, hecha de papiro, que servía de protección frente a la inclemencia de los elementos. A veces Teuris llevaba además un *anj*,* símbolo de la vida, o una antorcha, que proyectaba luz. Se creía que brindaba ayuda a las mujeres durante el parto.

---

*   El anj (*ankh* en egipcio), o cruz ansada, uno de los principales símbolos de la cultura egipcia, era un pictograma o figura tallada que representaba una especie de cruz cuya línea vertical superior está sustituida por un óvalo hueco. Su nombre significa "vida". Se cree que representaba la combinación de los genitales masculinos y femeninos, y, por tanto, la fecundidad, la inmortalidad y la resurrección. Se ha interpretado, además, como la clave para descubrir los misterios de la naturaleza y acceder al conocimiento del microcosmos y el macrocosmos, mientras que su ovalo, imagen perfecta del huevo de la vida, representaría lo que no tiene principio ni fin. (*N. de la T.*)

Meditación

*Tengo un sentimiento de protección y certeza
cuando conecto mi corazón con la Estrella Polar,
que da vueltas sin cesar pero nunca desaparece.*

Lakshmi
5 de mayo: Riqueza

Lakshmi es una célebre y querida diosa hindú a la que se suele identificar con la riqueza. Aunque la mayoría de la gente cree que esto hace referencia solo a la riqueza material, la naturaleza de esta diosa trasciende con mucho este nivel y abarca la idea más profunda de la riqueza espiritual. Lakshmi es también la diosa de *Vidya*, la sabiduría femenina, y por eso se la asocia siempre con la flor de loto. Su nombre proviene de la palabra sánscrita *laksya*, que significa "objetivo", "meta", y que en realidad se refiere al estado supremo que aspiramos a alcanzar en esta vida.

Como consorte de Vishnu, y su *shakti*, o poder, es la Madre del Universo. Su título Shri tiene la connotación de la energía femenina de la divinidad. Cada año se honra a Lakshmi en un gran festival llamado Diwali, que se celebra coincidiendo con la recolección del arroz. Existe la creencia de que la diosa solo visita aquellas casas que están limpias y habitadas por gente trabajadora, por eso se pone especial esmero en darle una buena acogida.

Meditación
¿Cuál es la meta de mi vida,
y estoy dirigiendo hacia ella mis energías?

Hathor
6 de mayo: Armonía

Hathor es una de las más antiguas diosas egipcias. Su animal sagrado es la vaca salvaje, y su instrumento mágico es el *sistrum*, un tipo de sonajero de metal. Una imagen de Hathor es la de una vaca alada que da a luz al universo. Cuando así se la representa, su nombre es Het Horu, en la antigua lengua egipcia, que significa "casa de Horus". Horus es el divino hijo de la diosa Isis, y consorte de Hathor. El jeroglífico de este, que aparece próximo a la diosa en las inscripciones de los templos, representa una casa con un halcón Horus enmarcado en ella, y es símbolo de la encarnación del alma. Se suele mostrar a Hathor coronada por un disco solar entre dos cuernos de vaca.

Cuando la diosa se manifiesta como las Siete Atores, que predecían el destino de cada criatura que acababa de nacer, se asemeja a las Moiras griegas y otras diosas de la fortuna. El Egipto arcaico, al igual que el resto de África, era matrilineal, de modo que la sucesión en el trono se realizaba por línea materna. Se consideraba a Hathor la madre de todos los dioses, creadora del tiempo en sí. Los estudiosos egipcios dicen que, hace casi 5000 años, en tiempos de las primeras dinastías, su nombre era componente de todos los nombres de la realeza. Se celebraba en su honor un festival de Año Nuevo en Dendera, que incluía un banquete, música y bailes acompañados de *sistrums*, harpas y tambores.

Meditación
*Hoy tengo razones para bailar por pura dicha
y maravillarme de la armonía del universo.*

Pomona
7 de mayo: Abundancia

Pomona es una diosa romana de los árboles, la fruta, los huertos y los vergeles, mientras su hermana Flora extiende su dominio sobre el reino de las flores. Pomona estaba vinculada con la fertilidad y el ciclo de las estaciones, y se la honraba en primavera cuando los frutales florecían. En la Roma clásica se la veneraba en un altar específico instalado en un huerto de frutales llamado *pomonai*, que se plantaba fuera de los muros de Roma y estaba dedicado a la diosa.

Pomona era también la diosa de la abundancia, puesto que, cuando la fruta que para ella era sagrada maduraba, literalmente caía de los árboles como regalo. Generalmente se la representa portando una cornucopia, o a veces una gran fuente de fruta. Como anécdota curiosa, la pomada, histórico ungüento perfumado para el cabello, se hacía en un tiempo con pulpa de manzana.

Meditación
Hoy me paseo por un jardín florido
y aspiro hondo la fragancia de un frutal en flor.

Nyame
8 de mayo: Abrazo

Nyame es una diosa creadora y deidad suprema de la tribu ashanti de Ghana, en África occidental. Los ashanti son una de las tribus matrilineales del oeste de África y constituyen la tribu más grande de este continente. A veces se concibe a Nyame como una figura dual, de género masculino y femenino a la vez, pero fue la diosa la que creó a los seres humanos haciéndolos emerger del agua. Nyame es un ser omnisciente y omnipotente cuyos hijos son dioses menores; uno de ellos es el hacedor de la lluvia, y otro es la luz del Sol. Una de las ocasiones en que se invoca a Nyame es cuando se labra un campo antes de sembrar.

También es necesario pedirle permiso para cavar una tumba, dado que la tierra es su cuerpo; y ella recibe amorosamente a sus criaturas cuando mueren. Al igual que la diosa hindú Shakti, se la considera la fuerza vital de la creación. Hay un símbolo gráfico que lleva su nombre, llamado Gye Nyame, y que significa "De no ser por Dios". Es un símbolo muy popular en Ghana, lo cual refleja el carácter profundamente espiritual de sus habitantes y el vínculo que de continuo mantienen con Nyame.

Meditación
Hoy afirmo con gratitud que, «de no ser por la diosa»,
nada habría tomado forma.

Pasífae
9 de mayo: Brillantez

Pasífae, o *Pashiphae*, es una diosa cretense cuyo nombre significa "la que brilla para todos". Estando en su aspecto de vaca se apareó con un toro sagrado blanco y engendró a la legendaria criatura mitad hombre y mitad toro conocida como el Minotauro, cuyo nombre era Asterio, o "estrella". Este mito probablemente contenga una referencia a la era de Tauro, el toro, que sucedió hace 4.000 años. Entre los hijos de Pasífae estaban la ancestral diosa cretense Ariadna, cuyo nombre significa "muy santa", y Fedra, que significa "brillante". Su otro descendiente inició el linaje de los reyes minoicos, aunque otros mitos dicen que el rey Minos era su marido y el padre de Asterio.

En el mito griego posterior, Pasífae sería la hermosa princesa fenicia Europa —descendiente de la diosa vaca Io— y Zeus, el bello toro blanco que la sedujo para crear a Minos. Estos cambios de los mitos reflejan la ascensión del patriarcado y la consiguiente supresión de la diosa. Algunos estudiosos creen que el antiguo rito cretense de la tauromaquia que se celebraba en la isla cada siete años ha sobrevivido en las antiguas corridas de toros españolas.

Meditación
Puedo ser una estrella brillante
cuando me centro en mis aptitudes y puntos fuertes.

Calisto
10 de mayo: Instinto

Calisto, o *Callisto*, es una diosa prehelénica cuyo nombre significa "la más bella". Al igual que la posterior diosa griega Artemisa, Calisto es una diosa de la caza que posee agudos instintos. Cuando aparecía en forma humana era una joven que corría por los antiguos bosques de Arcadia, y encarnación del aspecto virgen de la Gran Diosa.

Zeus, rey de los dioses, se enamoró de ella, y Calisto dio a luz a Arcas. Algunas versiones cuentan que Hera, esposa de Zeus, llevada por los celos convirtió a Calisto en una osa condenada a vagar por los bosques. La osa es uno de los símbolos más antiguos de la Gran Diosa; se remonta a hace 70 000 años al menos, luego es probable que la Calisto con apariencia de osa fuera una versión anterior del relato. Un día Arcas se encontró con la osa, y Calisto se puso de pie sobre sus patas traseras para dar la bienvenida a su hijo. Este, pensando que la osa lo iba a atacar, tensó rápidamente el arco, pero Zeus lo convirtió en un osezno antes de que tuviera tiempo de disparar. Luego agarró a madre e hijo por la cola y los lanzó al cielo, donde todavía vagan juntos alrededor del Polo Norte, inmortalizados en las constelaciones de la Osa Mayor y la Osa Menor.

Meditación
Siento la fuerza y protección invisibles de la Gran Osa
mientras se mueve eternamente en círculos en el cielo.

Hegémone
11 de mayo: Liderazgo

Hegémone es una diosa griega de la tierra y del crecimiento de las plantas. Su nombre significa "maestría", y recibía también el apelativo de Reina. No ha sobrevivido ningún mito sobre ella, y, si bien lo que sabemos acerca de esta diosa proviene de los griegos, es probable que sus orígenes fueran anteriores. Su nombre ha perdurado en nuestra lengua en el término "hegemonía", que se refiere al liderazgo, especialmente de una nación con respecto a otra, aunque las connotaciones de la palabra son en realidad de dominación. Se suele identificar a Zeus como padre de Hegémone; la identidad de la madre cambia en cada versión, pero generalmente se dice que fue la diosa Eurínome. A Hegémone se la veneraba en la ciudad beocia de Orcómenos —en la Grecia continental—, así como a las demás Gracias, en forma de meteoritos.

Se le rendía culto asimismo en Atenas, donde se la consideraba Líder junto con su hermana Auxo, cuyo nombre significa "incremento" o "crecimiento". Los espartanos, sin embargo, prefirieron a otras dos Gracias, o Cárites, llamadas Cleta, "sonido", y Faena "esplendor".[*] En la actualidad, Hegémone es, además, una de las irregulares lunas retrógradas de Júpiter, descubierta en 2003 y nombrada en 2005.

Meditación
Me esfuerzo por dar un ejemplo noble,
recordando siempre que tener poder no significa dominar.

---

[*] El número y los nombres de las Gracias o Cárites varían dependiendo de la época y la región griega en la que se las venerara. Para ampliar la información, véase http://es.wikipedia.org/wiki/Cárites. (*N. de la T.*)

Cíbeles
12 de mayo: Valores

Cibeles, llamada Madre Montaña, es la diosa de las cuevas sagradas. También se la conoce como Augusta, que significa "la grande"; Magna Mater, "la gran madre"; Alma, "la que aporta el sustento", y Santísima, la más santa. Cibeles tiene su origen en la antigua Anatolia, que es la actual Turquía. Lleva una corona que es representación simbólica de la muralla de una ciudad y conduce un carro tirados por leones; se la asociaba también con las abejas. Se la veneraba en el Monte Ida, y los rituales incluían el bautismo con la sangre de un toro sagrado ofrecido en sacrificio, y que era símbolo del renacer anual de su consorte, Attis. Este detalle indica que la práctica del rito data de la era de Tauro, el toro, y no de la era de Aries, el carnero, en la que los animales para el sacrificio eran los corderos.

Los sacerdotes de Cibeles se castraron en honor a ella, lo cual, comprensiblemente, la Iglesia cristiana consideró abominable. Hasta el año 4 de la era común, hubo un templo consagrado a Cibeles en una ladera de la Roma antigua, cerca de donde está enclavado actualmente el Vaticano; sus ruinas siguen en pie, y se ha conservado íntegro el recinto del templo.

Meditación
Sé que las apariencias externas no merman en nada
el poder que tengo como mujer.

Idunn
13 de mayo: Símbolos

Idunn es una diosa nórdica de la primavera cuyo nombre significa "eternamente joven". Según cuentan los *Eddas*, compilación de mitos escandinavos recogida en dos volúmenes, vivía en el huerto de frutales que crecían en un jardín situado en el Oeste, donde cultivaba y custodiaba las manzanas de la inmortalidad. Los dioses necesitaban de sus manzanas para mantenerse jóvenes; sin ellas, no solamente los dioses sino el mundo entero se marchitaría. Un día, el timador y antipático dios Loki persuadió con malas artes a un gigante para que abdujera a la diosa. A medida que el mundo fue volviéndose un lugar frío, los dioses presionaron a Loki para que la trajera de vuelta, y, disfrazado con la capa de halcón de Freya, el dios se la arrebató al furioso gigante Pjazi. La vuelta de Idunn devolvió la inmortalidad al Aesir, el grupo compuesto por los dioses nórdicos principales.

Idunn creó también el alfabeto rúnico llamado Futhark, un sistema alfabético y simbólico utilizado también para la magia y la adivinación. Su consorte, Bragi, el dios de la poesía, llegó a ser el más eminente de todos los bardos porque Idunn le colocó ciertas runas mágicas en la lengua.

Meditación
Si dejo que aflore mi sabiduría,
aprenderé a reconocer e interpretar
las señales y símbolos que aparezcan en mi vida,
pues sé que la orientación y las respuestas llegan a veces
de las maneras más inesperadas.

Arundhati
14 de mayo: Integridad

Arundhati, diosa hindú, es una de las hermanas Krittika, que forman parte del grupo de las Pléyades. Su nombre significa "cortadoras" en sánscrito, y estas tres hermanas son las Madres del Mundo que juzgan los actos de los dioses sagrados. A veces, Arundhati es una diosa de las estrellas y de la oscuridad del cielo nocturno. En otros mitos es la esposa del sabio Vasishtha, uno de los siete Rishis, los siete sabios de la cosmología hindú a quienes se considera autores de los Vedas, textos sagrados de la India. En el mito, las siete hermanas que constituyen las Pléyades se casaron con siete sabios representados por las estrellas de la Osa Mayor. Arundhati es siempre fiel; se baña en el agua fría de los arroyos de montaña, y nunca se acerca demasiado a la faz del Sol, ya que las chispas ardientes de su fuego (*agni* en sánscrito) podrían avivar las llamas del deseo impuro.

A pesar de que el lugar que ocupan las Pléyades en el cielo es poco destacado en comparación con otros grupos de estrellas, pocas son las culturas que no tienen algún mito importante sobre este asterismo. Están en la constelación de Tauro, y, por tanto, cerca de la eclíptica, el camino que aparentemente traza el Sol en el cielo, lo que las hace fáciles de ver.

Meditación
Extirpo con cuidado
todo lo que es falso o indigno dentro de mí.

Prakriti
15 de mayo: Tierra

En la cosmología hindú, Prakriti es el material femenino básico del cual está formado el universo entero. Antes de que nada existiera, se unió a Purusha, el principio masculino primordial, para crear el universo. Se dice que Prakriti está compuesta por tres aspectos, o *gunas*, que son: *tamas*, oscuridad, *rajas*, pasión, y *sattva*, bondad. Ella es la naturaleza cambiante de estos aspectos a medida que fluyen, se combinan y manifiestan.

Prakriti es también uno de los tres aspectos de la Gran Diosa; los otros dos son: Maya, el velo danzante de la ilusión, y Shakti, la fuerza de la vida misma. Como Madre de la Naturaleza se la considera progenitora de Brahma, el aspecto creador de la trinidad hindú.* En la medicina ayurvédica, practicada en la India, se la considera también la naturaleza de la salud, que está compuesta por tres *doshas*, o elementos: *kapha*, *pitta* y *vata*, cuyo equilibrio en el organismo determina nuestro bienestar.

Meditación
La creatividad espontánea de mi mente
produce, o belleza, o desorden.

---

* Los otros dos aspectos son Vishnu, el preservador, y Shiva, el destructor. (*N. de la T.*)

Asase Yaa
16 de mayo: Ética

Asase Yaa es una diosa del grupo étnico ashanti, o asante, del oeste de África. Se la llama Anciana Tierra y es una diosa de la creación que dio a luz a toda la humanidad. También reclama a su progenie en el momento de la muerte, cuando cada uno de sus hijos retorna a la tierra, que es su vientre. Su consorte es el dios del cielo. En toda África se considera un deber cuidar la tierra, nutrirla y venerarla a fin de dejar un legado a las generaciones futuras.

Se conoce asimismo a Asase Yaa como la Defensora de la Verdad. Cuando se tienen dudas sobre la veracidad de las palabras de alguien, se le pide que toque la tierra, cuerpo sagrado de la diosa, con los labios, como garantía de que está diciendo la verdad. Los agricultores ashanti le rezan cuando van a plantar, y ella les da el derecho a cultivar la tierra. Se cree que su espíritu vive en los campos arados, y no en las iglesias ni en los templos. Su día sagrado es el jueves, y ese día se ha de dar descanso a todas las labores de labranza.

Meditación
Antes de hablar,
me aseguro de que lo que digo es solo la verdad.

Mut
17 de mayo: Retorno

A la diosa egipcia Mut se la conocía en el Imperio Medio de Egipto, hace 4.000 años, como Madre del Sol, en la que el Sol Nace. Mut adoptaba la forma de vaca sagrada celestial, y en este papel era la Reina del Cielo. El dios oculto Amún, el invisible dios del aire, era su consorte, y su "matrimonio" anual era motivo de grandes celebraciones. Amún se combinaría más tarde con Ra, dios del Sol, y simbólicamente cruzaba el cielo a lomos de Mut. Amún "salía" en Heliópolis, la ciudad del Sol, y se creía que Mut lo llevaba a su divino destino del cielo. Esto podría significar también el cambio de la era de Tauro, el toro, a la de Aries, el carnero, ya que Amún estaba asociado con este último. Cuando Amún empezó a viajar a lomos de Mut, la vaca celestial, el centro de atención dio un giro, apartándose del buey Apis del período previo.

El nombre de Mut significa "madre", y por eso a esta diosa se la consideraba gran madre del mundo, que había concebido y dado a luz todo cuanto existe, incluidos los dioses. Mut lleva la doble corona del Alto y el Bajo Egipto. Khonsu, dios de la Luna, era su hijo. A veces se la representa con la pluma de avestruz de la diosa Ma'at a los pies. En Luxor sigue existiendo un templo con un lago sagrado que estaba dedicado a Mut.

Meditación

El tiempo cambia las cosas, y envejezco,
pero cada amanecer el Sol retorna.
Esta mañana me dedico de nuevo a sostener en alto
mi antorcha e irradiar una brillante luz sobre el mundo.

Hou Tu
18 de mayo: Gratitud

Hou Tu es una diosa china de la fertilidad. Como patrona de la abundancia de la tierra, Hou Tu hace de la tierra su elemento simbólico. Cada solsticio de verano, el emperador de China le ofrendaba sacrificios sobre un altar cuadrado de mármol en la Ciudad Prohibida, rituales que tenían la finalidad de invocar las bendiciones y la gracia de la diosa para conseguir una cosecha abundante y restaurar el equilibrio de la tierra.

Hou Tu es similar a la diosa Gaia y, en cierto sentido, representa la deificación de la tierra, elemento que con mucha frecuencia se ha personificado como deidad, sobre todo diosa madre. El reino de Hou Tu es toda la tierra mágica, y se creía que las ceremonias y rituales que se celebraban en su honor armonizaban al pueblo con su Divina Madre, sin lo cual el mundo se volvería frío y estéril.

Meditación
¿Cómo puedo expresar mi gratitud
por todos los regalos que la tierra nos da?

Haltia
19 de mayo: Agradecimiento

Haltia es una diosa de los fineses bálticos. Es una benévola diosa tierra a la que se considera parte indisoluble de la propia estructura de la casa. Se creía que su energía formaba la casa y sostenía el edificio en pie. Vivía en la viga que sostenía el tejado de todas las casas, y se aseguraba que era necesario venerar su presencia saludándola reverentemente cada vez que se cruzaba el umbral de la puerta. Cuando se respetaba y valoraba debidamente a Haltia, ella otorgaba bendiciones y protección a sus moradores.

Haltia recuerda a los Domovoj rusos, espíritus de la casa, semejantes a enanos domésticos. Se considera a la diosa el genio tutelar, una especie de espíritu rector, de cada persona que ocupa la vivienda. Cuando la gente se cambiaba de casa llevaba consigo un tronco, o brasas de la lumbre, y con reverencia colocaba la ofrenda en el nuevo fogón para dar la bienvenida a Haltia a su nuevo hogar.

Meditación

Doy gracias por las bendiciones de mi hogar
y honro a todos aquellos espíritus que me protegen.

Mujer Ternera de Búfalo Blanco
20 de mayo: Ceremonia

La Mujer Ternera de Búfalo Blanco es la hija del Sol y de la Luna y viene a la Tierra como *wakan*, mujer sagrada, en momentos críticos para enseñar a la humanidad. Para los indios de las llanuras es Whope, "la diosa de la estrella fugaz", y Ptesan Wi, "mujer ternera de búfalo blanco" para los sioux. Es un ser sagrado de origen sobrenatural que apareció de una misteriosa nube hace 2 000 años, bendiciendo a los sioux con siete rituales y un fardo sagrados. Uno de los regalos que este contenía era la *chunumpa*, o Pipa Sagrada, el más sagrado de todos sus símbolos de culto. Aunque normalmente se le llame la Pipa de la Paz, la *chunumpa* se utiliza también en otras ceremonias.

En el relato, la Mujer Ternera de Búfalo Blanco se apareció a dos hombres durante el rito de búsqueda de una visión, con ocasión de una hambruna, y prometió a los sioux que regresaría siempre que el mundo estuviera en peligro. Ptesan Wi, por su parte, aseguró que, mientras el pueblo respetara las ceremonias y tradiciones sagradas que ella les había dado, serían guardianes de la Tierra y nunca se extinguirían.

Meditación
*Elijo una manera de honrar lo sagrado que hay en mi vida
y me tomo el tiempo necesario para penetrar en este poder.*

Las diosas
de Géminis
La abeja

La comunidad depende de la polinización
por parte de cada miembro

Géminis es el signo mutable de aire que representa el principio del movimiento. La energía del tercer signo del Zodíaco es resultado de la forma en que la irresistible fuerza de Aries incide en el inamovible cuerpo de Taurus; y ese resultado es un movimiento de giro alrededor de un eje. Géminis se expresa ajustándose y adaptándose, en una imparable recogida de datos y búsqueda de significado. Para Géminis, el desafío es aprender a domar la mente. Las nativas de este signo son personas curiosas y sociales que desean establecer conexiones y relaciones, y rara vez se están quietas. En la astrología tradicional se representa a Géminis con los gemelos, que reflejan la naturaleza dual del signo.

El signo de diosa que corresponde a Géminis es la abeja, símbolo ancestral del poder de la realeza y lo sagrado femenino.

Existen en muy diversas culturas mitos de la abeja reina y de las sacerdotisas que cuidan de sus colmenas y santuarios. Las abejas vuelan de flor en flor, libando néctar, preparándose para hacer la miel y polinizando las flores, que se convertirán en frutos y que a su vez darán semillas, manteniendo así un perpetuo ciclo de renovación. La laboriosa abeja es un símbolo apropiado para la naturaleza polinizadora del signo intelectual de aire, Géminis. Entre las diosas de Géminis hay magas, embaucadoras y mutantes, así como algunas que poseen el don de la palabra. Las diosas de Géminis son animadas, verbales, intelectuales, versátiles y mágicas.

Melisa
21 de mayo: Realeza

Melisa, o *Melissa*, era el nombre de la diosa Artemisa cuando se la veneraba como Abeja Reina y diosa de la miel. *Melisa* significa "abeja" en griego, y era también el título otorgado a la suma sacerdotisa de Artemisa. El plural de la palabra es *melisae*, y se han encontrado pruebas de que había miles de tales sacerdotisas. La apicultura tiene una larga historia en muchas culturas, y la miel ha sido un producto muy valorado durante miles de años. Existe asimismo una tradición chamánica asociada con la diosa, dado que la abeja reina es el corazón de la colmena, y sus hijas, las obreras. En determinados momentos, la reina pone los huevos que se convertirán en zánganos. La abeja reina se aparea en el aire con aquel zángano que consiga acercársele primero, representando el ancestral papel de la diosa que elige a su pareja.

La miel se consideraba la sagrada sustancia de la diosa, y el tarro de la miel, *pithos*, era símbolo del Divino Vientre Femenino de la creación. Según la leyenda egipcia, las abejas se tenían por lágrimas de Ra, el dios Sol, que manaban de él espontáneamente para toda la vegetación de la Tierra. En el mito, Adrastia era la sacerdotisa abeja y Melisa, su hermana. Adrastia alimentó al niño Zeus con miel mientras que Amaltea, la cabra, le ofrecía leche de uno de sus cuernos. En hebreo, el nombre Débora significa "abeja".

Meditación
El amor es el verdadero poder de mi "centro" y crea
espacio para toda la actividad exterior de mi vida.

Carmentí
22 de mayo: El Habla

Carmentis es una diosa romana a la que se le atribuye la creación del alfabeto latino, o la modificación de las letras griegas para convertirlas en romanas. Era conocida por el poder mágico y calmante de sus palabras. Se rendía culto a esta diosa especialmente en el templo de Roma consagrado a ella, contiguo a la Porta Carmentalis —una de las puertas de Roma, próxima al monte Capitolino—, nombrada así en su honor. No se permitía la entrada en el templo con nada que estuviera hecho de cuero o metal, lo cual significaba que las devotas entraban descalzas. Y, dado que Carmentis era la patrona del nacimiento, tampoco estaban permitidos en el templo los sacrificios de sangre.

En cierto momento, las mujeres de Roma se rebelaron porque les había sido revocado el derecho a viajar en un carro sin escolta. Invocando a Carmentis aseguraron que no parirían más hijos, tras lo cual el derecho les fue restituido. Entre sus áreas de incumbencia, Carmentis era la protectora de las mujeres que daban a luz, y se la honraba al comienzo del año nuevo, rogándole que bendijera las nuevas empresas.

Meditación
Soy consciente del poder que tienen mis palabras;
por eso utilizo la voz con consciencia,
evitando hacer ningún daño.

Quinua-Mama
23 de mayo: Invocación

A Quinua-Mama, diosa precolombina del grano, la invocaban los incas de Perú al comenzar cada estación de siembra. El grano de quinua, o quínoa, era una de sus cosechas principales, y durante 6 000 años ha sido el alimento básico de los habitantes de los Andes. Los incas llamaban a su cosecha *chisay mama*, "madre de todos los granos", y, siguiendo el ritual, tostaban y volteaban las primeras semillas de cada estación con utensilios especiales hechos de oro. La quinua se cultiva fundamentalmente por sus semillas, pero las hojas también son comestibles.

Niñas y mujeres confeccionaban muñecas en honor de Quinua-Mama con las hojas y el grano de la planta de la quinua. Las guardaban durante todo un ciclo anual, hasta el momento de la siguiente siembra, y entonces las quemaban en un ritual con el que invocaban una cosecha abundante para la siguiente estación. Esto simbolizaba la rendición de todo lo perteneciente al año anterior y la petición de que fuera bendecida la nueva cosecha.

Meditación
Todo ocurre a su debido tiempo,
y aprendo a desprenderme de lo que ya ha pasado
para que algo mejor pueda crecer en su lugar.

Sara-la Kali
24 de mayo: Peregrinación

Sara-la-Kali, o Sara la Negra, es un espíritu del pueblo romaní, o *romà*, más conocido como pueblo gitano. El 24 de mayo es el festival de Sara Negra, y cada año miles de gitanos van de peregrinación a la cripta de Sainte Sara-la-Kali. Su santuario está situado en la iglesia de Saintes-Maries-de-la-Mer, en La Camarga, al sur de Francia, región natural que se extiende entre los dos brazos principales del delta del Ródano y la costa mediterránea. En el recinto se encuentran también las reliquias dedicadas a tres Marías: María Magdalena, María Salomé y María Jacobé,* que, según una misteriosa leyenda, fueron lanzadas a la deriva en una barca con una enigmática figura llamada Sara Negra tras la crucifixión de Jesús. Las numerosas vírgenes negras que hay en las iglesias de Francia, y de otros lugares de Europa, son fuente de no pocas especulaciones.

Hasta 1912, solo a los romaníes se les permitía la entrada a este santuario, en el cual hay una gran vela central encendida, rodeada de un flamante bosque de velas blancas que sostienen los peregrinos. Los orígenes de Sara son un misterio, aunque actualmente los estudiosos creen que el pueblo romaní pudo haber venido de la India alrededor del siglo IX. La ceremonia que se celebra en Saintes-Maries-de-la-Mer, en la que la estatua de Sara-la-Kali se sumerge en el mar, es muy similar a las procesiones que anualmente se celebran en la India, donde se sumergen las estatuas de la diosa india Kali.

---

* También conocida como María de Cleofás. (*N. de la T.*)

Meditación

Hoy emprendo una peregrinación interior,
y enciendo una vela blanca
en honor de los misterios de la divinidad femenina.

Caris
25 de mayo: Gracia

Caris, o *Charis*, encarnación del principio de la gracia, es en el mito griego la compañera de Hefesto, el dios herrero. Como muchas otras diosas de la Antigüedad aparece con un triple aspecto, o conducta. Adopta la forma de las tres Gracias, hijas de Afrodita y Zeus, cuyos nombres son: Áglae, la esplendorosa, la creativa; Talía, la festiva, la abundante, y Eufrosine, la jubilosa y placentera. (Hay una Talía diferente, que es una de las nueve Musas.)

Las Gracias, llamadas Caridades en griego, trabajaban en conjunción con las nueve Musas. Aunque es cierto que las Musas proporcionaban la materia prima para la creatividad, eran las Gracias las que otorgaban la inspiración y, como apuntaba Alexander Pope en su *Essay on Criticism* [Ensayo sobre la crítica], «una gracia que trasciende el arte». Se decía que las Gracias representaban los rayos del Sol, y algunos estudiosos actuales creen que la palabra *charis*, o "gracia", tenía el mismo significado que el término sánscrito *karuna*. El poeta griego Píndaro dijo: «Si algo dulce o delicioso conmueve el corazón de cualquier mortal, tanto si es la belleza, la destreza o la luz de la victoria lo que brilla sobre él, es el regalo de Charis».

Meditación
Doy gracias por mis singulares dones,
con los cuales aporto luz y belleza al mundo.

Izanami
26 de mayo: Invitación

Izanami es una diosa japonesa de la creación y la muerte, y diosa primigenia del sintoísmo. Su nombre significa "la que invita". Esta deidad originaria emergió de la nada junto con su hermano gemelo Izanagi, que era también su esposo. Poseían una lanza mágica adornada con joyas, y, haciendo uso de ella, desde un puente que unía la Tierra y el cielo removieron el mar que tenían a sus pies, y crearon así la primera isla del archipiélago de Japón, que ahora consta de 3000 islas.

Izanami murió dando a luz a uno de sus hijos, y se convirtió de ese modo en reina del inframundo. Su hermano-esposo fue en su busca, pero ella no podía salir de la oscuridad y él no podía quedarse en la tierra de los muertos. El mito nos recuerda al de Perséfone e Inanna, y se refiere al ciclo continuo de muerte y renacimiento que experimentan todas las cosas vivas de la Tierra, así como a la polaridad de la oscuridad y la luz.

Meditación

¿Qué dolor sigue vivo y oculto en mi vida
al que necesito hacer frente y sacar a la luz?

Querubines
27 de mayo: Protección Angelical

Los querubines fueron originariamente ángeles femeninos del más alto orden que cuidaban del trono de Dios, y a los que se asociaba con la diosa Asera. Sin embargo, estos poderosos seres tienen poca similitud con los angelotes regordetes que aparecen en las tarjetas de felicitación. Los querubines están relacionados también con los toros alados de Babilonia, que recibían este mismo nombre y custodiaban las puertas de los recintos reales. Estos últimos eran criaturas con alas, rabo, cuerpo de toro y cabeza humana, como las de la visión bíblica de Ezequiel.

Las imágenes de querubines más antiguas los representan como intimidadores guardianes de un árbol sagrado. Una placa de marfil expuesta en el museo del Louvre muestra a una sola querubín que guarda el Árbol de la Vida. Miles de años después de que se creara esta placa, cuando se escribió el Génesis, los querubines se consideraban parte del culto a Yahvé, y se creía que montaban guardia para prohibir a los humanos acercarse al Árbol de la Vida. Forman también lo que se llama "trono de la misericordia" en el Arca de la Alianza.

Meditación
*Percibo la presencia de mi santo ángel de la guarda
y siento gratitud por su protección.*

Caer Ibormeíth
28 de mayo: Vuelo

Caer Ibormeith es una diosa irlandesa que pasó épocas alternas de su vida siendo, a veces cisne, y a veces muchacha humana. Su nombre significa "baya de tejo". Cada año, al terminar el verano iba con sus compañeras a un lago, donde todas se transformaban en hermosos cisnes. Caer Ibormeith sobrepasaba a todas las demás en belleza y blancura. Vivía en Lough Dragon, el Lago del Dragón, y siempre llevaba un collar de oro, tanto cuando era cisne como cuando era una muchacha.

Su consorte, Augus, era un dios de la poesía. Se enamoró de ella mientras la diosa tenía forma humana y la buscó después, cuando se convirtió en cisne. Finalmente, ella aceptó ser su novia si él estaba dispuesto a convertirse en cisne también. Juntos dieron tres vueltas por el aire sobre Lough Dragon y luego vivieron felices para siempre, alternando la forma humana y la de ave.

Meditación
¿En qué aspectos de mi vida necesito transformarme
y adoptar una forma distinta?

187

Polik Mana,
Doncella Mariposa
29 de mayo: Longevidad

La Doncella Mariposa, o Polik Mana para los hopi, es una muchacha que baila en primavera para que la lluvia vivificadora descienda sobre los desiertos de Arizona y de otros lugares de la Tierra. Es también una mujer que danza en las ceremonias de iniciación de las niñas hopi. La danza de la mariposa se lleva a cabo en agosto o septiembre y está llena de bellos colores y gratitud, reproduciendo la belleza de la mariposa que danza de flor en flor en primavera polinizando los campos y creando alegría.

Hasta cien parejas de niñas y niños llegan a bailar en la plaza del pueblo a finales de verano, antes de la cosecha, dando gracias por lo que la Doncella Mariposa hizo posible con su danza primaveral. Los niños y niñas se acompañan de un coro de padres, hermanos y tíos que cantan canciones simbólicas. Rezan por la lluvia, la salud y una larga vida para todas las criaturas, a la vez que dan las gracias por las bendiciones que la Doncella Mariposa les dio al polinizar los campos y las flores.

Meditación
Mi vida es una danza de alegría,
y la felicidad se extiende en el tiempo.

Díone
30 de mayo: Oráculo

Dione, una antigua diosa cretense, era la hija Titánide de Gaia y Urano. Su nombre significa de hecho "diosa". Era la diosa oracular de Dódona, región correspondiente a la Grecia moderna. Tres ancianas, o sabias profetisas de Dódona, a las que se conocía como Pléyades, o "palomas", eran sus sacerdotisas. El susurro de un haya agitada por el viento respondía a las preguntas personales, y solo a las ancianas se les permitía interpretar las respuestas cuando el árbol sagrado les hablaba.

Fuentes posteriores aseguran que Dione fue la primera consorte de Zeus y también la madre de Afrodita, lo cual sería indicio tanto de su antigüedad como de su fabuloso poder. Era una diosa de la fertilidad y la inspiración. El oráculo se siguió utilizando hasta bien entrada la era cristiana, y llegó a su fin con la despechada tala del árbol sagrado en el año 391.

Meditación
Bajo las ramas de un árbol sagrado
escucho en silencio la voz de la inspiración.

Laka
31 de mayo: Atracción

Laka es una diosa y ancestral espíritu del antiguo Hawai cuyos dominios eran la vegetación cultivada, los conocimientos medicinales de las plantas y las selvas vírgenes. Su nombre significa "suavidad", y esta diosa encarna el poder de la atracción y la invocación. Se creía que había bendecido al antiguo pueblo hawaiano con la danza sagrada hula, y cada vez que en Hawai se representa esta danza se prepara un altar en honor de Laka.

El ritual de poner un *lei*, una guirnalda de flores, alrededor del cuello de una persona es una antigua tradición hawaiana. *Lei* significa precisamente eso, guirnalda o corona, y es símbolo de honor y respeto. La preciosa guirnalda entraña un simbolismo espiritual e intenta transmitir conexión, unidad y sanación. Tiene diferentes significados dependiendo del momento de la vida y las circunstancias de quien la recibe, y sus flores se eligen para comunicar ese significado específico. Los *leis* son siempre un regalo de amor. Algunos denotan celebración y bienvenida, mientras que otros representan duelo. Las mujeres embarazadas reciben *leis* abiertos. Las flores silvestres son para Laka particularmente sagradas, y el *lei* que se dedica a la diosa está hecho de alyxia.

Meditación
Hoy contoneo suavemente las caderas,
para honrar los ritmos de la vida
y atraer los generosos regalos de la naturaleza.

Inari
1 de junio: Flexibilidad

Inari, diosa sintoísta del arroz, es una de las más misteriosas deidades de Japón. Es andrógina, y puede aparecer, bien con forma de mujer, o bien de hombre, dependiendo de la situación. Tal vez esto simbolice la versatilidad e importancia que tiene el arroz en la cultura japonesa; se procesa y prepara de muchas maneras distintas, y se usa para hacer tanto dulces como vino. El emperador japonés todavía realiza una ceremonia del arroz que forma parte del ritual de la sucesión al trono. El festival de Inari se celebra en primavera, cuando el cultivo del arroz comienza. Inari, en cuanto a diosa dadora de bendiciones, espléndidos regalos y abundancia, es similar a la diosa hindú Lakshmi.

Cada año, Inari desciende de una alta montaña y llega a los arrozales para proteger la cosecha. Es además una diosa cambiante. El zorro mágico Kitsune es su mensajero, y se cree que también ella adopta esta forma. En las representaciones artísticas, normalmente acompañan a Inari una pareja de zorros. De modo parecido a como sucede en la tradición lakota, Inari se aparece a veces con forma de mistificada araña para dar una lección.

Meditación
Hoy preparo una comida sagrada que contiene arroz,
y doy las gracias por todo el sustento de mi vida.

Las Rusalki
2 de junio: Juego

Las Rusalki son espíritus de la naturaleza, rusos o eslavos, similares a las hadas y elfos. Son diestras mutantes, y a menudo se las define como las almas de las mujeres que murieron ahogadas. A veces se les atribuyen cualidades negativas, como a las sirenas, pero generalmente se las considera benévolas. Eran bellas y seductoras criaturas que poseían el don de la eterna juventud, con largas cabelleras verdes, y a las que se imaginaba columpiándose de los árboles o bañándose en los arroyos. Su rasgo más admirado era su voz melodiosa.

Los rusos celebraban la Semana de la Rusalka a principios del verano, tejiendo guirnaldas para los espíritus y lanzándolas luego a los arroyos. La gente bailaba y cantaba toda la noche en los bosques. Durante estas celebraciones se creía que las Rusalki emergían de los lagos y ríos y danzaban a la luz de la Luna, bendiciendo la tierra. Allí donde sus pies tocaban el suelo, la hierba crecería verde y tupida. ¿Es posible que sean ellas las que forman los misteriosos "círculos de las cosechas"?*

Meditación

Busco un rato para bailar y jugar,
pues mi alegría infantil insufla vida a todas mis tareas.

---

* Más información sobre este fenómeno en http://es.wikipedia.org/wiki/ C%C3%ADrculos_en_los_cultivos. (*N. de la T.*)

Renenet
3 de junio: Identidad

Renenet, o Renenutet, es una diosa egipcia de gran poder que antiguamente daba a los recién nacidos el regalo de su verdadero nombre, llamado *ren*. El nombre de la diosa significa, por tanto, "la que da el *ren*". El nombre que otorgaba era un aspecto del alma eterna, y se decía que toda criatura recién nacida tenía a Renenet en su hombro desde el primer día. En el arte se la ha representado como una cobra en posición erguida, a cuya mirada se le atribuía el poder, bien de aniquilar a sus enemigos, o bien de conceder abundancia a las cosechas. Las partes de su nombre significan a la vez "sustento" y "serpiente".

Como serpiente, Renenet era la esposa de Sobek, el dios cocodrilo del Alto Egipto, que representaba la fertilidad vivificadora de las crecidas del Nilo. Era además madre de Nehebkau, que tenía dominio sobre Ka y Ba, otras importantes facetas del alma. Un ancestral himno a Renenet que recoge el *Libro de los muertos* egipcio dice: «Haré que el río se desborde para ti, sin que haya un año de carencia y agostamiento en ningún lugar de esta tierra, y crecerán con exuberancia las plantas hasta doblarse bajo su fruto».

Meditación
¿Qué cualidad describe el "verdadero nombre" de mi alma?

Nungeena
4 de junio: Restauración

Nungeena es una diosa madre australiana que salvó al mundo cuando este quedó prácticamente destruido por la acción de unas hordas de insectos. Se la considera un benévolo espíritu guardián. Los aborígenes dicen que, en los comienzos del Tiempo de los Sueños, el dios Baiame creó muchas cosas, pero un envidioso espíritu del mal quiso destruir todas aquellas creaciones y modeló repugnantes y destructivos insectos para que consumieran todo lo que había en la Tierra.

Baiame necesitaba la ayuda de Nungeena, así que fue a buscarla al precioso valle donde vivía junto a una catarata. La diosa había conservado ocultas valiosas semillas en previsión de una posible sequía, y gracias a ella se pudo replantar el mundo. Su mito es un relato sobre el eterno equilibrio de la creación y la destrucción, y una lección sobre la importancia de la prudencia, y de la planificación y administración inteligentes de los recursos.

Meditación
*Siempre pondré a buen recaudo
una parte de las bendiciones que me llegan.*

Zoe

5 de junio: Animación

Zoe es una deidad de la tradición gnóstica griega a la que se le atribuía un aliento de fuego. Su nombre significa "vida", y se la menciona en la Hipóstasis de los Arcones, o Realidad de los Gobernantes, que forma parte de la compilación de manuscritos descubiertos en una aldea egipcia y que se conocen como códices de Nag Hammadi. A Zoe se la llama "principio instructor femenino", e impartía enseñanzas "al Adán", o la humanidad. Era hija, o emanación, de la Gran Diosa, a la que los griegos llamaban Sophia. En las viejas leyendas era Zoe quien animaba al Adán hecho de arcilla después de que otros dioses lo hubieran intentado sin conseguirlo. Como resultado de su logro, ciertos espíritus estaban furiosos con ella y la maldijeron.

Ella se rió del espíritu llamado Yahvé por tener la arrogancia de maldecirla, y lo lanzó al abismo. A Zoe a veces se la llamaba Eva, y, en este caso, se dice que Adán la llamaba Madre de Todo lo Vivo. En la Hipóstasis de los Arcones es la diosa Zoe quien conduce a la humanidad a la vida eterna del espíritu.

Meditación

La vida eterna del espíritu imbuye de vida todas mis acciones.

Vach
6 de junio: Sonido

Vach es una diosa hindú llamada La de las Mil Formas. Su nombre significa "voz", y fue en un tiempo diosa del trueno. Vach es la diosa del mundo, del lenguaje, y del habla, tanto divina como humana. Los Vedas, la literatura sagrada de la India antigua, se refieren a ella como La Melodiosa Vaca de las Cuatro Ubres cuya leche lo sustenta todo; ubres que se consideran también los cuatro cuartos de la existencia que darían lugar a los puntos cardinales y a las estaciones del año.

Vach es ella misma la fuerza del sonido y de la vibración, y su mágico poder vibrador, como en el caso de la diosa rana egipcia Heket, creó el mundo. Dado que todo es frecuencia, su naturaleza alberga la matriz vibratoria de todas las formas que se hacen manifiestas.

Meditación
Reconozco que la frecuencia del sonido
subyace al mundo de la forma,
de modo que elijo crear sonidos de armonía y no de discordia.

Etain
7 de junio: Transformación

Etain es una diosa celta irlandesa, y moradora cíclica del inframundo. Su nombre significa "la que brilla", lo cual la relaciona con los sidhe, el pueblo irlandés de las hadas. El mito dice que Etain había sido una hermosa hada y que el rey de las hadas se enamoró de ella, lo cual indignó a su mujer, que transformó a Etain en mariposa. Luego, la esposa airada provocó una tormenta que arrastró a Etain muy lejos de su hogar.

Las mariposas son símbolos de transformación, ya que empiezan sus vidas siendo orugas y experimentan después una metamorfosis que las convierte en bellas criaturas aladas. Tras numerosas proezas, entre las cuales está la de haber vuelto a nacer, como princesa, y haberse casado con el gran rey de Irlanda, el rey de las hadas, que todavía la añoraba, volvió a encontrar a Etain. Como en un cuento de hadas, los dos amantes, en forma de cisnes, se fueron volando juntos y vivieron felices para siempre.

Meditación
¿Qué necesito resguardar en una crisálida protectora
para que se transforme en algo enteramente nuevo?

197

Neftis
8 de junio: Límites

Neftis, o *Nephthys*, es una diosa egipcia cuyo nombre significa "señora del recinto (del templo)", refiriéndose a una morada divina. Se decía que tenía un aliento de fuego con el que era capaz de incinerar a los enemigos del faraón. Se requerían sus hechizos para navegar por el traicionero reino de Duat, región del cielo a la que el alma viajaba después de la muerte. El dios Set era su consorte, y, aunque algunas versiones posteriores lo muestren como el villano en la historia de Isis y Osiris, los egipcios de la Antigüedad, para quienes Set simbolizaba el desierto, le rendían culto.

Neftis desempeñaba el papel de guardiana en las transiciones de muerte, semejante al que desempeñaba Isis en las de nacimiento. Cada día al caer la noche, Neftis, a bordo de su barca nocturna, protegía al dios Sol Ra durante su viaje por las doce horas de la noche, ya que Neftis era a la vez guía y guardiana en la oscuridad; y el *Libro de los muertos* egipcio proclama que tenía el poder de dar al faraón la capacidad de ver "aquello que queda oculto por la luz de la Luna". Era hermana de Isis y la ayudó cuando esta salió en busca de los pedazos del cuerpo de Osiris, a quien su hermano Set había asesinado, cortando luego el cuerpo en pedazos y enterrándolos por todo Egipto.

Meditación

¿Qué está oculto en mi vida, a causa de la oscuridad
o de mi miedo a afrontarlo, que necesite reconocer,
o apartar definitivamente de mi corazón?

Laíma
9 de junío: Suerte

Laima es una deidad de Letonia y Lituania, diosa del destino y de la buena fortuna a la que se considera personificación de estas ideas. Su nombre significa de hecho "suerte". Junto con sus hermanas Karta y Dekla forma parte de una trinidad de diosas similar a las Nornas y a las Moiras. Ella y sus hermanas viajan al lugar donde una mujer esté dando a luz y decretan el destino del ser recién nacido. En la versión de *La bella durmiente* que hizo Disney en 1959 aparecen como tres hadas buenas Flora, Fauna y Primavera, que llegan para bendecir a la joven princesa, del mismo modo en que tres sabios acudieron al lugar en que nació el niño Jesús. Las diosas y los arquetipos del destino parecen llegar siempre en tríos.

Se puede conseguir mucho con la oración, pero es Laima quien toma la decisión final en cuestiones relacionadas con el destino. Originariamente se la representaba con forma de ave, pero más tarde adoptaría forma humana. Las aves siguen estando, no obstante, entre sus criaturas predilectas, y se han encontrado en la región de Aestii, en la costa sudeste del mar Báltico, muchos trozos de sílex tallados con la forma de sus aves sagradas. Hoy es el día en que los letones siguen empleando la expresión «si Laima quiere».

Meditación
Creo de verdad que puedo cambiar mi suerte
mediante la intención
y una voluntad claramente dirigida.

Juno
10 de junio: Finanzas

Juno es la reina romana de los dioses y una de las más importantes deidades del panteón romano. El mes de junio se llama así en su honor. Fue la protectora por excelencia del Estado de Roma y sirvió de consejera a sus gobernantes. En su papel de Juno Moneta cuidaba de las finanzas del imperio. Es similar a la diosa griega Hera y a la etrusca Uni. Era guardiana de las mujeres y consorte de Júpiter, poderosa por derecho propio y, al igual que su compañero y dios celeste, capaz de lanzar rayos de fuego.

Cuando los galos atacaron Roma, se dice que los gansos sagrados de la diosa dieron la alarma y salvaron la ciudad, lo cual la vincula míticamente con la Madre Ganso. Uno de los festivales que se celebraba en su honor, el 7 de julio, recibía el nombre de Nonae Caprotinae, "las Nonas de la Higuera Silvestre", y sin duda se celebraba en campos próximos a las higueras, con acompañamiento de bailes y bulliciosos festejos.

Meditación
Si aprendo a ser una buena administradora
de mis recursos financieros,
estaré protegida en las épocas difíciles.

Mater Matuta
11 de junio: Felicidad

Mater Matuta es una diosa de la antigua Roma cuyo festival se celebraba el 11 de junio. Su templo estaba en el Foro Boario (*Forum Boarium*, o *Bovarium*, en latín), que se utilizaba como mercado de ganado. Mater Matuta es la patrona de los recién nacidos, pero protege también los puertos y a quienes se hacen a la mar. Es una diosa de la luz a la que se asocia con el alba. Hay un templo jónico restaurado que se rededicó a Mater Matuta, decorado con cráneos de buey y guirnaldas de flores, que todavía está en pie en medio de las estructuras modernas de Roma.

A su celebración de junio se la llamaba Matralia, y era un festival solamente para mujeres solteras, o para aquellas de edad avanzada que seguían en su primer matrimonio. Las matronas ofrecían a Juno pasteles que habían horneado en recipientes de barro. Las mujeres desfilaban en procesión, llevando con orgullo a sus sobrinas o sobrinos y rezando por su bienestar, lo cual parecía transmitir el mensaje de que las mujeres deben atender a las hijas e hijos de sus hermanas como si fueran suyos propios.

Meditación

La felicidad es una cualidad de la mente
en la que influye poderosamente la elección que hagamos.

Heket
12 de junio: Regeneración

Heket es una diosa egipcia de la fertilidad y la regeneración cuyo icono es la rana. En Egipto, coincidiendo con las crecidas periódicas del Nilo, aparecían cada año multitudes de ranas, que servían de presagio de la inundación. Heket formaba parte de la familia de Osiris, y se dice que de sus sacerdotisas nacían *hekau*, o palabras de poder, expresadas a modo de fórmulas, que los egipcios debían aprender para poder acceder a las diversas partes del inframundo.

Heket hacía, además, de comadrona y protegía a las mujeres durante el parto. Ella es la equivalente femenina del dios creador de cabeza de carnero Khnum, pues ayudaba a dar forma física al feto dentro del vientre. Había amuletos con forma de pequeñas embarcaciones (barcas o arcas) que llevaban su nombre. En su papel de regeneradora, Heket asistía al dios del Sol, Ra, en su renacer diario, y también ayudó a Isis a devolverle la vida a Osiris. Al igual que a Isis, se la llamaba Gran Señora de la Magia, y cuando tocaba a un ser humano muerto con el anj,* le devolvía la vida.

Meditación
*Proferiré palabras de poder e inspiraré vida nueva
a todos mis proyectos.*

---

*   Veáse nota pág. 158 (*N. de la T.*)

Metís
13 de junio: Consejo

Metis es una diosa griega que es personificación de la sabiduría. Su nombre significa "consejo prudente", pues se decía que Metis sabía más que todos los dioses juntos. Como hija de Océano y Tetis era una poderosa Titánide. Algunas fuentes consideran que era la misma diosa que Medusa, ancestral arquetipo de la sabiduría femenina.

En el mito posterior, Metis sería la primera esposa de Zeus, lo cual la rebajó, ya que Zeus era un dios del Olimpo, y no uno de los Titanes, más antiguos y poderosos. Fue la responsable de haber administrado al Titán Crono el remedio que le hizo vomitar a sus hijos, a los que se había tragado para que no lo suplantaran. El mito griego dice que, estando Metis embarazada de Atenea, Zeus se la tragó, temeroso de que su futuro primogénito, mujer o varón, fuera más poderoso que él, y pensando, además, que el tragarla le permitiría participar de la sabiduría de Metis y no significaría literalmente haberla matado con sus propias manos. Aunque Metis no sobrevivió, nueve meses más tarde Zeus tuvo un dolor de cabeza terrible, y su hija Atenea surgió de su frente; de este modo, el dios pudo decir que había dado a luz la sabiduría.

Meditación
Escudriño en mi interior
para encontrar o recibir
consejo prudente en todas mis actividades.

Uksakka
14 de junio: Puertas

Uksakka es una diosa del pueblo saami, etnia indígena de Laponia y Finlandia. La palabra *akka* denota un espíritu o diosa femenina. Uksakka es la diosa del nacimiento, y comadrona que cuida de los recién nacidos. Se le rezaban determinadas oraciones durante el parto, y, después de dar a luz, la madre comía una papilla de avena especial, dedicada a Uksakka, en agradecimiento por que su bebé hubiera nacido sano.

Había tres espíritus Akka, ejemplificando el principio de la triple diosa, que habitaban distintas partes de la casa: Maderakka vivía en las paredes, Sarakka, debajo del fogón, y Uksakka guardaba los portales, incluido el del nacimiento, así como el espacio en torno a ellos. Se consideraba a Uksakka singular guardiana de los niños y niñas durante su primer año de vida, y una ayuda para las madres cuando estos empezaban a andar y a investigar su entorno.

Meditación
Las etapas de la vida son como puertas.
Me desprendo dignamente del pasado
y aprendo a surcar nuevas posibilidades.

Anima Mundi
15 de junio: Aliento

Anima mundi, el alma del mundo, es un concepto divino de la Antigüedad romana especialmente venerado por los gnósticos de Roma. Proviene de la raíz *ane*, que significa "respirar", y algunos filósofos sostenían que su espíritu puro y eterno impregnaba toda la naturaleza y la existencia. Los estoicos defendían que el *Anima mundi* era la única fuerza vital del universo. Aunque generalmente la idea se le atribuye a Platón, sus orígenes son muy anteriores y guardan una gran semejanza con los de las diosas que se describen en ciertas doctrinas orientales.

Carl G. Jung recuperó los términos *anima* y *animus* y explicó que todos tenemos un *anima*, un alma femenina, y un *animus*, o alma masculina. En el siglo XVI, el místico francés Guillaume Postel dijo que Cristo había redimido la mitad masculina del alma, y que la mitad femenina permanecía irredenta, a la espera de una salvadora femenina. Esto fue un auténtico adelanto con respecto al edicto promulgado en el Concilio de Nantes en el año 660, que —como cuenta Claudia Dreifus en su libro *Seizing Our Bodies* [Apoderándonos de nuestros cuerpos]— declaraba que todas las mujeres eran «bestias sin alma».

Meditación
Respiro hondo y doy gracias a la madre celestial
que dio a luz a todas las almas al principio de los tiempos.

Canola
16 de junio: Música

Canola es una diosa irlandesa particularmente antigua de quien se dice que fue la inventora del arpa, uno de los símbolos más apreciados de Irlanda. La leyenda de la creación del arpa cuenta que una noche paseaba Canola por la orilla del mar en la oscuridad, siguiendo el sonido de una música que la cautivaba e intentando averiguar su origen. Sintiéndose exhausta, se detuvo, y el misterioso y melodioso sonido la arrulló hasta que se quedó dormida.

Cuando despertó con la aurora, se dio cuenta de que el hechizador sonido había sido el soplido del viento al pasar entre los tendones unidos a los huesos resecos de una ballena. Canola se sintió tan inspirada por aquella música mágica que creó la primera arpa. Se desconoce el verdadero origen del arpa como instrumento, pero hay arpas representadas en los grabados celtas, en los muros de las tumbas egipcias y en imágenes vikingas.

Meditación
Hoy creo una música alegre con lo primero que encuentro: un banjo hecho con una caja de puros, o un piano de cola.

Ilmatar
17 de junio: Espíritu

Se dice que Ilmatar, una diosa creadora finesa llamada la Hija del Aire, emergió de este elemento. Es una virgen madre del cielo, inmensamente poderosa, que hizo nacer el universo de siete huevos cósmicos. En algunos relatos fue el viento el que fecundó a Ilmatar, que dio a luz la Tierra, las estrellas y al primer ser humano, un bardo, así como a los dioses de la magia y la forja. A veces se la identifica como la madre del gran mago Ilmainen, que creó el Sol.

Ilmatar es también madre del dios de la música, Vainamoinen. En ocasiones se la representa como un ser andrógino que fue el creador de todo. Entre sus títulos honoríficos están el de Virgen Hija del Aire, Madre Cielo, Madre Agua, Diosa Creadora, Hija de la Naturaleza y Madre de las Aguas.

Meditación
Dedico unos momentos a cavilar sobre
qué añoro ver nacer de la sustancia mágica de mi creatividad.

Eurínome
18 de junio: Espontaneidad

Eurínome, o *Eurynome*, cuyo nombre significa "la universal", es una Titánide, tal vez la primera. Los Titanes eran seres muy poderosos que precedieron a los dioses griegos del Olimpo. Cuenta la leyenda que, en el principio, Eurínome emergió desnuda del Caos, y empezó a girar en una danza que separó el mar del cielo y la oscuridad de la luz, poniendo así orden en el Caos. Sus giros crearon la Tierra y las estrellas.

Su movimiento generó asimismo un fuerte viento que la diosa magnetizó: enrolló el viento dándole forma de gran serpiente, y la llamó Ofión. Esta serpiente-viento fue su consorte, y ella se transformó en una paloma que puso un huevo cósmico del que nacieron todas las cosas. Orgullosa y despectiva, la serpiente se atribuyó posteriormente el mérito de todo, por lo cual Eurínome la desterró a una mazmorra del inframundo, donde todavía causa problemas de vez en cuando.

Meditación
Hoy disfruto del liberador poder de danzar y girar,
imaginando que mis vueltas hacen nacer mundos.

Penélope
19 de junio: Inmortalidad

En el mito griego, Penélope es la esposa del héroe Homero, rey de Ítaca, y también prima de Helena de Troya. En leyendas más antiguas, Penélope es una poderosa diosa primaveral de la fertilidad cuyo papel es elegir al rey anual. Se emparejó con numerosos pretendientes, incluido Hermes (el Mercurio griego), y dio a luz al dios Pan. En su libro *La diosa blanca*, Robert Graves se refiere a Penélope como la que lleva «una tela de araña sobre el rostro».

Penélope era famosa por su sagacidad, y durante los 20 años que pasó Ulises —al que se daba por muerto— luchando en la Guerra de Troya, se libró de todos sus pretendientes alegando que no podía casarse hasta que terminara de tejer una mortaja para su suegro. Prometió que elegiría entre ellos el día que la túnica estuviera terminada. Cada día tejía en su telar y, cuando llegaba la noche, astutamente deshacía lo que había tejido; de este modo, místicamente mantuvo a Ulises vivo. Desde entonces, se llama la tela de Penélope a algo en lo que se trabaja continuamente y que nunca se termina.

Meditación
Tejo con sagacidad las hebras de mi vida
y hago con ellas un bello
aunque perecedero tapiz.

Las diosas
de Cáncer
La concha

LAS PERLAS PRECIOSAS
SE CREAN POR FRICCIÓN

Cáncer es el punto cardinal de agua, que marca el solsticio de verano y añade la potente cualidad de la emoción a la naturaleza mental del signo precedente, Géminis. Cáncer actúa a modo de útero, y contiene la energía del principio de la madre universal, procurando de ese modo la vasija de la que nacen todas las formas. La energía de cáncer es altamente instintiva, nutritiva y protectora, y engendra el anhelo por formar un hogar y establecer conexiones emocionales. El sendero de Cáncer significa aprender a estabilizar y aquietar las emociones.

El signo de diosa que corresponde a Cáncer es la concha de la almeja, símbolo del océano, de la que el tradicional símbolo de Cáncer, el cangrejo, sale también. Las conchas, que son contenedoras de vida, aparecen en numerosas culturas como imágenes de la diosa. A veces se trata de pequeñas conchas de cauri, extensamente apreciadas y evocadoras de la anatomía sexual femenina. El mito de la diosa Venus nos la muestra emergiendo del mar en una concha de almeja. Cáncer está regido por la Luna, luego están incluidas en esta sección las diosas lunares. Las diosas de Cáncer tienen un desarrollado sentido maternal, son a menudo creadoras y están vinculadas con el mar, que es el origen de toda vida. Son madres protectoras que guardan el hogar, mantienen la lumbre encendida y honran a sus antepasados.

Frigg
20 de junio: Quietud

Frigg es una diosa nórdica y teutónica del amor y la fertilidad a la que se puede ver en la atmósfera y en las nubes. La palabra inglesa *friday*, viernes, proviene del "Día de Frigg". Su palacio se conoce como Fensalir, que significa "salón del mar". A veces se la llamaba Dama Blanca del Solsticio de Verano, pero se la conocía mayormente como una silenciosa deidad de la sabiduría. Su historia nos llega por los *Eddas*, compilación de mitos escandinavos en dos volúmenes. Frigg era la más venerada de las diosas nórdicas y la única que se sentaba en el trono al lado de Odín.

La bella Frigg es alta y majestuosa. Se la representa vestida, bien de blanco puro, o bien con ropas oscuras, y con plumas de garza en el tocado. Cuelga de su cintura un manojo de llaves, símbolo de un tesoro escondido o de la sabiduría secreta. Desgraciadamente, la mayoría de la gente solo ha oído su nombre en la despectiva expresión del argot callejero inglés *friggin*, "maldito", que es una referencia vejatoria a su espíritu generoso y afable.

Meditación
A pesar de las circunstancias externas
puedo entrar en la quietud interior y encontrar sabiduría.

Anuket
21 de junio: Crecida

Anuket es la diosa egipcia del Nilo. En el antiguo Egipto, la Estrella Perro, Sirio, la estrella que más brilla en el cielo, aparecía en el momento del solsticio de verano.

Debido a la precesión —el lento movimiento de retroceso de la estrellas con relación a la Tierra—, Sirio sale ahora antes que el Sol al acercarnos a finales de julio. Este acontecimiento anual señalaba el comienzo del año nuevo egipcio y anunciaba la inundación que cada año provocaba la crecida del Nilo. Anuket había sido originariamente una diosa acuática de Sudán, y era muy popular en Nubia. Su nombre significa "la que abraza", sugiriendo la acción sustentadora de las aguas torrenciales que fertilizaban la tierra árida. Su templo estaba en la isla de Sehel, cerca de Asuán, en la parte sur de Egipto.

Se representa a Anuket con una corona hecha de carrizos y plumas de avestruz. Su animal sagrado era la veloz gacela, que corre como las presurosas aguas del río cuando empezaba a desbordarse. Cada año, en cuanto comenzaba la crecida del Nilo, lo hacía también el Festival de la Inundación en honor de Anuket, en el que se la veneraba por su papel de Sustentadora de los Campos. Se lanzaban al río monedas, oro, joyas y otros objetos valiosos en señal de gratitud por las aguas revivificantes.

Meditación

Abrazo los ciclos de la vida
y las crecidas y sequías alternantes de mis emociones.

Hestia
22 de junio: Hogar*

Hestia es la primera diosa del Olimpo, anterior incluso a Zeus, y era hija de Crono y Rea.** Su nombre figura en una antigua expresión griega: «empezar por Hestia», que quiere decir empezar por el principio. Ella es el símbolo del fuego del hogar, y vive en el centro de la llama. Su nombre significa en griego precisamente eso, "hogar", y se cree que proviene del término sánscrito, más arcaico, *vas*, que significa "brillante". El filósofo griego Pitágoras dijo que: «el fuego de Hestia es el centro de la Tierra», y el estadista romano Cicerón la describió como «la guardiana de las cosas más íntimas».

Hace miles de años, el hogar era un simple círculo de piedras, y estos hogares constituyeron los primeros altares. A una parte de lo que se quemaba en ellos se le confería valor sacrificial, y el humo que ascendía hacia el cielo representaba una oración, una conexión conscientemente establecida entre quienes hacían el ofrecimiento y lo divino. No es una coincidencia que en inglés las palabras "hogar", *hearth*, y "corazón", *heart*, sean casi idénticas. El corazón simbólico de Delfos era tanto corazón espiritual de la antigua Grecia como centro del mundo. Si el fuego del hogar sagrado se apagaba, solo podía volver a encenderlo el Sol o la acción de un palo frotado contra otro.

---

* El término hogar se refiere en este capítulo al sitio donde se hace la lumbre. (*N. de la T.*)

** Existen en la mitología griega dos conceptos diferentes: Crono, el primero de los Titanes, que en la mitología romana corresponde a Saturno, y Chronos, dios que personifica el tiempo, al que a menudo se identifica con el anterior. (*N. de la T.*)

Meditación

Casa es el lugar donde está el corazón,
y avivo un fuego sagrado en mi hogar.

Aine
23 de junio: Aviva la Llama

Aine es una diosa irlandesa de la soberanía cuyo nombre significa "chispa resplandeciente". En una época muy antigua se la veneraba la noche del solsticio de verano encendiendo antorchas hechas en su honor. Los agricultores y otros trabajadores del campo celebraban su fiesta haciendo ondear las llameantes antorchas sobre las cosechas y el ganado. Realizaban este ritual para obtener protección y plenitud en la época de crecimiento, y con ese fin invocaban la bendición de Aine. La gente, con antorchas encendidas, daba vueltas en procesión alrededor de su colina y morada sagradas —Cnoc Aine, cerca de Munster, en Irlanda del Sur— en sentido contrario a las agujas del reloj, y luego regresaban a casa con paso solemne.

Se creía que Aine era la Reina de las Hadas, y tenía por tanto gran poder vivificador y sanador. Su resplandeciente chispa se equipara a la fuerza del Sol en el solsticio de verano, que cada año trae luz a la Tierra en grado máximo. A veces, la diosa se aparecía sobre un lago encantado girando en forma de viento mágico, y a veces adoptaba la forma de una yegua roja a la que nadie podía aventajar.

Meditación

Esta noche enciendo una antorcha, o hago una fogata,
para que la energía del fuego renovador
avive la llama de la inspiración.

Satet
24 de junio: Lágrimas

⊚ ⊚ ⊚

Satet es una diosa egipcia a la que se creía causante de las inundaciones del Nilo que ocurrían cada año en el solsticio de verano. El Alto Egipto, al sur del Nilo, recibía el nombre de Ta-Satet, o tierra de Satet, de modo que la diosa era también la Reina del Sur. Su templo principal estaba en la isla de Sehel, a poco más de tres kilómetros al sur de la actual ciudad de Asuán, en el sur de Egipto. Junto con Khnum y Anuket, Satet formaba una tríada a la que se rendía culto en un templo construido en la isla Elefantina. En el arte se representaba a Satet como una mujer con una estrella sobre la cabeza y portando jarros de agua. La estrella es, sin duda alguna, Sirio, que en esta época del año salía antes que el Sol, anunciando la inundación anual.

Dicha inundación se conocía como la "Noche de la Lágrima". Cada año, la gran diosa Isis derramaba una única lágrima mágica, que Satet recogía en su jarro y vertía luego sobre el Nilo para dar comienzo a la crecida. Satet usaba también sus aguas mágicas y purificadoras para lavar a los muertos, como parte del rito de embalsamamiento.

Meditación
Si hoy derramo una lágrima,
sabré que es un regalo de purificación y renovación.

Coyolxauhqui
25 de junio: Revelación

Coyolxauhqui (ko-yol-XAU-qui) es una diosa lunar azteca. Según el mito, la diosa se dio cuenta de que su madre, Coatilcue, la tierra, se había quedado mágicamente embarazada de un nuevo dios y, celosa, intentó convencer a sus hermanos, las estrellas, de que debían matarla. Aun estando todavía en el vientre, el Sol que se estaba gestando en él percibió la amenaza y advirtió a su madre. Cuando el poderoso dios del Sol y de la guerra salió del vientre de la tierra, estaba listo para la batalla, y cortó a su hermana Coyolxauhqui en pedazos antes de que pudiera cometer la traición.

Cuenta, así pues, la leyenda que todos los meses la Luna se hace pedazos en el cielo recreando la batalla entre los hermanos, quedando simbolizada en este relato la continua interacción del Sol y la Luna, la luz y la oscuridad, que al igual que muchos otros símbolos aztecas está lleno de violencia y conflicto. En 1978, unos ingenieros que tendían cables eléctricos en la ciudad de México descubrieron una escultura de piedra, hoy en día famosa, de la diosa Coyolxauhqui, y en posteriores excavaciones se vio que la estatua se erigía al pie de lo que había sido un gran templo azteca.

Meditación
Aprendo a danzar en armonía
con el equilibrio, siempre cambiante, de la luz y la oscuridad.

Woyengi
26 de junio: Consecuencias

@ @ @

Woyengi es una diosa de la creación del pueblo ijaw de Nigeria. Su nombre significa "gran madre", y descendió a la Tierra transportada por un rayo grandioso. Cuando aterrizó, lo único que encontró fue una mesa, una silla y una piedra plana en medio del barro. Woyengi tomó barro en sus manos e hizo con él innumerables muñecos, y luego les insufló vida a cada uno de ellos. El relato nos suena familiar, pero la narración del Génesis, que es la que conocemos, data de una época muy posterior.

Los pequeños muñecos eligieron entonces el género que preferían tener. Luego, algunos de ellos se quejaron y pidieron a la diosa que les dejara elegir de nuevo, pero Woyengi les dijo que debían aprender sobre la naturaleza que yacía oculta bajo la forma que habían elegido. La moraleja de esta historia es que debemos aprender a aceptar las experiencias de la vida y a no sentir resentimiento hacia los demás. Hacemos la mejor elección que podemos y vivimos con las consecuencias, o hacemos un nuevo plan.

Meditación
Acepto las consecuencias de mis elecciones y acciones.
Siempre puedo elegir de nuevo.

Mari
27 de junio: Fuente

Mari, al igual que la diosa egipcia Isis y la hindú Devi, es una Gran Diosa Madre de la totalidad. Es la fuente de toda vida, y nos ha llegado bajo distintas formas y nombres, entre ellos: Mariamne en griego, Miriam en hebreo y el familiar María —Ma-Ri, que significa "dar a luz" proviene del sumerio arcaico—; el nombre bíblico Mari-El, combinación de diosa y dios, y el egipcio Meri-Ra, unión del agua y el fuego del Sol. Todas las versiones del nombre están relacionadas con el océano y el agua. La ciudad llamada Mari, situada en el centro del río Éufrates, fue saqueada por el rey babilónico Hammurabi en el año -1800.

Generalmente se representa a Mari vestida con una túnica azul y un collar de perlas, que simbolizan ambos el océano, y su título más reverenciado es el de Estrella del Mar, aunque también se la conoce como Reina del Cielo. Hubo una diosa de la antigua Creta llamada también Mari, y una diosa hindú del mismo nombre a la que se veneraba en los pozos. La palabra "maridaje" proviene de la palabra latina *maritare*, que significa "unión bajo sus auspicios".

Meditación
Oigo la ancestral voz de Mari en las olas del océano
y en el susurro de una caracola que me acerco al oído.

Hina
28 de junio: Feminidad

Hina es una gran dios, o *akua* en hawaiano, que al parecer es la componente más antigua del panteón indígena de Hawai. Se la conoce en toda la Polinesia y el Pacífico, y en una de las leyendas es Hina la que creó el archipiélago de Hawai, sacando las islas del fondo del océano. Bendice la pesca de marisco, ya que es ella quien crea la vida en los arrecifes, y las criaturas marinas son su regalo a los seres humanos. Su nombre significa "soplar en línea recta", como los vientos favorables del océano. A Hina se la asocia también con la sanación y la fabricación de *tapa*, una fibra confeccionada con la parte interior de la corteza de la morera y utilizada tanto para la fabricación de telas como de hamacas en el antiguo Hawai.

Hina es diosa de la Luna, del océano y de la curación. Dado que es una diosa lunar rige todas las fases de la vida, desde la concepción hasta la muerte. Siempre está conectada con los colores plateado y blanco, y su alimento sagrado es el coco. Ella es la esencia de la energía femenina, y una parte de su nombre, *hine*, se emplea como sufijo para referirse a cualquier cosa de este género.

Meditación
Hoy extiendo el brazo hasta lo más hondo
y saco una preciosa creación
de las aguas de mi conciencia.

Latmikaik
29 de junio: Profundidad

Latmikaik es una diosa marina de las islas Palau de Micronesia. El archipiélago Palau, formado por 340 islas, está situado entre Guam, Filipinas y Papúa Nueva Guinea. Latmikaik es a la vez cocreadora y corregente del mundo. En una de las leyendas, ella fue el primer ser, y adoptó la forma de almeja gigante, símbolo de fertilidad para los isleños. Dio a luz a incontables peces como resultado de las turbulentas aguas del mar.

La progenie humana de Latmikaik emergió del mítico primer mundo de la creación, y es la antecesora de los actuales habitantes de Palau. Sus hijos peces construyeron en una ocasión una torre que llegaba hasta el cielo. Los isleños todavía creen que los peces ponen sus huevos cuando las aguas están lo bastante revueltas y turbias como para protegerlos de los pescadores. Aunque Latmikaik tuviera su morada en el fondo del océano, astronómicamente ocupa también un lugar en el cosmos, como una de las coronas del planeta Venus.

Meditación
Mis sueños participan de las profundidades del océano
y ascienden a lo alto del cielo.

Papatuamuku
30 de junio: Polaridad

Papatuamuku es una diosa maorí venerada por los indígenas polinesios de Nueva Zelanda, que han luchado por mantener su identidad cultural, oponiéndose a las fuerzas de la colonización europea y el cristianismo. La palabra *maori* significa "ordinario" en su lengua, y distingue a los seres humanos de los dioses. Papatuamuku, a veces llamada simplemente Papa, es una poderosa diosa de la creación que, junto con su consorte, Rangi, dio a luz a los 70 dioses del panteón maorí.

Papa y Rangi son los padres primordiales, fundidos en un eterno abrazo creativo. Ella es la Madre Tierra y él, el Padre Cielo. Su abrazo original fue tan intenso que ni siquiera la luz podía penetrar, y por eso había oscuridad por todas partes. Los demás dioses sintieron celos, se enfadaron y, temerosos de que la oscuridad continua les privara de la vida, confabularon para destruir a los amantes. Uno de los hijos finalmente separó a sus padres, y nacieron el espacio y la luz. A pesar de que los amantes estén ahora separados, el ciclo de agua de la Tierra los mantiene en eterno contacto a través de la lluvia que cae del cielo y se vuelve a evaporar formando las nubes.

Meditación

¿Hay algún aspecto al que me esté agarrando con tal fuerza que no me quede espacio para seguir creciendo?

Rea
1 de julio: Flujo

Rea, o *Rhea*, ancestral diosa madre y reina de los Titanes, vivió en la edad de oro que precedió a los dioses griegos del Olimpo. Es hija de Gaia, la Tierra, y Urano, el cielo, y madre de Deméter. Su nombre significa "flujo", en su sentido de menstruación y de las aguas del nacimiento. A Rea se la considera también la gran montaña madre del monte Ida de Creta. Uno de sus símbolos es el cisne, porque se trata de una criatura delicada, pero que es además un formidable guardián y oponente.

En el mito griego posterior, Crono era su hermano, y más tarde sería su consorte, lo cual rebajaría el estatus de la diosa. Los romanos la conocían con Magna Mater, gran madre. En los antiguos mitos cretenses no tenía esposo; de hecho, Rea era ella misma la Madre Tiempo, que gobernaba sola, y ella la que blandía la hoz de la Luna, de la que más tarde se apropió el Padre Tiempo. Como a Cibeles, a Rea se la representa montada en un carro tirado por dos leones, lo cual es indicio de su antigüedad, y dos leones rampantes suelen flanquear la estatua de la diosa a la entrada de las ciudades antiguas.

Meditación
Planeo a través de este día con la serenidad
y majestuosidad del cisne sobre el lago en calma.

Nüwa
2 de julio: Procreación

Nüwa, la Dama Dragón, es una diosa china de la creación que esculpió con barro a la humanidad muchos siglos antes de que el relato apareciera en el libro bíblico del Génesis. Nüwa fue la primera figura femenina que se mencionó en las leyendas chinas. Se la representa como una bella mujer, de cintura para arriba, mientras que de cintura para abajo es solo una cola de dragón. Una leyenda china cuenta que salió del Río Amarillo un dragón con ideogramas pintados en la espalda. Al principio, la Tierra y el cielo estaban separados, y Nüwa se encontraba en la Tierra, que estaba llena de magníficos árboles, flores y diferentes tipos de animales, pero se sentía sola y quería tener compañía.

Un día, Nüwa vio su reflejo y decidió crear un muñeco de barro semejante a ella. Con el barro amarillo del río Huango-Ho moldeó una figura que se le parecía, pero que tenía piernas en vez de cola de dragón. Sopló con su aliento ardiente sobre su creación y le insufló vida. Tanto entretenimiento le brindó su compañero que decidió crear muchas figuras más, cuidando de hacer seres humanos masculinos y femeninos para que pudieran procrear, dado que no eran inmortales como ella.

Meditación
Trabajo conscientemente con la materia prima de mi vida
y hago una hermosa escultura.

Yemaya
3 de julio: Mareas

Yemaya es una de las Orishas del panteón yoruba de seres divinos que encarnan aspectos de la naturaleza y del mundo espiritual. El sistema de creencias de los yoruba del oeste de África tiene miles de años de antigüedad, y se extendió al Nuevo Mundo en tiempos del comercio de esclavos. En América han conservado sus creencias sincretizando sus deidades con santos católicos, origen de la santería, la "Vía de los santos". A Yemaya se la ha equiparado a María, en su papel de Estrella del Mar.

Es la diosa de los océanos y la maternidad, y se la considera madre de muchas otras Orishas. En Brasil, en Nochevieja sus devotos erigen complejos altares en la playa, que cubren de velas y alimentos, pues creen que Yemaya recibe sus ofrendas y acoge sus regalos gracias a la marea matutina. Tiene muchos aspectos, y uno de ellos es el de una feroz guerrera llamada Yemaya Okute.

Meditación
Hoy hago de mi vida una ofrenda de belleza,
pues sé que la marea lo arrastra todo a su paso.

Libertas
4 de julio: Libertad

Libertas es la diosa romana de la libertad, inmortalizada en la estatua del puerto de Nueva York. Se la representaba siempre tocada con un píleo, gorro de fieltro que se ponía a los esclavos cuando se les daba la libertad, y llevaba también una corona de laurel y una lanza. Libertas encarna la idea de la libertad personal, así como de la libertad colectiva de una nación. Fue Britannia para los británicos y Marianne, para los franceses. Su imagen aparecía en la moneda del denario romano, el estipendio diario de un trabajador, y se construyeron templos en su honor en dos de las ancestrales colinas de Roma.

El nombre completo de la estatua que se eleva en el puerto de Nueva York, regalo de Francia en 1886, es *La libertad iluminando el mundo*. Esta lleva una corona de siete puntas, en vez del píleo, y sostiene un libro, que representa la libertad lograda a través del conocimiento, y una antorcha, para iluminar las mentes y los corazones de la humanidad. En un certamen de poesía organizado a fin de recaudar dinero para el pedestal de la estatua, la ganadora fue Emma Lazarus, que, además del premio, tuvo el honor de que su soneto «El nuevo coloso» fuera inscrito en la base de la Estatua de la Libertad.

Meditación

Una poderosa mujer con una antorcha,
cuya llama es el relámpago aprisionado,
y su nombre, Madre de los Desterrados.

(Extracto de «El nuevo coloso», de Emma Lazarus.)

Oshun
5 de julio: Antepasados

Oshun, diosa del pueblo yoruba del oeste de África, es una de las siete grandes Orishas, o espíritus. Los yoruba fueron víctimas directas del comercio de esclavos, y llevaron sus creencias consigo a Brasil, Cuba, Haití y el sur de los Estados Unidos. Los dominios de Oshun son las aguas de los ríos. En su libro *Living Santeria*, el antropólogo Michael Atwood Mason dice: «Los ancianos cuentan que "Oshun es la ama del río"». Es diosa de las corrientes cambiantes y de la renovación, y se cree que vive en el movimiento de aguas que fluyen. Su color predilecto es el amarillo y su número, el cinco.

En el mito de Oshun, los demás dioses la enviaron en busca del Orisha herrero, que, cansado de crear, había dejado que el mundo se convirtiera en un lugar frío y desolado. Lo convenció de que continuara creando, y a continuación empezó a ser la mensajera entre el ámbito de lo divino y el mundo común de los humanos. Al igual que la Venus romana ama la belleza. Sus altares, que contienen ofrendas de artículos colocados en grupos de cinco, deben ser siempre bellos y armoniosos. Se invoca a Oshun para pedirle que renueve y bendiga con las aguas vivificadoras la tierra seca y yerma.

Meditación

Si acallo en mi mundo el ruido exterior,
puedo oír las voces de mis antepasados
que me susurran mensajes de sabio consejo.

Leucótea
6 de julio: Rescate

Leucótea, o *Leucothea*, era una diosa griega del mar cuyo nombre, que significa "diosa blanca", nace de la imagen de las crestas blancas que coronan las olas en altamar, o de la espuma que forman al romper. El autor Robert Graves contribuyó a inmortalizar a la Diosa Blanca en su libro del mismo nombre. En Laconia tenía un santuario con un oráculo que contestaba a la gente sobre sus sueños. Se dice que, en su forma humana previa como Ino, había cuidado del dios Dionisos cuando este era niño, apuntando así a su anterior papel y a su poder en los festivales de fertilidad.

En el mito griego, Leucótea se arroja al mar con su hijo, escapando de la ira de Hera. Naturalmente, el niño era hijo de Zeus, seductor empedernido. Sin embargo, Dionisos no la dejó morir, sino que la transformó en la Diosa Blanca de las olas; su hijo sería el dios del mar Palemón, patrón de uno de los Juegos Panhelénicos. En un relato posterior, Leucótea rescataba al héroe Ulises cuando este estaba a punto de ahogarse.

Meditación

Invoco a las olas blancas para que me mantengan a flote
y no me dejen ahogarme en la corriente de mis emociones.

Kaguya Hime
7 de julio: Tesoro

Kaguya Hime es una diosa japonesa de la Luna. Se la muestra como una bebé diminuta dentro de una reluciente caña de bambú, o como una maravillosa y diminuta mujer cantante. La leyenda cuenta que un buen anciano caminaba un día por un bosque de bambú cuando vio que una planta de bambú resplandecía, y, al cortar el tallo a lo largo, encontró en su interior a una niña recién nacida. Su esposa y él la criaron, ya que no tenían hijos. La llamaron Kaguya Hime, y era tan bella que incluso el emperador deseaba cortejarla.

Mientras vivió con el matrimonio de ancianos, cada vez que el hombre iba al bosque y cortaba una caña de bambú, encontraba dinero en su interior. Pero con el paso del tiempo, a Kaguya Hime empezó a entristecerle la vida en la Tierra, de modo que les contó a su padres que la Luna era su verdadero hogar y que un día los ángeles llegarían para llevarla de vuelta. Antes de regresar a la Luna definitivamente bendijo al emperador otorgándole vida eterna, pues fue siempre el don de esta diosa poder conceder la inmortalidad.

Meditación
¿Qué resplandeciente visión de prosperidad
vive en mi corazón?

Ajysyt
8 de julio: Nacimiento

Ajysyt es una diosa madre de los yakut, pueblo turco que habita en las proximidades del río Lena, en Siberia. Su nombre significa "dadora de nacimientos", y también se la llama Madre de las Cunas. Vive en lo alto de una montaña, en una casa de siete pisos, y allí escribe el destino de cada persona en un libro de oro. Ajysyt guía a cada alma en su viaje desde el cielo hasta la Tierra cuando llega el momento de que nazca en un cuerpo humano. Está presente en cada nacimiento, y la mujeres la invocan para que alivie sus dolores de parto.

Los estudiosos creen que Siberia pudo haber sido la tierra originaria del chamanismo y de la palabra en sí, y numerosas pruebas indican que fueron las mujeres quienes primero lo practicaron, mujeres que conocían la magia del nacimiento y la muerte, y que eran guardianas de dichos portales.

Meditación
¿Qué anhelo dar a luz,
a qué anhelo insuflar vida?

Kami-Fuchi

9 de julio: Portera

Kami-Fuchi es una diosa del hogar venerada por el pueblo ainu, indígena de las islas a las que llamamos Japón. Los ainu prefieren referirse a sí mismos por el nombre de *utari*, y es que son étnicamente un pueblo distinto del japonés. El nombre de Kami-Fuchi significa "mujer que lanza chispas de fuego", y se dice que vive realmente en la lumbre del hogar. Es la más importante *kamui*, o espíritu, de la mitología ainu, y desempeña el papel de portera entre el mundo humano y el espiritual.

El fogón se consideraba el centro de la casa, y también el portal por el que la gente podía comunicarse con sus antepasados, a los que la arcaica lengua ainu se refería como "aquellos que moran en el fogón". Kami-Fuchi es guardiana del hogar y preside los asuntos domésticos. Su presencia es tan importante que nunca sale de casa. Se dice que quienes no la honran manteniendo la casa en buenas condiciones provocarán su ira.

Meditación

Mi hogar es un santuario sagrado,
y soy la guardiana de todo lo que hay en él.
Es tarea mía cuidar de que la lumbre arda.

Deví
10 de julio: Vientre

El nombre Devi es una palabra sánscrita que significa también "gran madre", y se anexionó a muchos nombres indoeuropeos. El nombre de esta diosa es sinónimo del concepto de diosa, y significa también "la divinidad". Devi es fuerza cósmica, y es la creadora, aniquiladora y recreadora del universo, que lleva en su vientre. Aparece con multitud de formas y nombres distintos, y concretada en diosas de diferentes atributos. Los hindúes dicen que Devi hace que nazcan la fuerza y la forma, y que, sin ella, nada se haría realidad. En la mano derecha sostiene la dicha y el sufrimiento, y en la izquierda, la vida y la muerte.

Es Ma, la madre dulce y siempre dispuesta. Siendo Jaganmata, o Madre del Universo, asume proporciones cósmicas, destruye el mal y crea y disuelve los mundos. En el sudeste asiático se conoce a Devi por miles de nombres distintos, y se la venera de maneras que reflejan las costumbres locales y las leyendas sobre su naturaleza.

Meditación
Encarno la esencia creativa de la Madre Divina,
cuyo vientre hace que se manifiesten los mundos.

Kaltes
11 de julio: Suavidad

Kaltes, deidad del pueblo uguric de Siberia, es una diosa de la Luna que cuida de los nacimientos, y a veces, como la Luna, sufre una metamorfosis. Los conejos y las liebres son para ella sagrados, pues el pueblo uguric, al igual que muchas otras culturas, ven en las marcas de la Luna la forma de una liebre. (Las liebres son más grandes que los conejos y llevan una vida solitaria, mientras que los conejos viven en colonias.) Generalmente, la naturaleza de Kaltes es dulce y solitaria, como la de su animal sagrado, pero a veces muestra un aspecto aterrador, dado que puede decidir el destino de una persona. Antiguamente era tabú matar o comer un conejo o una liebre; comer un conejo era semejante a comerse a la propia abuela.

En el festival celta de Beltane se levantaba esta prohibición, así como en el festival anglosajón de Ostara, donde se llevaban a cabo cacerías rituales de liebres. Estos animales suelen esconderse en los campos de trigo hasta la siega final, por eso a la última espiga suele llamársele "la liebre", y cortar la última espiga se conoce como "cortarle la cola a la liebre". En algunos lugares, los segadores tiraban las hoces al simbólico conejo escondido entre el trigo.

Meditación
Cultivo la mansedumbre del conejo
y me bato prudentemente en retirada cuando es lo apropiado.

Coventina
12 de julio: Conexión

Coventina es una diosa celta británica del agua y los arroyos, muy venerada por sus devotos. Se la representa sobre una hoja que flota en el agua y sosteniendo una urna de la que va vertiendo el río, puesto que ella es la fuente. Demuestra una seguridad suprema. Se han recuperado reliquias del recinto de su pozo sagrado en Northumberland, Inglaterra, donde se le rendía culto, como a otras diosas del agua, en el lugar exacto en que el manantial brota de la tierra y forma una poza. El agua se consideraba un regalo de la diosa.

En un santuario descubierto en cierto punto del Muro de Adriano se encontraron ni más ni menos que 16 000 monedas, que, siguiendo la costumbre ancestral, la gente había arrojado al agua al tiempo que formulaba un deseo. Los pozos sagrados eran lugares de sanación, y a veces sitios de inspiración y oráculos. Parece ser que Coventina tenía una cualidad aún más destacada como protectora y proveedora divina.

Meditación
Mi corazón está vinculado al arroyo que ha fluido y fluye
constante bajo la tierra a través de todos los tiempos.

Meskenet
13 de julio: Testimonio

Meskenet, o *Meskhenet*, es una diosa egipcia del parto. Se la llama Protectora del Lugar del Nacimiento y es la creadora del Ka de cada recién nacido, un misterioso aspecto de su alma eterna. Al igual que otras diosas del destino, Meskenet desempeñaba un papel en la suerte que correría la criatura que acababa de nacer. En Egipto, las mujeres daban a luz poniéndose en cuclillas sobre los "ladrillos del nacimiento", considerados objetos sagrados, y que todavía es posible ver en las imágenes que cubren los muros de los templos egipcios. Se creía que Meskenet era la responsable del parto, y por eso se la representaba como un ladrillo del nacimiento con cabeza de mujer, o como mujer ataviada con un tocado hecho del útero de una vaca sagrada, emblema de Isis y Hathor.

Meskenet aparece en el *Libro de los Muertos* egipcio, y en el famoso acto de "pesar el corazón" se la muestra muy cerca de la balanza mientras el corazón del fallecido se pone en un platillo y se compara con el peso de la pluma de Ma'at, diosa de la justicia, colocada en el otro. La pluma de Ma'at simbolizaba la verdad y la relación correcta con todas las cosas, y si el corazón del difunto pesaba más que la pluma, se decía que la persona no podría entrar en la otra vida. Meskenet testificaba sobre el carácter del muerto, y se creía que le ayudaba en el renacimiento simbólico de la vida ultraterrena.

Meditación
*Cultivo la alegría y la relación correcta con todas las cosas
para que mi corazón sea ligero como una pluma.*

Ngame
14 de julio: Repetición

Ngame es una diosa lunar creadora, venerada por la tribu akan de Nigeria. Crea todas las cosas disparando vida a los nuevos seres con su arco en forma de media luna y sus flechas vivificadoras. En su calidad de Luna, se la considera también madre del Sol y, como la diosa egipcia Nut, da a luz de nuevo a su hijo cada mañana al amanecer.

Esta diosa actúa de maneras mágicas y misteriosas. En una historia real, que parece más bien ficción, la diosa Ngame inspiró y fue musa del escritor Robert Graves, que debido a ello sintió el irresistible impulso de escribir lo que llegaría a ser un clásico de la literatura, *La diosa blanca*. Tiempo después, los miembros de la Hermandad de Isis, del castillo irlandés de Clonegal, construirían un templo en honor a Ngame en Nigeria, donde vive un gran número de miembros de la hermandad.

Meditación
Lo que hagas para llegar a un acuerdo con la Diosa
no es asunto mío.

(Robert Graves, *La diosa blanca*.)

Chamg-O
15 de julio: Precaución

Chang-O es una diosa china de la Luna, y, a diferencia de la mayoría de las deidades lunares, Chang-O tiene en ella su hogar. La leyenda cuenta que a su esposo se le otorgó la píldora de la inmortalidad, advirtiéndosele de que debía tratarla con respeto, es decir, que debía prepararse para la inmortalidad rezando y ayunando durante un año. El hombre escondió la pastilla, pero Chang-O la descubrió, y la curiosidad le hizo tragársela. Así, flotó hasta llegar a la Luna, donde debe quedarse hasta que logre cortar el árbol de la inmortalidad, que crece allí, y hacer otra píldora para su marido. Su compañera constante es una liebre. Una vez al mes, su esposo, que se fue a vivir al Sol, va a visitarla durante la luna llena.

El festival de Tortas de Luna que se celebra en China cada año, uno de los festivales más importantes para las comunidades chinas de todo el mundo, se celebra en honor de Chang-O. Ese día, dice la leyenda, la Luna es más grande y brilla más, irradiando con magnificencia el brillo reflejado del Sol.

Meditación
Hoy me paro y reflexiono
sobre las consecuencias de mis acciones.

Cihuacoatl
16 de julio: Vertebral

Cihuacoatl, cuyo nombre significa "mujer serpiente" (*cihua* es "mujer" y *coatl*, "serpiente"), es una diosa azteca y mítica madre de la humanidad en el quinto mundo de la cosmología azteca. Los aztecas creen que ha habido cuatro mundos antes que este, y que Cihuacoatl molió los huesos de las cuatro eras anteriores y mezcló el polvo resultante con la sangre del dios Quetzalcoatl, cuyo nombre significa "serpiente con plumas".

Cihuacoatl tenía dominio sobre las comadronas y los baños de vapor mediante los cuales las comadronas purificaban a quienes acudían para participar en las ceremonias sagradas. Es una diosa anciana a la que generalmente se representa como una bruja con el rostro semejante a una calavera, y con el escudo y las lanzas del guerrero. Se la muestra también vestida con una capa y sosteniendo un sonajero y una serpiente. El parto se comparaba a una guerra, y a las mujeres que morían dando a luz se las honraba igual que a valientes guerreras que hubieran muerto en la batalla.

Meditación

Me pongo firme, y honro los ciclos de la sangre
y el templado valor de las mujeres que dan a luz.

Madre Ganso
17 de julio: Maternidad

La Madre Ganso es el conocido personaje de libros de cuentos infantiles tales como el que se cita al final de esta entrada, pero sus orígenes son ancestrales. Los egipcios reconocieron al Ganso del Nilo, al que llamaban el Gran Charlatán, que puso el dorado huevo cósmico del que nació el dios del Sol, Ra. Las aves aparecen como símbolos y compañeras de las diosas en todas las culturas y desde tiempos remotos; se han encontrado, por ejemplo, figuras neolíticas de una diosa ave que tienen 9 000 años de antigüedad.

Asimismo, las diosas aladas aparecen en diversos lugares y culturas, y por la calidad global del papel que desempeña la Gran Diosa, se la ha llamado Señora de las Bestias, pues todos los animales son sus súbditos y están a su cuidado. Los cisnes y los gansos son aves solares, queriendo esto decir que están entre aquellas que anuncian el amanecer. Incluso el humilde ganso de Navidad simboliza la muerte anual del Sol en el solsticio de invierno. La poderosa diosa creadora es un eco lejano del degradado, aunque entrañable, personaje de la Madre Ganso que recita sus caprichosas rimas.

Meditación

Una mujer anciana vivía en una colina,
y si no se ha ido, vivirá allí todavía.

(Linda Yeatman, *A Treasury of Mother Goose Rhymes*.)

Haumea
18 de julio: Recreación

Haumea es una gran diosa hawaiana que enseñaba a las mujeres los misterios de dar a luz. Se dice que habita en el árbol Makalei, Árbol de la Vida que crece en la isla de Oahu, cuyas místicas ramas y profundas raíces producen cantidades ingentes de alimentos. Al igual que una cornucopia, el árbol simbólicamente proporciona al pueblo hawaiano numerosas materias primas, tales como el coco, el bambú, la raíz del taro, el fruto del árbol del pan y la caña de azúcar. Haumea es el arquetipo de la anciana en la trinidad de diosas hawaianas que incluye además a Hina y Pele.

Haumea tenía el poder de cambiar de forma, dado que su naturaleza se renovaba constantemente. Aunque envejecía, se transformaba una y otra vez en una joven, representando así los ciclos de la vida de la mujer y el tema de la renovación constante de la vida. Es madre de una gran progenie, y cada uno de sus descendientes nació de una parte diferente de su cuerpo, simbolizando que es una fuente de vida profundamente sustentadora. Cuando agita sobre el agua una rama sagrada del árbol Makalei atrae a innumerables peces.

Meditación

La vida de una mujer está rodeada de ciclos de renovación,
renacimiento y resurrección.
Elijo ahora fluir con la corriente
de aquel que sea el ciclo en el que me encuentro.

Las Hermanas Wawalag
19 de julio: Tabú

Las Hermanas Wawalag son poderosos espíritus de los aborígenes australianos. Su mito habla de las duras pruebas que presenta la maternidad, así como de los peligros que encierra desobedecer los tabúes. Las dos hermanas emprendieron un largo viaje a pie, una de ellas con su hijo en los brazos, y la otra con una criatura en el vientre. Según caminaban iban señalando los distintos objetos con sus lanzas de caza y les iban poniendo nombre.

Llegaron finalmente al lugar donde la Gran Serpiente Arcoiris, Yulungur, tenía su cueva submarina. El mito es complejo, y se remite continuamente al significado de los tabúes tribales y ritos de iniciación. La serpiente olió la sangre del parto y se tragó a las hermanas por su transgresión; sin embargo, más tarde, arrepentida, las escupió. El ciclo continuó sin fin, y el lugar en que las Hermanas habían salido del cuerpo de la serpiente se consideró sagrado. Los aborígenes de esa parte del norte de Australia todavía ejecutan danzas cada año para alejar a la serpiente e impulsar la fertilidad.

Meditación
Presto atención a la costumbre y la tradición
para no ofender a los espíritus del agua y de la tierra.

Selene
20 de julio: Ciclos

Selene es una diosa griega de la luna llena. En la Grecia clásica era hija de Tea e Hiperión; y Helios, dios del Sol, y Eos, diosa de la aurora, eran sus hermanos. En algunos relatos, Helios es su consorte, y cuando él completa su ronda diaria, ella empieza su estancia nocturna. A Selene, bella como la luz de la luna llena, se la representaba con alas; a veces se la ve montada sobre un buey, pero lo más frecuente era que cruzara el cielo de la noche en un carro de plata tirado por dos corceles blancos.

Aunque se sabe que tuvo muchas aventuras amorosas, mantuvo una larga relación con un apuesto joven llamado Endimión, con el que tuvo cincuenta hijas. Cuando Selene se hacía invisible en el cielo, durante la luna nueva, se decía que había ido a Asia Menor a ver a su amado.

Meditación
Emprendo las tareas cotidianas
con espíritu servicial y generoso.

Ilitía
21 de julio: Fecundidad

Ilitía, o *Ilithyia*, es una diosa cretense que actúa como comadrona divina. Las mujeres le rezaban en el momento del parto para que "liberara" al bebé del vientre materno. Es una diosa doncella a la que se representa llevando una antorcha que simboliza el acto de llevar a los bebés de la oscuridad a la luz. En el siglo II, el autor griego Pausanias escribió la *Descripción de Grecia*, y en esta obra se refirió a Ilitía como la "Hilandera perspicaz", identificándola con el destino y considerándola anterior al Titán Crono. Su posterior equivalente romana es Lucina, un aspecto de la diosa Juno, a la que se llamaba Aquella que Trae la Luz.

Ilitía nació en una cueva, y por eso en la isla de Creta, incluso en la época clásica, las cuevas sagradas —símbolos del vientre materno— estaban dedicadas a ella. Se edificó una iglesia dedicada a María como Virgen de la Fecundidad en un lugar en el que anteriormente se había honrado a la que llamaban Madre de la Fecundidad, Afrodita Ilitía. El nombre de *Ilithya* se utilizó también como segundo nombre o título honorífico de muchas otras diosas, entre ellas Isis, Diana y Artemisa.

Meditación
Respiro hondo para atravesar todos los dolores de parto
que acompañen a mis intentos creativos.

María Magdalena
22 de julio: Reputación

La mujer a la que llamamos María Magdalena ha alcanzado proporciones incalculables por lo que representa en la psique colectiva de la humanidad. En el Nuevo Testamento de la Biblia es María de Magdala, y se la describe como una de las mujeres más importantes en el ministerio de Jesús. En arameo, *magdala* significa "elevada, grande, magnífica". Algunos estudiosos atribuyen un significado simbólico más que literal a su nombre. La figura de María Magdalena posiblemente sea la más denigrada y malinterpretada de la historia; en cierto sentido representa la devaluación y minimización de todas las mujeres por parte del patriarcado dominante. Irónicamente, en la actualidad es una santa católica a la que se venera en todo el mundo el día de su festividad, el 22 de julio.

Quizá nunca lleguemos a conocer su verdadera historia, pero después de que se descubrieran en Egipto los códices de Nag Hammadi en 1945, supimos que, en los primeros tiempos del cristianismo, María Magdalena era una figura de gran poder dentro del movimiento que hoy llamamos gnóstico. En los evangelios gnósticos se la define como la más devota de los compañeros iniciales de Jesús el Nazareno. En un evangelio que lleva su nombre se la identifica como la apóstol a la que Jesús reveló sus más profundas enseñanzas.

Meditación

Existen tres coronas:
la del aprendizaje, la del sacerdocio y la de la realeza,
pero la corona del buen nombre debe estar
sobre cada una de ellas.

(Talmud, Mishná de Pirkei Avot, 4:17.)

LAS DIOSAS
DE LEO
La cobra

Leo es el signo fijo de fuego y el que da lugar al proceso de individuación. La energía que expresa Leo es creativa y orgullosa, afectuosa y leal. Las nativas de Leo están deseosas de mostrar destreza; se consideran a sí mismas el centro creativo de su círculo de influencia, y deben cultivar la capacidad de dominarse personal y espiritualmente para no obstinarse en gobernar a los demás. Los nacidos en Leo irradian luz y calidez, y deben aprender el afectuoso desapego que brota de un corazón comprensivo. El símbolo de Leo es tradicionalmente el león, el "rey de las fieras". Leo representa el principio de la dominación.

El signo de diosa que corresponde a Leo es la cobra, que es sin duda la reina de las serpientes. En todas las partes del mundo, las serpientes y dragones están conectados con la sabiduría de lo sagrado femenino, y muchas culturas han imaginado también que, en su aparente movimiento, el Sol, astro regente de Leo, cruza el cielo como una serpiente. Los dragones son criaturas de fuego y, en los mitos, las serpientes "escupen fuego" a sus enemigos. Todos los faraones de Egipto llevaban en la frente la imagen de la diosa cobra llamada Wadjet, símbolo del gobierno divino. Entre las diosas de fuego, las hay que resplandecen con luz solar, hay grandes felinos de diversas culturas, y también aquellas que representan el principio creativo del fuego en forma de dragones o serpientes. Las diosas de Leo encarnan la nobleza, el principio de la luz y el fuego del Sol. Algunas de ellas son, de hecho, hijas del Sol.

Uadjet
23 de julio: Dominio

Uadjet, a la que se llamaba La Verde, es la diosa cobra de la antigua ciudad egipcia de Buto, en el delta del Nilo. Es una fiera serpiente que escupe fuego, y a la que se equiparaba al úreus real, la imagen de la cobra en posición erguida que era símbolo de realeza y maestría y formaba parte de la corona del faraón. Uadjet se convertiría en el Ojo de Ra, u ojo derecho del Sol. Era la protectora del Bajo Egipto, donde el Nilo desemboca en el Mediterráneo. Su nombre significa "del color del papiro", haciendo alusión al color de la piel de la cobra, y es también la denominación de la "cobra" y el "ojo".

A veces se representaba a Uadjet como una leona que llevaba sobre la cabeza, a modo de corona, un disco solar y el úreus. Su homóloga era Nejbet, la diosa buitre, protectora del Alto Egipto; eran las Dos Señoras del Faraón, que se decía que gobernaba por gracia suya. Uadjet ayudó a Isis a cuidar del niño Horus, y dispuso los carrizos a modo de pantalla para ocultar a la madre y al hijo cuando el tío de este, Set, los perseguía con intenciones asesinas. Uadjet otorgaba la corona del Bajo Egipto a cada nuevo gobernante. Su cetro era un largo tallo de papiro con una cobra enroscada a su alrededor. Se cree que es la primera manifestación de este símbolo, existente ya antes de que el Moisés bíblico levantara una serpiente en el desierto.

Meditación

Para tener dominio sobre cualquier situación, primero he de comprender la verdad. Entonces podré decir que poseo la sabiduría de la serpiente y la fuerza de la leona.

Saule
24 de julio: Lealtad

Saule es la gran diosa de los pueblos lituano y letón que vivían en la región del mar Báltico. Se la llamaba Balta Sualite, que significa "pequeño Sol blanco". Se consideraba que Saule, también llamada Reina del Cielo en la Tierra, era el Sol, y también la diosa del ámbar. Regía todas las partes de la vida y, cuando llegaba la muerte, acogía las almas de sus hijos e hijas en su huerto de manzanos situado al oeste.

A diferencia de Selene y Helios, Saule era leal y trabajadora. Salía de casa por la mañana temprano para conducir su carro de ruedas de cobre a través del cielo. Se dice que sus caballos nunca se cansan, y cada día, al ponerse el Sol, los baña en el mar. Su esposo, Meness, la Luna, era un ser voluble que se quedaba en casa todo el día; a veces aparecía y a veces no; luego, no siempre se veía su carro por la noche. Los devotos de Saule la veneraban especialmente en el solsticio de verano, momento en que se elevaba coronada con una tiara hecha de brotes de helecho rojo.

Meditación

*En todas mis promesas y relaciones
juro ser igual de leal que la salida del Sol.*

Pele
25 de julio: Temperamento

Pele, cuyo nombre significa "lava fundida", es una diosa del fuego y del rayo que vive en el cráter volcánico del monte Kilauea de Hawai. Sigue estando plenamente viva en nuestros tiempos y, para los habitantes de Hawai, continúa siendo una potente deidad. Es fascinante saber que la ruta de su mítico viaje en busca de un hogar se atiene a la progresión de la actividad volcánica registrada en tiempo geológico. Cada vez que llegaba a una isla, su hermana Hina creaba un terrible maremoto y la inundaba, para impedir que Pele se asentara en ella. Fue así como se crearon las islas, y Pele encontró finalmente reposo en Hawai.

Jamás se sacrificaron a Pele seres humanos; antiguamente se le hacían ofrendas solo de bayas rojas. Se la respeta, y se la teme cuando no se le rinde culto, ya que su naturaleza es poderosa e impredecible. Su ira, que expresa con erupciones volcánicas, suele atribuirse a su legendaria envidia, que estalla de la manera más inesperada. Hay quienes dicen que todavía se ve la figura de Pele con su túnica roja bailando al borde del cráter del volcán.

Meditación
No has visto el fuego si no has visto soplar a Pele.

(Tori Amos, «Muhammad My Friend», *Boys for Pele.*)

Lalita
26 de julio: Dicha

Lalita es una diosa hindú cuyo nombre significa "la que juega". Se cree que toda la creación y la disolución es el juego de esta diosa. Como una de las formas que adopta es la de una flor roja, se la llama la Diosa Roja. En Tantra, una *yantra* es un dibujo bidimensional que se considera expresión de una deidad en forma lineal; y el *yantra* de Lalita es el Shri Yantra, o *yantra* sagrado, que es la representación física del famoso *mantra* o sonido OM.

Se representa a Lalita sosteniendo un lazo, una garrocha, un arco y cinco flechas adornadas con flores. El lazo representa el apego y la garrocha, la repulsión; el arco, hecho de caña de azúcar, es la mente y las cinco flechas, los sentidos. Se dice que cuando la consciencia percibe la verdadera naturaleza de estos símbolos, las flechas dirigidas hacia el exterior se convierten en ramas vivas en lugar de palos secos. *Lalita* es también un epíteto de la diosa Parvati, consorte de Shiva. Lalita ama la *puja*, o devoción.

Meditación
Mi dicha puede entenderse
como celebración de la diosa y el poder femenino,
y mi risa como sagrado sonido de alabanza.

Bast
27 de julio: Nobleza

Bast, o Bastet, es una diosa gata egipcia que era un símbolo solar y que más tarde se asoció con la Luna. Cuando está sentada en el trono, se la conoce como Bastet. Cuando el faraón oraba para alcanzar el cielo declaraba que Bast era su madre y nodriza. La imagen y naturaleza de esta diosa son más afines a las del gato de las arenas, que se considera antepasado del gato doméstico. Se representa a Bast como gata o como mujer con cabeza de gato. Los gatos eran sus animales sagrados, y hacer daño a un gato era un pecado muy grave. Los antiguos egipcios veneraban a los gatos por su pulcritud y nobleza, y también porque mantenían bajo control la población de roedores, reduciendo así la propagación de las enfermedades.

El lugar central de culto a Bast, Bubastis, fue en un tiempo la capital de Egipto, y el historiador griego Herodoto lo describió como un lugar de gloria y esplendor con el que solo podían rivalizar los templos dedicados a Ra y Horus. Se honraba a Bast en el Alto Egipto, mientras que en el Bajo Egipto se reverenciaba a su homóloga, Sejmet, más agresiva que la primera. El festival de Bast era como el Mardi Gras,* acompañado de abundante baile, música y alcohol. En los templos egipcios, todavía hay gatos reverenciados que se encargan de los roedores.

---

* Mardi Gras es el nombre del carnaval que se celebra en Nueva Orleans, Luisiana y Mobile, Alabama (EE.UU.) semejante al Martes de Carnaval, la víspera del Miércoles de Ceniza. (*N. de la T.*)

Meditación

Apelo a la naturaleza noble del felino que hay en mí,
pues sé que la fuerza y el poder verdaderos
no dependen de la fuerza bruta.

Mahuika
28 de julio: Chispas

Mahuika, diosa maorí, vivía en el inframundo, donde guardaba el secreto del fuego. La moraleja de su mito es cuán valioso ha sido para la humanidad el regalo del fuego, al que el relato se refiere como la «chispa de Mahuika». Como es típico de los mitos, los sucesos varían en las diferentes versiones, pero todas ellas cuentan que esta diosa del fuego tuvo cinco hijos, que eran los cinco dedos ardientes de su mano.

Hace mucho tiempo, el mundo se quedó sin luz, y el taimado dios Maui estaba encantado porque le gustaba la oscuridad, tanto que planeó robar todo el fuego para que el mundo siguiera a oscuras. Al final del relato, cuando había conseguido robar todos los dedos de Mahuika salvo uno, la diosa logró escapar y esconderse en el tronco de un árbol kaikomako con su último dedo. Hasta el día de hoy, los maoríes de Nueva Zelanda dicen que aún es posible despertar al hijo dormido de Mahuika frotando la leña seca de este árbol sagrado.

Meditación
Tanto si enciendo una vela como una fogata
doy gracias por el valioso regalo del fuego,
regalo de una diosa cuya chispa pervive.

Qadesh
29 de julio: Éxtasis

Qadesh, deidad del Oriente Medio, es la diosa del éxtasis sagrado y el placer sexual. Los eruditos creen que fue originariamente una diosa siria cuyo nombre significaba "sagrada". Era la Madre de la Compasión, y tenía dominio sobre la sexualidad sagrada y los misterios de la mujer, que se ejecutaban con reverencia. Se representaba a esta diosa cabalgando desnuda a lomos de un león, lo cual es indicio de su antigüedad. Al igual que Asera, sostiene serpientes y flores de loto. Alrededor del año -1600, durante el período llamado Imperio Nuevo (desde la XVIII hasta la XX dinastía), Egipto adoptó a Qadesh, que se incorporó a su panteón formando una tríada con el dios de la fertilidad, Min, y el dios de la guerra, Reshep.

El acto de la procreación se consideraba una generación divina. El *hieros gamos*, "matrimonio sagrado", unión de la humanidad y lo divino, se representaba en los templos de Qadesh, y las "mujeres sagradas" que servían en los templos como *qadeshes*, o representantes de la diosa, dispensaban estos sagrados misterios. Más tarde, los hebreos condenarían el culto a esta sexualidad sagrada.

Meditación
La unión sexual sagrada es expresión de éxtasis.

Hae-Soon
30 de julio: Resplandor

Hae-Soon es una diosa del Sol coreana. Era una de las tres hermanas que vivían en las montañas con su madre. En un cuento parecido al de Caperucita Roja, la madre era devorada por una tigresa, que luego, haciéndose pasar por la madre, amenazaba a las hermanas. Las niñas no caían en la trampa, y trepaban a un árbol para escapar de ella, pero la tigresa las seguía. Entonces rezaban, y una cadena mágica descendía de las alturas. Subían por ella y encontraban refugio en el cielo. Una de las hermanas se convirtió en estrella, otra en la Luna, y la tercera hermana, Hae-Soon, se convirtió en el Sol.

Cuando Hae-Soon emprendió su viaje diario, la gente salió a mirar. Ella, que era muy tímida, se ruborizó, y su rubor resplandecía de tal forma que la gente tenía que apartar la mirada para protegerse los ojos. Al darse cuenta de que ya nadie la veía, Hae-Soon se sintió más segura y siguió su ronda. La luz de la diosa del Sol ilumina el día, pero es demasiado brillante como para poder mirarla directamente.

Meditación
Aunque tal vez me sienta insegura,
dejo que mi luminosidad singular ilumine el mundo.

Gayatri
31 de julio: Poesía

Gayatri Devi es una diosa hindú cuyo nombre significa "cantante". Es una encarnación de la diosa Saraswati, y es la esposa de Brahma y la madre de los cuatro Vedas. Gayatri tiene cinco cabezas que miran en todas las direcciones, y ocho brazos, que sostienen respectivamente una flor de loto, un hacha, un látigo, una caracola, un cuenco, una maza, pulseras y una corona.

Se considera a Gayatri un himno que ha adoptado forma visible, y ese himno antiquísimo, contenido en el Rig-Veda, es un *poema* que está entre los más reverenciados cánticos hindúes, el mantra Gayatri, que alaba los principios de la luz y la consciencia. Los sacerdotes brahmanes memorizan las palabras de este himno y las cantan al "Sol salvador" cada mañana antes del amanecer, y los practicantes de *yoga* realizan series de *asanas*, o posturas, llamadas "el saludo al Sol", que están también relacionadas con el *mantra* Gayatri.

Meditación
¡Oh, Dios!, Tú eres el Dador de Vida,
Destructor del dolor y la tristeza,
El que otorga la felicidad.
¡Oh, Dios!, Creador del Universo.
Que podamos recibir tu suprema luz, destructora del pecado,
y puedas guiar nuestro intelecto en la dirección correcta.

(*Mantra* Gayatri, del Rig-Veda [III,62,10].)

Surya-Bai

1 de agosto: Karma

Surya-Bai es una diosa hindú muy compleja, hija del Sol. Cuando se la llama Surya-Savitiri, se dice que representa el Sol del solsticio de invierno. En algunas leyendas tiene dos maridos, que son dioses de la luz, y en otras, es la esposa de Soma, o a veces de Chandra, la Luna. Al igual que otras deidades solares, Surya-Bai cruza el cielo en su carro, tirado por dos Ashuin, "obradores de maravillas", que son los dioses gemelos del día; y los tres juntos representan la mañana, el mediodía y la noche.

Los textos sánscritos nos han revelado una leyenda que entraña un profundo amor y está relacionada con el árbol de mango. Estando casada con el rey de la Tierra, Surya-Bai se transformó en un loto dorado para escapar de una hechicera malvada que la perseguía. Esta se enfadó cuando el rey se enamoró del hermoso loto, y quemó la flor hasta convertirla en cenizas. Pero el bien venció al mal cuando un magnífico árbol de mango surgió de las cenizas y Surya-Bai salió de un mango que había caído al suelo. Cuando el rey se dio cuenta de que era su amada esposa a la que había perdido hacía mucho tiempo, la dicha de los dos fue inmensa.

Meditación

Aunque a veces mi vida parezca estar en ruinas,
sé que puedo renacer de las cenizas con el ave fénix,
pues la balanza del karma lo equilibra todo.

Sejmet
2 de agosto: Fuego

Sejmet, o *Sekhmet*, es una diosa egipcia a la que se concibe como feroz leona o mujer con cabeza de leona. Lleva a modo de corona el disco solar, y el ardiente viento del desierto es su aliento. Una de las imágenes de Sejmet es la de Ojo de Ra, representado por el úreus, símbolo de la cobra en posición de ataque. Su nombre puede traducirse por "la fuerte" o "la poderosa", y a esta diosa se le otorgaban también títulos tan intimidadores como Aquella ante la que Tiembla el Miedo, o Señora de la Destrucción, pues protegía al faraón caminando majestuosamente por sus tierras y aniquilando a sus enemigos con flechas de fuego. El cuerpo de Sejmet absorbió el intenso brillo del Sol de mediodía, y por ello, al igual que a Tefnut, se la llamaba Señora de la Llama.

Como experta maga y hechicera utilizaba de manera constructiva su poder para curar. En los templos dedicados a ella en Leontópolis había leones amaestrados, pues, como el alquímico León Rojo, esta diosa representa el poder creativo en grado máximo, y tiene acceso a la magia del fuego alquímico que quema las impurezas. Sejmet es también una poderosa protectora, como una leona que defiende a sus cachorros.

Meditación
Dirijo conscientemente la energía del fuego purificador.

Taillte
3 de agosto: Claridad

Taillte, o Tailtu, es una diosa irlandesa del mes de agosto y mitad del verano, el punto medio entre el solsticio de verano y el equinoccio de otoño. Hay una ciudad irlandesa en el condado de Meath que lleva su nombre. Como figura humana, Taillte fue la hija del último rey celta de Irlanda. Más tarde se convirtió en diosa, y se dice que era la madre adoptiva y nodriza de Lugh, el dios de la luz.

Taillte vivía en la colina mágica de Tara y, desde la cima de sus dominios, supervisaba la tala de un inmenso bosque que había en la llanura de Breg, donde se construyó su castillo. Su festival anual empezaba a mitad del verano y duraba todo agosto, y en él había ferias, mercados y competiciones deportivas. Los Juegos Tailteanos, que se convocaron desde el año -1829 hasta el 1170, eran una especie de Olimpiadas irlandesas.

Meditación
¿Qué necesito talar en mi vida
para poder crear y florecer?

Shakti
4 de agosto: Poder

Shakti, místicamente la misma diosa que Parvati y que Durga, es la más poderosa manifestación de la divinidad femenina en la tradición hindú. Su nombre significa "ser capaz", y ella es la esencia, o el poder, de la divinidad, que toma forma y energiza todas las cosas. Se dice que es imposible de distinguir de aquel que la contempla, lo cual expresa un gran misterio. Todo dios había de tener su Shakti para poder actuar. En la India la veneran millones de personas, que le otorgan un poder superior al de Shiva, su consorte, ya que, sin ella, Shiva es impotente.

Shakti es también la energía equilibradora, que devuelve el equilibrio a las situaciones que lo han perdido. Se cree que otorga todo tipo de beneficios a quienes siguen el camino de la devoción y la virtud. La kundalini Shakti es una manifestación de esta ardiente diosa, y se dice que reside en la base de la columna vertebral, enroscada como una serpiente de inefable potencial esperando a ser despertada. Cuando la diosa kundalini Shakti despierta, se desenrosca, y su poder desatado asciende por la columna vertebral, revitalizando los centros espirituales de energía, llamados *chakras* en sánscrito, y dando lugar a la iluminación.

Meditación
Espirales de poder irrefrenable e ilimitado
yacen en la raíz de mi ser.

Budhi Pallien
5 de agosto: Fiereza Salvaje

Budhi Pallien es una fiera diosa del pueblo asamés del norte de la India. Esta región, que forma parte de los siete Estados del noreste de la India conocidos como Las Siete Hermanas, es famosa por el té Assam, las junglas y una desbordante vida salvaje. La lengua de sus habitantes se deriva directamente del sánscrito, y pertenecen a esta cultura algunos de los exponentes más antiguos de la literatura que han llegado hasta nosotros. Budhi Pallien vaga por la jungla en forma de gran tigresa, protegiendo su territorio. Aunque existen actualmente en la región reservas de tigres, se sigue matando a los tigres salvajes, que es una especie en peligro de extinción.

Budhi Pallien es una diosa mutante y puede transformarse de humana en felina. A veces viaja acompañada de un tigre, y con él recorre la selva y se asegura de que están a salvo las criaturas que tiene bajo su protección. Posee una enorme sabiduría natural, y es capaz de comunicarse con los animales, así como de enviar mensajes a las personas cuando adopta forma humana. La humanidad necesita, sin duda, hacer caso de sus llamamientos a cuidar de los entornos salvajes y de las criaturas que los habitan.

Meditación
Tengo la fuerza y el poder de un gran felino,
y reflexiono mucho antes de atacar.

Durga
6 de agosto: Ayuda Divina

Durga es una de las manifestaciones de la diosa hindú Devi, y cobró vida para destruir a un grupo de malvados demonios que amenazaban con apoderarse del mundo. En una batalla épica mató al demonio Mahish y a todos sus lugartenientes. A Durga, cuyo nombre significa en sánscrito "invencible", se la representa montada sobre un gigantesco tigre amarillo entrando en el campo de batalla. Su piel es del mismo color amarillo que el pelaje del tigre.

Se dice que las fuerzas demoníacas son destructivas y surten efecto inmediato, mientras que las fuerzas divinas son de naturaleza constructiva y operan más lenta y profundamente. Cuando se pierde el equilibrio entre unas y otras, todas las deidades se unen y forman una sola fuerza, que es la diosa Durga. Por su cualidad de poderosa protectora, las mujeres también la invocan el sexto día después de dar a luz, pidiéndole el tan merecido descanso.

Meditación
Lucho en mi vida contra las fuerzas de la destrucción,
entre las que están los demonios de la pobreza,
la enfermedad y el comportamiento negativo.

Tiamat
7 de agosto: Generación

Tiamat es una figura babilónica, gran mujer dragón de las "aguas amargas", o aguas del mar, a diferencia de su consorte, que representa las aguas dulces de los ríos. Existía sola en el abismo primigenio antes de la creación, y se le daba el nombre de Ummu-Hubur, "la que hizo nacer todas las cosas de las profundidades de su naturaleza". Tiamat es el personaje principal del poema épico babilónico *Enuma Elish*, y era ella quien poseía las Tablas del Destino. Tiamat tenía nombre distinto para los caldeos y los asirios, y se la consideraba una deidad creadora y benefactora.

Más tarde, en un escalofriante acto de matricidio, su hijo Marduk la mató, lo cual es indicio de la ascensión del patriarcado, pues las primeras versiones cuentan una historia diferente. En esta otra versión del mito, Marduk convirtió una parte del cuerpo de su madre en el cielo, y la otra en el mar. Hay quienes identifican a Tiamat con la gigantesca constelación Draco. En las escrituras hebreas, Tiamat fue Thom, la "Profunda". Curiosamente, el nombre hebreo Miriam y el nombre bíblico María significan también "aguas amargas".

Meditación
El Eterno Padre-Madre,
envuelto en sus eternamente invisibles vestiduras,
había dormitado una vez más durante siete eternidades.

(Helena Blavatsky, *La doctrina secreta.*)

Pitón

8 de agosto: Guía

Pitón es una antigua diosa griega con forma de gran dragón. Nació de Hera sin la intervención de Zeus, lo cual indica que es especialmente antigua. En los mitos, los dragones son criaturas que escupen fuego. En las primeras versiones, a Pitón se la llamaba Delfina, y el famoso santuario de su oráculo estaba en Delfos, llamado así en honor de los delfines (*delphis* en griego). En Delfos, construido en las laderas del monte Parnaso y consagrado originariamente a Gaia, solo a las sacerdotisas de Pitón, llamadas *pythia*, se les permitía hacer profecías. Descendían a la sala del oráculo, se sentaban en un taburete de tres patas y mascaban hojas de laurel, que tienen la propiedad de alterar el estado de consciencia, para potenciar sus dotes clarividentes.

Más adelante, los sacerdotes de Apolo se apropiaron de Delfos y, en el mito, Apolo mató a la dragón, Pitón, que custodiaba el recinto. No obstante, aunque los sacerdotes estaban al mando, eran las *pythia* las que enunciaban la profecía.

Meditación

*Aquieto la mente y busco en lo más profundo de mí
la guía que necesito.*

Wuriupranili
9 de agosto: Benevolencia

Wuriupranili es una diosa de los aborígenes australianos. Se la llama la Mujer Sol, y viaja por el cielo con una antorcha encendida hecha de corteza y con la forma física del Sol. Wuriupranili pinta los maravillosos colores del crepúsculo matutino y vespertino con la pintura ocre que la cubre. Extiende pintura por todo su cuerpo y, según hace su recorrido diario de lado a lado del cielo, el polvo de la pintura colorea el cielo formando franjas bellísimas.

Al final del día, cuando Wuriapranili llega al océano occidental, toca con la antorcha las olas para extinguir el fuego, y deja luego que las brasas relucientes la guíen a través del oscuro inframundo que es el lado de la Tierra donde es de noche, para así, al amanecer, poder empezar de nuevo a bendecir el mundo con su luz.

Meditación
Doy gracias por los maravillosos colores
del amanecer y el atardecer,
que me llenan de dicha el corazón.

Akewa
10 de agosto: Individualidad

Akewa es la diosa del Sol del pueblo toba de Argentina, que vive en una región llamada Gran Chaco. Akewa fue en un tiempo un ser de radiante belleza que iluminaba el cielo, y vivía con sus hermanas, que eran también hermosos seres de luz. Todas ellas sintieron curiosidad y descendieron a la Tierra para investigar a las criaturas masculinas que allí vivían, pero, tristemente, los hombres de la Tierra las capturaron, y solo Akewa escapó a la redada, debido a que se había retrasado. Los toba creen que todas las mujeres de la Tierra son las hermanas de Akewa, el Sol.

Akewa sigue viajando por el cielo cada día, trayendo luz a la Tierra y recordando a las mujeres su esplendor y su naturaleza verdadera. De vez en cuando, un gran jaguar se la traga, lo cual da lugar a un eclipse solar; pero Akewa no desaparece demasiado tiempo, ya que su temperatura es altísima, y el jaguar se ve obligado a escupirla. En astronomía, Akewa es ahora un dorsum, o cordillera, del planeta Venus.

Meditación
Mi verdadera naturaleza
es el resplandor de mi luz y calor interiores.

Hebat
11 de agosto: Luz

Hebat es una diosa del Sol de los hurrianos, venerada antiguamente por todo el Oriente Próximo. Al igual que a otras diosas de esta área, se la representaba de pie sobre un león, que era su animal sagrado. Los hurrianos vivieron en Mesopotamia hace 4.500 años, y tuvieron gran influencia sobre los posteriores hititas. Hebat era Reina del Cielo y también Ama de la Tierra, y se la invocaba para asegurar la fertilidad; cuando se la relacionaba con este último rol, se la llamaba Madre de Todos los Seres Vivos. Se dice que también fue ella la que creó la región de cedros del Líbano.

El consorte divino de Hebat era el dios de la tormenta, Teshub. Hebat era asimismo diosa de la batalla, y se apelaba a su ayuda para lograr victorias militares. Algunos lingüistas creen que Hebat sería la posterior Chavvah hebrea, cuya pronunciación es "he-ua", y que en el Génesis aparece con el nombre de Eva.

Meditación
El poder de creación y generación
es el dominio de la diosa.
Una vida nueva es una victoria sobre la aniquilación.

Anat
12 de agosto: Guardiana

Anat es una diosa muy antigua a la que se veneraba en Canaán, Caldea, Sumeria, Babilonia y Egipto como Señora del Cielo y Señora de Todos los Dioses. Era la madre de los site Anunnaki, los "grandes dioses" que aparecen en la creación mitológica babilónica *Enuma Elish*. Cuando la diosa alcanzó la cima de su popularidad en Egipto, Ramsés II la eligió como guardiana personal en la batalla, y llamó Anat a una de sus hijas en honor a ella. Como otras poderosas diosas de la luz era la homóloga femenina del dios de la tormenta, Reshef.

En los textos hallados en la antigua ciudad de Ugarit, que forma parte de la actual Siria, Anat es la hija del gran dios El y hermana de Ba'al. Aunque podía ser una diosa sedienta de sangre de guerra tenía una benévola cualidad que la relacionaba con la fertilidad. Parece ser que su papel bélico se reducía a acudir en ayuda de su hermano Ba'al en sus batallas. A pesar de su legendaria sexualidad fue una virgen perpetua, como la María bíblica. Anat era el término semítico nórdico equivalente a *Allat*, que significa "diosa", y Anat pudo haber sido una combinación de Asherah, Astarte e Ishtar.

Meditación
Invoco la poderosa protección de la diosa
si he de resolver un conflicto.

Amaterasu
13 de agosto: Reconocimiento

Amaterasu, diosa lunar japonesa cuyo nombre completo es Amaterasu Omikami, brilla en el cielo y bendice además las labores de tejido y la agricultura. Tiene un rostro reluciente, y esta diosa del fuego ilumina la Tierra con su luz radiante. Su hermano es un celoso dios de la tormenta que cometió un acto de violencia contra las mujeres y el bello jardín de Amaterasu, tras lo cual la diosa se escondió a llorar en una cueva.

Ochocientas deidades se congregaron a la entrada de la cueva para hacerla salir, ya que el mundo se iba oscureciendo a causa de su ausencia. Hasta que la diosa Uzume ejecutó una danza escandalosa y obscena, utilizando el espejo mágico que había creado y que recibía el nombre de Yata no Kagami, o Espejo de Ocho Manos, y los hizo reír a todos. Finalmente, a Amaterasu le pudo la curiosidad. Salió de la cueva y, por primera vez, vio su fulgor reflejado en el espejo. Maravillada por la luz que emitía regresó al mundo, y hubo vida de nuevo. Se la representa con una serpiente en el brazo y sosteniendo la espada rota de su hermano, que la diosa partió en tres pedazos.

Meditación

Reconozco que el mundo necesita mi luz particular,
y dichosamente la dejo que brille.

Hsi-Ho
14 de agosto: Hoy

Hsi-Ho es una diosa solar china que ostenta el título de Señora de los Diez Soles. Antiguamente, la semana china tenía 10 días, y a cada uno de ellos le correspondía un "sol" diferente. Había también 12 lunas en el calendario. Hsi-Ho había dado a luz todos los soles y controlaba los períodos de tiempo que tenían asignados cada uno en su función secuencial de iluminar el día. Había un árbol inmenso en el Valle del Lago, que era la morada de los soles. Cada mañana, Hsi-Ho los bañaba en el lago oriental, y luego, al sol que debía iluminar el mundo aquel día lo colocaba en un carro tirado por dragones a fin de que se preparara para el viaje de un lado a otro del cielo; mientras tanto, los demás esperaban su turno en las ramas del árbol.

Hsi-Ho es también madre de Venus, el Lucero del alba, y es una costumbre china encender una vela el día de Año Nuevo y que cada persona dé gracias a la estrella bajo cuyos designios nació. La cualidad de la llama presagia lo que el año le deparará.

Meditación
Hoy voy a centrarme solo
en los regalos que este día aporte al viaje de mi vida.

La Esfinge
15 de agosto: Enigma

La gran Esfinge de Egipto es un león yaciente que mira en dirección este y contempla cómo sale el Sol cada día y cómo se eleva la luna llena, pues solo en esta fase sale la Luna por el este, opuesta al Sol. Dado que todas las deidades egipcias con forma de león eran femeninas, creo que la forma original de esta Guardiana de Giza era una leona. Existen abundantes pruebas geológicas de que la Esfinge podría ser mucho más antigua de lo que se suponía, aunque es un tema controvertido. "Esfinge", término derivado del griego *sphinx*, significaba "apretar juntos", "reunir". Entre las patas de la Esfinge hay un estela, de casi 3 000 años de antigüedad, que data de tiempos del faraón Tutmosis IV, y la inscripción que aparece en ella da a la gigantesca estatua los tres nombres del Sol, según fuera la mañana, el mediodía o la noche: Re Khefer, Re Horacty y Re Atum.

Los griegos tomaron muchas cosas de sus predecesores egipcios, y las esfinges griegas siempre eran femeninas, lo que nos da una pista de cuál fue la tradición anterior. Las esfinges se consideraban guardianas, especialmente del conocimiento arcano. Las esfinges egipcias eran protectoras benévolas; en los mitos griegos, sin embargo, estas criaturas de cuerpo leonino podían ser vengativas, y planteaban difíciles adivinanzas a quienes osaban traspasar sus límites. Una respuesta incorrecta podía resultar fatal, luego convenía estar preparado.

Meditación
La sabiduría secreta de la Esfinge:
saber, tener la determinación, atreverse y guardar silencio.

Yhi
16 de agosto: Ritmo

Yhi es una diosa de la luz y la creación que vive en el Tiempo de los Sueños de los aborígenes australianos, cuya cultura podría ser la más antigua cultura de la Tierra que tenga continuidad hoy en día. El Tiempo de los Sueños es para ellos una espiral infinita de posibilidades de la que emergen todas las cosas, y establece además la ley y la cultura en la sociedad aborigen. Yhi durmió —como el «Eterno Padre-Madre [que] había dormitado durante siete eternidades»— hasta que un silbido la despertó. Según empezó a desperezarse, a estirarse y a caminar, fueron apareciendo flores y plantas sobre la superficie de la Tierra. Allí donde ponía la mirada, la luz de sus ojos creaba las criaturas y la vegetación de nuestro planeta. Cuando terminó, regresó al cielo y cerró los ojos, y hubo oscuridad. Todos los seres de la Tierra temían que aquella oscuridad durara para siempre, hasta que el Sol salió por primera vez y vieron su rostro radiante.

Meditación
Allí donde miro,
irradio conscientemente la calidez del amor.

Sunna
17 de agosto: Positivismo

Sunna es una diosa escandinava cuyo título es el de Señora Sol. En la mitología nórdica, el Sol es femenino, y en las tierras donde durante el invierno apenas hay luz, el Sol y la luz de la diosa son recibidos con inmensa alegría. Cada día Sunna lleva al Sol a través del ancho cielo en su carroza tirada por caballos. La persigue la mítica bestia lobo, Skoll, que finalmente le dará caza en la época de Ragnarok, el "Crepúsculo de los Dioses", lo cual tendrá como resultado el final de nuestro universo. De vez en cuando consigue acercársele lo suficiente como para darle un mordisco, y esto produce un eclipse.

Los devotos de Sunna crearon en medio del campo grandes círculos de piedra tallada, que tal vez representaran el recorrido circular del Sol a lo largo del año. Los *Eddas*, textos míticos nórdicos, dicen que un día Sunna dará a luz a una resplandeciente hija que la sucederá. Entonces el universo nacerá de nuevo en un ciclo distinto, y el fulgor de la hija superará con creces al de su madre. La madre de Sunna, perteneciente a un ciclo de manifestación anterior, se llamaba Sól.

Meditación
Mi estado mental positivo atrae bendiciones a mi vida.

Tabiti
18 de agosto: Centro

Tabiti es una diosa escita del fuego, que también gobernaba el reino de los animales. Los escitas, pueblo nómada de origen iranio y gran amante de los caballos, basaban la riqueza en el tamaño de sus respectivas manadas. Se celebraba un ritual en el que Tabiti contraía matrimonio con el rey o jefe tribal. Se consideraba en esta cultura que las mujeres tenían dominio sobre la vida y la muerte. Tabiti era asimismo una diosa suprema que representaba el nivel superior del universo y el concepto simbólico de centro.

Su símbolo aparece en medio de un precioso espejo de oro encontrado en un cementerio de Ucrania. (Muchas culturas pensaban que los espejos eran instrumentos mágicos o portales que permitían la entrada a otras dimensiones.) Estos habitantes remotos del este europeo juraban fidelidad a Tabiti, una diosa a la que se consideraba constituyente de la Tierra y testigo de todo. Formaba ya parte de la cultura del este de Europa antes de que llegaran los nómadas escitas, y en un principio se la representó como a una diosa embarazada. Los escitas la adoptaron más tarde y la representaron como mitad serpiente, con un cuervo a un lado y un perro al otro.

Meditación
Veo solo belleza reflejada en el espejo de mi alma.

Belisama
19 de agosto: Luminosidad

Belisama es una diosa solar celta de Bretaña y la Galia. Su nombre significa "luz brillante" y proviene de las raíces celtas *belo*, "brillante", y *samo*, "verano". Representa el esplendor del verano, y es una diosa de fuego, tanto de la luz del Sol y de la Luna como de las brasas de la forja en la que se hacen armas y objetos de artesanía. Las estatuas la representan rodeada de serpientes, luego es también una diosa de la sabiduría y la sanación, y en esto se parece a Minerva y Atenea.

Al igual que otras diosas celtas, pese a ser una diosa del fuego adopta la forma física de río. El culto a Belisama estaba muy extendido, y algunos estudiosos creen que era además la diosa del río Mersey, en el norte de Inglaterra. Esta opinión se basa en la referencia geográfica que hizo el astrónomo alejandrino Ptolomeo; sin embargo, en la época romana era el río Ribble, también del norte de Inglaterra, el que recibía el nombre de Belisama.

Meditación
Cuando doy de mis regalos con autenticidad y alegría,
mi presencia se hace luminosa e irradio luz a mi mundo.

Coatilcue

20 de agosto: Realidad

Coatilcue es la Diosa Madre azteca que dio a luz todas las cosas, incluida la luz en forma del Sol, la Luna y las estrellas. Uno de su hijos es la famosa deidad azteca Quetzalcoatl, cuyo nombre significa "serpiente con plumas". En lengua nahuatl, Coatilcue significa "la de la falda de serpiente", y se la representa vestida con una falta de serpientes y un collar hecho de calaveras, manos y corazones humanos. Es similar a la diosa hindú Kali. Como Señora de la Serpiente, Coatilcue es la patrona de las mujeres aztecas que dan a luz, puesto que a aquellas que morían dando a luz se las honraba como a guerreros muertos en la batalla.

Esta diosa vive en la montaña de Coatepec, o monte Serpiente, y tiene poder sobre la vida y la muerte. Generalmente se la representa con forma de madre devoradora, a cuyo vientre retornan todos sus hijos e hijas después de la muerte física. Coatilcue se quedó embarazada de otro de sus hijos, el Sol y dios de la guerra, cuando se llevó al pecho una bola de plumas blancas caída del cielo.

Meditación

Los oscuros terrores de la noche
desaparecen a la clara luz del día.

Shapash
21 de agosto: Incandescencia

Shapash es la diosa solar a la que veneraba el pueblo del ancestral Ugarit —que ocupaba parte de la actual Siria— al amanecer, al mediodía y al ponerse el Sol. Se la llamaba Lumbrera de las Deidades, Antorcha de los Dioses y Pálida Shamash. Desde la perspectiva que le ofrecía el cielo veía todo lo que acontecía en la Tierra, y, dado que lo veía todo, solía hacer de mensajera del dios El o la diosa Anat, que con frecuencia le encomendaban distintas misiones. La luz de Shapash guiaba y protegía también las almas de los muertos en su viaje por la oscuridad del inframundo.

Shapash ayudó a Anat en su mítica búsqueda del cuerpo del dios Ba'al cuando se le creía muerto. Lo rescató del Sheol, el inframundo, donde reinaba Mavet, dios de la muerte, y se lo devolvió a Anat. Shapash era también una deidad de la justicia que acostumbraba a mediar en las disputas entre otros dioses. Se la consideraba portadora de luz, mantenedora de la ley y el orden y oráculo profético. Tenía también el poder de curar las mordeduras de serpiente. El veneno de serpiente que emponzoñaba el cuerpo se comparaba con la oscuridad o la niebla, y la luz sanadora de la diosa las dispersaba.

Meditación
¿En qué lugar de mi vida
necesito que brille la luz sanadora del Sol?

Unelanuhi
22 de agosto: Sagacidad

Unelanuhi es la diosa cherokee del Sol. Su nombre significa "distribuidora", y era la encargada de dividir el tiempo en unidades tales como las secciones del día. En el principio, la Tierra estaba a oscuras, y la Abuela Araña tejió una gran tela con la que atrajo a la resplandeciente Unelanuhi hasta el cielo para que iluminara el mundo después de que otros lo hubieran intentado sin éxito.

Cuenta la leyenda que Unelanuhi tenía un amante misterioso que la visitaba solo por la noche. Al igual que la diosa griega Psique, que tenía también un amante misterioso, Unelanuhi conspiró para descubrir su identidad. Una noche le cubrió de cenizas el rostro, y, cuando llegó el día, pudo reconocer tras ellas a su hermano, la Luna. La cara que vemos dibujada en la Luna es la que Unelanuhi formó con las cenizas. Ahora ella y su hermano se encuentran una vez al mes en la oscuridad de la luna nueva; el resto del tiempo se persiguen el uno al otro por el cielo.

Meditación
Hay cosas que es mejor dejar en silencio y en secreto.

LAS DIOSAS
DE VIRGO
La espiga de trigo

TODAS LAS COSAS DAN FRUTO
ACORDE CON SU NATURALEZA

Virgo es la energía de la tierra mutable, y concreta el principio de la materia diferenciada en formas que pueden alcanzar una elevada especialización. Durante esta fase del Zodíaco, los planes se pueden llevar a cabo en detalle. Las personas nacidas bajo el signo de Virgo tienen un alto sentido del discernimiento; tienden a ser técnicas por naturaleza y pueden ser exageradamente críticas. Las nativas de Virgo tienen especial aptitud para analizar los hechos y las cifras, pero suelen estar asimismo orientadas hacia el servicio a los demás. Con frecuencia se embarcan en una imposible búsqueda de la perfección, y esto puede crear en ellas un sentimiento de inferioridad. Virgo es la virgen en la astrología tradicional; sin embargo, antiguamente la palabra "virgen" se refería a una muchacha, o mujer sola, y no tenía ninguna connotación de inexperiencia sexual.

El signo de diosa que corresponde a Virgo es la espiga de trigo, que simbólicamente sostenían en la mano las diosas de la constelación de Virgo. Salvo raras excepciones, a la Tierra se la concibe como una diosa que sustenta a su progenie con el ciclo anual de la fertilidad y la renovación del terreno. El cuerpo de la diosa alimenta y vigoriza a su prole, y muchas diosas de la Antigüedad encarnaban el movimiento perpetuo del año agrícola. Entre las diosas de Virgo hay ancestrales diosas del cereal, la agricultura y la cosecha, cuyos mitos están caracterizados por la naturaleza de la tierra, los frutos del campo y los ciclos de las estaciones. Las imágenes de estas diosas suelen incluir anchos campos de cereal que ondea con el viento, cornucopias desbordantes y generosas bandejas de fruta.

Virgo
23 de agosto: Cosecha

Virgo es una representación de muchas grandes diosas de la Antigüedad y significa el ciclo de la fertilidad y la cosecha. Se la muestra sosteniendo una espiga de cereal, normalmente trigo. En la constelación de Virgo, la espiga está representada por Spica, la estrella más brillante. Virgo, la Virgen, es el único personaje femenino de las constelaciones zodiacales y, aparte de los Gemelos, de Géminis, la única figura humana. El Sol pasa por esta parte del cielo a mediados de septiembre, así que, de algún modo, esta diosa anuncia la cosecha.

En épocas arcaicas, tanto las diosas como la constelación de Virgo recibían el nombre de Astrea, la Estrellada. Astrea era diosa de la justicia y se la identificaba con esta constelación por su proximidad a la adyacente balanza de Libra, que pudo haber formado parte de la constelación de Virgo hace miles de años. Esta diosa gobernaba el mundo con su sabiduría hasta que la humanidad se volvió tan insensible que Virgo decidió volverse al cielo, indignada. Se la ha equiparado a otras diosas de la Antigüedad que, como ella, están relacionadas con los ciclos estacionales.

Meditación
La cosecha que recoja dependerá
de las semillas que haya sembrado.

Helena
24 de agosto: Raíces

Helena es una antigua diosa prehelénica en torno a la cual se han creado complejos mitos y leyendas. Su nombre significa "brillante", y era en la mayor parte de los casos una diosa de la cosecha. A veces se la mostraba luciendo un collar mágico de estrellas. Uno de los templos más antiguos dedicados a esta diosa estaba situado en lo alto de una colina en Therapne, al este de la antigua Esparta y en la parte sur de la Grecia continental. Como Helena Dendritus, Señora de los Árboles, tiene conexión con la diosa hebrea Asherah.

Aunque principalmente se conoce a Helena por su relación con Troya y la famosa batalla, el relato fue variando con el tiempo, y su rapto a manos de Paris fue una posterior invención de los griegos. Uno de los nombres de esta diosa era Esparta, y era la reina de esta ciudad por derecho propio; los espartanos siguieron venerando a Helena incluso en la época griega. Su hija más conocida era la precoz Hermíone, Reina de las Columnas, que se hizo sacerdotisa novicia a la edad de nueve años. Sin duda, Hermíone era un excelente nombre para la heroína de la serie de Harry Potter, que ha hecho de la diosa un mito moderno.

Meditación
Me pongo de pie, estirada y derecha,
y sé que soy cuanto necesito.

Opis
25 de agosto: Prodigalidad

Opis es una diosa romana de la fertilidad cuyo nombre significa "abundante". Se la representa como la diosa de la tierra fértil porque la tierra da a la gente muchas cosas buenas. Su nombre está relacionado también con la palabra latina *opus*, que significa "trabajo", en el sentido de trabajar y labrar la tierra. Las labores de ara y siembra se consideraban tareas sagradas e iban acompañadas muchas veces de rituales dirigidos a obtener el favor de la diosa.

Opis era la hermana y esposa del Titán Saturno en la mítica Edad de Oro de la prodigalidad. Su acuñaron monedas en su honor, en las que la diosa aparecía sentada, como suelen estarlo las diosas de tierra, y sosteniendo un cetro. Opis es una diosa de la abundancia y la prosperidad, similar a Lakshmi. Su principal templo, Ops Capitolina, estaba situado en el monte Capitolino romano y contenía el tesoro de Roma, que sería saqueado por Julio César. Uno de los festivales de esta diosa se celebraba el 25 de agosto, y únicamente los sacerdotes y las vírgenes vestales estaban autorizados a aproximarse a su altar.

Meditación
¿Qué sembrados están listos para cosechar?

Fátima
26 de agosto: Humildad

Fátima era la hija del profeta Mahoma, fundador del islam, pero el tiempo ha ido borrando la historia de sus orígenes humanos, y el relato que hoy nos queda de ella tiene matices míticos que se remontan al tiempo de las diosas de la Arabia preislámica. Fátima es la ancestral madre de los imanes chiíes; y a los miembros de una dinastía musulmana descendiente de Fátima se les conoce como fatimíes. Entre los musulmanes chiíes ha llegado a ser más una santa que una mujer; de hecho, el mito creado en torno a ella es el punto clave de la división entre los musulmanes chiíes y sunníes.

El sobrenombre de Fátima, Al Zahra, significa "la radiante", y, como a María, se la llama Reina del Cielo. A María se la menciona 30 veces en el Corán. Según cuenta el reverendo Thomas Carleton en un ensayo publicado en The-Rosary.net, después de la muerte de Fátima dijo Mahoma: «Serás la mujer más bendita del paraíso, después de María». Se dice que Fátima está en comunión con los ángeles y que estos están a su servicio; que incluso el arcángel Gabriel canta sus alabanzas. Las mujeres musulmanas todavía la veneran en una fiesta que celebran solo para las mujeres, en la que le declaman oraciones dedicadas expresamente a ella. La fuerza de su mito y la devoción que se le otorga guardan relación con las diosas árabes que precedieron al islam: Al Uzza, Al Lat y Al Menat.

Meditación
Ser humilde no es ser sumisa,
sino afirmar en silencio y con seguridad mi verdadero poder.

Sabulana
27 de agosto: Restitución

Sabulana es una heroína salvadora del pueblo machakeni de África. La gente había deshonrado a la diosa, olvidándose de rendirle culto y hacerle ofrendas, y, como consecuencia, la diosa se retiró y los regalos que con generosidad ofrecía la tierra se secaron, dejando a todo el mundo en peligro de morir de hambre.

Sabulana viajó sola a una ancestral arboleda sagrada donde bailó y cantó a los espíritus de los antepasados. Su voz era tan conmovedora y su corazón tan puro que los antepasados intercedieron por ella. Cuando regresó, se la nombró jefa, y se instruyó a la gente en los pormenores del homenaje que debía rendirse de nuevo a la diosa. El corazón de Sabulana se llenó de compasión, y los jardines volvieron a florecer y la caza volvió a ser abundante. Sus valerosos actos de restitución a la diosa salvaron a la gente de la inanición, y, después, se consideró diosa a la propia Sabulana.

Meditación
¿Cómo he podido olvidarme de honrar, alabar
y expresar gratitud por todo lo que tengo?

289

Uti Hiata, Madre del Maíz
28 de agosto: Reverencia

Uti Hiata es la diosa del maíz a la que veneran los indios pawnee de las Grandes Llanuras. Existen mitos y leyendas de la Madre del Maíz en muchas regiones del mundo. Fue ella la que enseñó a los pawnee los secretos de la agricultura y la magia de la vida y la muerte. La Madre del Maíz es símbolo de la Gran Diosa, que ofrece la sustancia de su cuerpo y de su vida para proveer de alimento a sus hijos. El maíz crece, muere y retorna a la tierra cada año en un continuo ciclo de renovación y reabastecimiento.

Al honrar estos ciclos y dar gracias con sentimiento reverente, la humanidad mantiene vivo su vínculo con la Madre del Maíz y se asegura de que las bendiciones seguirán llegando; de lo contrario, nuestra arrogancia podría hacer que la tierra se volviera estéril. Hay una montaña del planeta Venus, formada por la acción volcánica, a la que se le ha puesto el nombre de monte Uti Hiata.

Meditación
Los dioses están celosos.
Si olvidas ofrecerles humo, se enfadarán.

(«Cómo llegó el maíz a la Tierra»,
leyenda de los indígenas norteamericanos,
recuperada por Stonee Produktions.)

Tellus Mater
29 de agosto: Diligencia

Tellus Mater es una diosa romana cuyo nombre significa "Madre Tierra". Representa la fertilidad de la tierra y la capacidad que tienen todos los seres de reproducirse y poblar el planeta. Se la invocaba también para pedirle protección frente a los terremotos. Tellus Mater, que es similar a Ceres, la diosa romana del cereal, era la encargada de asegurar la productividad de las tierras de labranza; se decía que cuidaba con esmero de cada semilla desde el momento que se sembraba hasta que alcanzaba su pleno desarrollo.

Hace más de 2 000 años se construyó un templo en su honor en el Forum Pacis, foro de la paz, de la antigua Roma. Cuando las parejas se casaban se invocaba a Tellus Mater durante la ceremonia para garantizar la fertilidad y abundante reproducción. Se hacían juramentos en su nombre como personificación de la Tierra, que todo lo ve, y puede por tanto juzgar la veracidad de la promesa.

Meditación
Juro cuidar del jardín
de mi vida con atención, diligencia y amor.

Mati Syra Zemlya
30 de agosto: Antigüedad

Mati Syra Zemlya es una antiquísima diosa de la tierra, venerada por los pueblos ruso y eslavo. Su nombre, que significa "madre de la tierra húmeda", describe de hecho su naturaleza. Mati Syra Zemlya es una de las figuras mitológicas más arcaicas; es posible que el culto a esta diosa se remonte a hace 30.000 años, y se la seguía venerando en las primeras décadas del siglo XX a pesar de la influencia cristiana.

Estaba prohibido golpear la tierra con ninguna herramienta antes del 25 de marzo, ya que se consideraba que la diosa estaba embarazada hasta esa fecha. Las ceremonias que se celebraban en su honor se hacían siempre al aire libre y estaban relacionadas con la fertilidad de la tierra y la abundancia de la cosecha. En el mes de agosto se honraba a Mati Syra Zemlya en rituales de la cosecha: las mujeres entraban en los campos al amanecer y bendecían la tierra con aceite de cáñamo, y, según vertían el aceite sobre la tierra en una ceremonia sagrada, iban volviéndose sucesivamente hacia cada uno de los puntos cardinales.

Meditación
Reconozco con gratitud las bendiciones
que recibo de la Madre Tierra
y siempre devuelvo una parte de los regalos.

Nuzuchi
31 de agosto: Cuidados

Nuzuchi es una diosa japonesa de la vegetación, señora de las verdes llanuras y de los árboles; se dice que es el espíritu renovador de las praderas. Nació después de que emergieran del mar las ocho primeras islas del archipiélago de Japón, que ahora está compuesto por más de 3 000. Se invocaba a Nuzuchi como protectora de los campos, y sobre todo de las hierbas aromáticas y curativas. Las labores de siembra se consideran sagradas y se honran como tales, y se cree que los actos de reverencia y cuidado de las plantas son importantes para asegurar la regeneración cíclica de la vida.

En Japón, donde hay maravillosos bosques centenarios, se venera a los grandes árboles, y en un tiempo los campesinos rodeaban los troncos de los árboles con cordones sagrados. Hubo un tiempo en que los japoneses creían que los árboles tenían alma, Ko-dama, y que las almas dotaban a los árboles de la facultad del habla; esta se manifestaba en el susurro y crujir de las hojas, que transmitían un mensaje.

Meditación
Escucho las voces de los árboles.
¿Qué secretos de curación mágica me susurran?

Eva
1 de septiembre: Vida

La historia de Eva que conocemos por la Biblia judeocristiana, que la culpa de la caída de la humanidad y la expulsión del Jardín del Edén, contradice sus anteriores orígenes míticos de diosa. El nombre Eva proviene de la palabra hebrea pronunciada *hawah*, que significa "vida", "respirar". Los investigadores creen que Eva se deriva de Kheba, una diosa más antigua venerada por los hurrianos, cultura que vivió en Mesopotamia hace 5000 años. Según las Tablas de Amarna, que datan de alrededor del año -1400, se adoraba a Kheba hace más de 4000 años, en la Edad de Bronce tardía. Hawah era también otro nombre de Asherah, la gran diosa madre de la época prebíblica.

Las diosas más antiguas estaban asociadas con serpientes, lo cual indica su relación tanto con la sabiduría como con la inmortalidad. En los textos gnósticos, que más tarde la Iglesia católica tacharía de heréticos, Eva es un aspecto de Sophia y encarnación del principio supremo de la sabiduría femenina. En su calidad de tal era la creadora del Mundo, *Logos* en griego. Los gnósticos consideraban iguales a las mujeres y a los hombres. El descubrimiento de los manuscritos de Nag Hammadi en Egipto en 1945 ha revelado valiosa información sobre la riqueza y diversidad de creencias que profesaban quienes vivieron en el Oriente Medio hace 2000 años.

Meditación

Sabiendo que la vida es eterna,
y que la justicia prevalece siempre,
confío en que las mujeres trascenderán
los llamados pecados de Eva.

Uke Mochi
2 de septiembre: Alimento

Uke Mochi es una diosa japonesa sintoísta de los alimentos y el arroz, y su nombre significa "diosa que posee comida". La leyenda cuenta la historia de cómo la diosa recibió una visita del malvado dios lunar Tsuki-yomi, hermano de la diosa solar Amaterasu, y Uke Mochi le ofreció comida que emanaba de su cuerpo. Basil Chamberlain, en su traducción de los Kojiki, compilación de textos sagrados japoneses, cuenta que, cuando la diosa se puso frente al océano, salieron peces de su boca, «cosas de aleta ancha y de aleta estrecha». Después se volvió hacia el bosque, y salieron animales de su cuerpo, «cosas de pelo áspero y cosas de pelo suave». Por último, Uke Mochi se volvió hacia un arrozal, y salió de su boca, al toser, un gran cuenco de arroz.

Uke Mochi le ofreció todo este festín al dios de la Luna servido sobre 100 mesas, pero Tsuki-yomi se sintió ofendido por la "impureza de los alimentos", de modo que sacó su espada y mató a la diosa; aun así, su cuerpo siguió produciendo cantidades enormes de comida. Amaterasu se entristeció por la vil acción de su hermano y fue tomando todo lo que salía del cuerpo de Uke Mochi y plantándolo a modo de semillas a fin de alimentar con ello a la humanidad.

Meditación
¿Qué puedo sacar hoy de la esencia de mi ser
que sirva de alimento a los demás?

Pachamama
3 de septiembre: Celebración

El nombre de Pachamama suele traducirse por "Madre Tierra". Es una diosa de la creación y de la fertilidad venerada por el pueblo chincha, el pueblo indígena de Perú. Su consorte es Inti. La gente cree que ella fue la creadora de la imponente cordillera de los Andes y enseñó a las mujeres la magia de plantar y cosechar el maíz. Antes de cada reunión o festival, la gente brinda por la diosa con *chicha*, una bebida tradicional hecha de un tipo especial de maíz amarillo fermentado. Como es una "madre tan buena", estos brindis se realizan con frecuencia.

Los indios que externamente se han convertido al cristianismo siguen honrando a Pachamama a través de su devoción a la Madre María. Las mujeres cantan y hablan a la benévola Pachamama mientras trabajan en sus huertos o cultivan el maíz, ya que ella sigue observando las labores de plantación y de cosecha. La leyenda cuenta que, después de bendecir a la gente con sus regalos, se convirtió en dragón y se fue a vivir al interior de las montañas. La gente todavía le reza, y le pide que no haga retumbar a las montañas ni provoque terremotos.

Meditación
*Levanto mi copa en agradecimiento por los
generosos regalos de la Madre Tierra.*

Ninlil
4 de septiembre: Tolerancia

Ninlil es una diosa virgen sumeria cuyo nombre significa "señora del campo abierto" y también "ama de los vientos". Es una diosa de la fertilidad, y se dice que vivió en Nippur mucho antes de la creación de los simples mortales. Nippur, al sudeste de Bagdad, era una de las más antiguas ciudades sumerias, cuya fundación se remonta a hace más de 7000 años. Dado que se le consideraba la propia tierra, uno de sus papeles era otorgar la realeza. Después de haber designado a un rey, ese monarca se convertía en su consorte simbólico, y su unión simbólica con él se consideraba garantía de una cosecha abundante.

El mito de esta diosa entraña una buena dosis de duplicidad por parte de su hermano-consorte Enlil, que se disfrazaba una y otra vez a fin de violarla; y de estos encuentros indeseados nacieron varios hijos. En una ocasión poseyó a la diosa convirtiéndose en agua mientras ella se bañaba en un arroyo. Por esta acción fue desterrado, pero Ninlil ya había concebido, de modo que lo siguió para enfrentarse a él. Los mitos ponen marcadamente de manifiesto un componente astronómico, ya que uno de los hijos es la Luna.

Meditación
¿Qué estoy dispuesta a tolerar
en nombre de un bien mayor?

Yolkai Estasan
5 de septiembre: Compartir

Yolkai Estasan es una diosa creadora navajo que aparece como Mujer Concha Blanca en los mitos de los indios navajo, zuni y apache. Esta diosa ancestral es la fuente de toda vida, y antecesora del Padre Sol. Nació de una irisada concha de oreja de mar, y gobernaba los océanos y la llameante salida del Sol.

En la ceremonia que se celebra en su honor, una muchacha corre en dirección Este, dos veces el primer día y tres veces el segundo. El principal cometido de la muchacha es, sin embargo, moler maíz para hacer el gran pastel ceremonial llamado *alkaan*, que se cuece bajo la tierra. El recipiente en el que se mezcla la masa se bendice con harina de maíz y se cubre con farfollas. Con dos de estas se hace una cruz cuyos brazos están orientados hacia los cuatro puntos cardinales y que se coloca en el centro del recipiente, que luego se entierra. Sobre él se hace entonces una hoguera que arde durante toda la noche. El *alkaan* se consume con espíritu de comunión sagrada, mientras se dicen oraciones pidiendo por la cosecha.

Meditación
Hoy puedo hacer un pastel y compartirlo
con mis amigos, honrando los regalos de la tierra.

Mayahuel
6 de septiembre: Comodidad

Mayahuel, o Mayouel, es una diosa azteca de la fertilidad venerada por los pueblos nahuas de México. Ella fue el primer maguey, o ágave. Originalmente había sido una dulce muchacha a la que había secuestrado una malvada diosa que vivía en el cielo. El héroe-dios Quetzalcoatl la rescató, y juntos se fueron volando a esconderse entre las ramas de un árbol. Pero la malvada diosa encontró a la joven y despedazó su cuerpo.

Quetzalcoatl la enterró con reverencia, y las lágrimas de su pesar regaron la tierra. Los dioses y diosas bendijeron la tumba, y los innumerables trozos de Mayahuel germinaron, dando lugar a los primeros ágaves, mientras que las propiedades alucinógenas de esta planta procuraron consuelo a Quetzalcoatl durante su duelo. Los aztecas preparaban con los ágaves un brebaje sagrado que utilizaban en los rituales. En otra versión del relato, la naturaleza de estas plantas le fue revelada a una determinada pareja cuando un rayo partió un ágave en dos. Sabemos que el maguey es fuente original del tequila, que luego ha generado muchos otros rituales no tan sagrados.

Meditación
¿En qué encuentro consuelo cuando sufro?

Selu, Mujer del Maíz
7 de septiembre: Misericordia

Selu representa el principio femenino, y los indios cherokee se refieren a ella como la Mujer del Maíz. Su historia es parecida a la de la diosa Mayahuel. Selu y su marido, Kenatu, que representa el principio masculino, adoptaron a un niño salvaje que encontraron en el bosque, y que resultó ser una mala influencia para el hijo que ya tenían. Un día, ambos siguieron a su madre para descubrir el origen del maíz con el que alimentaba a su familia, y cuando la espiaban, vieron cómo arrancaba un mazorca de maíz de su costilla. El niño salvaje le dijo que era una bruja malvada y que debían matarla.

Resignada a su suerte, Selu les contestó que, si así tenía que ser, debían cortar su cuerpo en siete pedazos, colocarlos en un campo y rociar luego el campo con su sangre. Pero ellos en lugar de hacer lo que su madre les había pedido, pusieron su cabeza en lo alto de una estaca y enterraron los demás pedazos. Al día siguiente habían crecido de la cabeza tallos de maíz con pelos dorados, y su madre les susurró que, si cuidaban de ellos, aquel maíz sería alimento para los cherokee. Así, Selu alcanzó la plenitud como resultado de su muerte sacrificial, y fue desde entonces eterna ayuda para este pueblo.

Meditación
¿Qué puedo ofrecer como regalo
que esté creado con la sustancia de mi ser verdadero?

María
8 de septiembre: Divinidad

María, el icono cristiano de la virgen madre, es un arquetipo muy antiguo, que tiene su origen en la anterior diosa sumeria Mari. El nombre María proviene del hebreo *Miriam*, que significa "aguas amargas", como lo son las aguas del mar. Fuera cual fuere su historia, el relato que nos ha llegado sobre ella es el mismo que el de otras madres vírgenes de hijos divinos procedentes de muchas otras tradiciones. Al igual que esas otras diosas tiene el poder de una diosa, o mujer independiente, que da a luz de manera milagrosa. La Iglesia católica celebra la festividad del nacimiento de María el 8 de septiembre.

El culto a María está muy extendido, e incluye el de sus apariciones en distintos sitios del mundo. La Iglesia católica edificó iglesias en 17 de estas localidades. La veneración de María ha aumentado en los últimos tiempos, lo cual denota la honda e insatisfecha necesidad que tiene la humanidad de venerar lo sagrado femenino. De las experiencias más amargas nace a veces una profunda y misteriosa curación.

Meditación

Apareció en el cielo una gran señal:
una mujer vestida del sol, con la luna debajo de sus pies,
y sobre su cabeza una corona de doce estrellas.

(La Biblia, Apocalipsis 12:1.)

Qocha Mama
9 de septiembre: Acuerdo

Qocha Mama es la Doncella Maíz Azul de los indios hopi. El maíz se considera la "madre" y es una metáfora de la vida misma. Los ciclos de la siembra y la cosecha son acontecimientos fundamentales de las ceremonias hopi, en las que el movimiento del Sol a través de las estaciones se relaciona con los puntos cardinales. El maíz es la principal fuente de alimento de este pueblo, de modo que las semillas de maíz, la vida de la madre, se guardan durante dos años en previsión de una posible sequía. Cada año, el maíz se cosecha una vez que los *katsinas* —espíritus que, según las creencias hopi, residen en cada persona, animal y planta— regresan a su hogar en los picos de las montañas sagradas de San Francisco. Aparecen año tras año en el solsticio de verano, y su llegada inicia el ciclo ceremonial anual.

Cada uno de los colores del maíz tiene un significado específico, y las Doncellas del Maíz desempeñan un papel clave en el mito y el ritual. A la Doncella Maíz Azul se la considera la más bella de las hermanas maíz y ocupa la posición Norte. El relato sobre ella habla del mítico rapto de que fue objeto por parte del *Katsina* del Invierno, que la amaba, y de cómo el *Katsina* del Verano la rescató para que pudiera volver a la tribu y hacer que creciera el maíz. El problema se resolvió gracias a un mítico acuerdo familiar por el cual Qocha Mama se comprometía a pasar la mitad del año con cada uno de los dos *katsinas*; de esta manera, la tierra está verde y floreciente durante medio año, y fría y yerma durante el otro medio que la Doncella pasa con el *Katsina* del Invierno.

Meditación

El refinado arte del acuerdo
puede normalmente evitar una batalla.

Nokomis
10 de septiembre: Sustancia

Nokomis es una diosa algonquina de Norteamérica cuyo nombre significa "abuela". Es una diosa madre sagrada que sustenta a todos los seres vivos. Nokomis dio a luz a todas las criaturas, y creó también alimentos para la humanidad. Fue la primera en extraer sirope de los arces. Los indios entendían que los alimentos procedían directamente de la sustancia de la diosa, que los ofrecía como regalo para el pueblo, y honraban por ello el ciclo anual de vida y muerte. Los iroqueses la llaman Eithinoha, que en su lengua significa "nuestra madre".

Nokomis tenía una hija que era el espíritu del maíz, y la leyenda sobre ellas, similar a la de Deméter y Perséfone, relata su desaparición y reaparición anuales, a las cuales se debe que la productividad de la tierra crezca y decrezca en un ciclo continuo. Una leyenda habla de cómo Nokomis cayó a la tierra y se convirtió en Wenohan, la esposa del famoso héroe Hiawatha.

Meditación
¿Qué acto de creatividad puede nacer de mí
que sea un regalo para todas las personas que hay en mi vida?

Modron
11 de septiembre: Tranquilidad

Modron, diosa celta galesa cuyo nombre significa "madre divina", es diosa de la paz y de la infancia. Al igual que otras deidades celtas es también diosa de los ríos, y a veces se la representa con un triple aspecto, lo mismo que a las Matronae romanas o a las Moiras griegas; y como otras diosas celtas de los cambios y los ciclos anuales enseña que todas las cosas, alegres o tristes, son transitorias y pasarán. Su hijo es el famoso Mabon, que fue raptado cuando tenía tan solo tres años y que, como un Jonás galés, fue rescatado finalmente de las entrañas de un gran salmón. Mabon es también el nombre del festival del equinoccio de otoño que forma parte de la rueda del año celta y que representa el equilibrio entre la luz y la oscuridad.

En algunas versiones, Modron está casada con Urien, dios del inframundo. Posteriormente se la relacionaría con un personaje de características similares, Morgana Le Fay, en la leyenda del rey Arturo. En ella, Modron vive en la isla de Avalon con sus ocho hermanas (que son como las Musas griegas) y trabaja como sanadora. En nuestra época, Modron se ha convertido en un famoso personaje del juego electrónico *Dragones y Mazmorras*.

Meditación
¿Puedo enterrar por fin un viejo dolor
y permitir que suceda la sanación?

Chicomecoatl
12 de septiembre: Subsistencia

Chicomecoatl es una diosa azteca cuyo nombre significa "siete serpientes", y es además el nombre de un día del calendario azteca. Normalmente se la representa sosteniendo panochas de maíz, al que a veces se llama maíz indio, y a veces también con una flor acuática, una variedad de lirio, y sosteniendo un escudo solar. Chicomecoatl es una diosa de la abundancia y la fertilidad que administra la vegetación, y en especial el maíz, alimento fundamental de la cultura azteca. Hay quienes piensan que fue objeto de culto para los predecesores de los aztecas, cuyos rituales eran menos sanguinarios que los de estos últimos, pues la creencia azteca sostenía que era necesario apaciguar a los dioses con sacrificios humanos.

Cada año, en el mes de septiembre los altares de las casas se decoraban con plantas y semillas de maíz previamente bendecidas en los templos. En cierto momento del mes se elegía a una niña azteca, que representaba a la diosa misma, y se la sacrificaba a modo de expiación. Los sacerdotes la decapitaban, y a continuación la sangre se vertía sobre la estatua de la diosa.

Meditación
¿Qué estaría yo dispuesta a hacer
para sobrevivir o salvar a mi tribu?

Al Lat
13 de septiembre: Grandeza

Al Lat es una diosa árabe muy antigua que precedió a la cultura islámica. Su nombre es una abreviatura de *Al Ilahat*, como explica el historiador griego Herodoto, que la comparó con la diosa griega Afrodita. De hecho, su nombre significa "diosa" y es el equivalente femenino de Allah, que significa "dios". Era diosa de la fertilidad de la tierra y de todos sus frutos, y formaba parte de la trinidad de la Arabia preislámica junto con Al Menat y Al Uzza.

Su símbolo es la media luna, que a veces aparece con un disco solar encima, y solía inscribirse en los quemadores de incienso; la media luna con la estrella de Al Uzza todavía aparece en las banderas de los países árabes. Quienes la veneraban le atribuían la invención de la silla de montar, que permitía a los árabes aventurarse a grandes distancias a lomos de un camello, el navío del desierto. A su homóloga Al Uzza, la Fuerte, se la solía representar a lomos de un camello en su papel de diosa de la guerra.

Meditación
Por la sal, por el fuego,
y por Al Lat, que es la más grande de todos.

(Antiguo juramento árabe, extracto de
Encyclopedia of Religion and Ethics, ed. James Hastings.)

Zaramama
14 de septiembre: Nutrición

Zaramama, cuyo nombre significa "madre del grano", es una diosa peruana de la fertilidad. Los incas creían que se aparecía en los campos de maíz encarnada en las plantas que adoptaban formas extrañas; plantas que tenían mazorcas múltiples, o dos plantas que crecían juntas. Para honrar a Zaramama, los incas hacían a veces muñecas con esas plantas inusuales y las vestían de mujer, con túnicas y echarpes sujetos con broches de plata.

En otras épocas se creía que Zaramama se aparecía en forma terrenal encarnada en los tallos de maíz que se colgaban de los sauces en su honor. La gente bailaba alrededor de los árboles y quemaba los tallos como ofrenda a la diosa, invocando su bendición a fin de asegurarse una cosecha abundante.

Meditación
Doy gracias por las cualidades particulares
y el carácter singular de las plantas
con las que comparto mi casa.
Las nutro y ellas me nutren a mí.

Amritika
15 de septiembre: Misericordia

Amritika es la diosa hindú asociada con *amrita*, que en sánscrito significa "aquello que es inmortal". *Amrita* es el elixir de la vida, o las aguas de la inmortalidad, la bebida de los dioses, que los hace inmortales. Amritika escancia *amrita* y representa la naturaleza de la divinidad femenina en el proceso de la transformación espiritual. Amritika puede dispensar también el néctar de los dioses como filtro de amor o pócima alucinógena, dependiendo de las circunstancias.

A veces se cuenta que esta inestimable sustancia es el fruto de cierto árbol, pero la filosofía yóguica dice que *amrita* brota de la glándula pineal y desciende por la garganta cuando la persona se halla en estado de meditación profunda. El *soma* era una sustancia parecida, y su mitología está relacionada, pero el *soma* provenía de una planta. En el mito griego, la bebida de la inmortalidad se conocía como ambrosía, el vino rojo de Hera que hacía que los dioses siguieran siendo inmortales.

Meditación
¿Qué aspectos de mi vida necesito transformar,
y de dónde sacaré las fuerzas para transformarlos?

Hera
16 de septiembre: Honor

Hera es una ancestral diosa celeste de Creta. Es la Reina del Cielo y una diosa, por tanto, de la más alta categoría, pero que en tiempos de la Grecia clásica sería denigrada al ascender el estatus de su mujeriego esposo Zeus. Hera significa "nuestra señora", y es probable que no fuera el nombre original de esta diosa arcaica. En el mito posterior, Hera llegaría a ser la reina de los dioses del Olimpo al contraer matrimonio con Zeus contra su voluntad. Fue originariamente hija de Rea y Crono, y el culto a esta diosa precedió al de su tardío esposo. Algunos estudiosos creen que las escapadas de Zeus representan simbólicamente el declive que sufrió el estatus de la diosa con la instauración del patriarcado.

En su mágico jardín de la inmortalidad, que miraba hacia poniente, la diosa cultivaba sus frutos sagrados, la manzana y la granada. La diosa era también dispensadora de ambrosía, el elixir mágico que era la fuente de inmortalidad de los dioses. En el mito posterior, Hera tenía un manzano en Hespérides, el paraíso occidental, que estaba custodiado por serpientes. En los mitos, los jardines de las diosas suelen estar situados en el Oeste, donde se pone el Sol, lo cual los hace símbolos de inmortalidad.

Meditación
¿Puedo mantener la cabeza alta
incluso en situaciones que no he elegido
y a las que no sé cómo he llegado?

Sophia
17 de septiembre: Sabiduría

Sophia, o Sofía, significa "sabiduría" en griego, y, para los gnósticos de hace 2 000 años, Sophia era el Espíritu Santo y la tercera persona de la Trinidad. Los gnósticos la consideraban creadora del universo físico, mientras que la creación de la Tierra y sus habitantes se le atribuía al dios hebreo, Yahvé. Ciertos textos gnósticos llaman al Espíritu Santo "Dios la Madre". En la tradición gnóstica, Sophia, al igual que la diosa Zoe, arrojó más tarde a Yahvé a la oscuridad del abismo. En *La Sofía de Jesucristo*, que forma parte de los códices de Nag Hammadi, el mito sobre esta diosa relata una «caída desde la unidad y un retorno a la Luz». Otras tradiciones describen hechos parecidos para explicar el proceso de la creación y la evolución.

Sophia como la sabiduría de Dios, o Chockmah en hebreo, aparece en la Biblia en los Proverbios, los Salmos, el Libro de la Sabiduría de Salomón y el Nuevo Testamento. Chockmah, lo mismo que la diosa Shekinah, expresa el lado femenino del Dios del judaísmo. En la tradición ortodoxa griega, el 17 de septiembre es la festividad de santa Sophia, que tenía tres hijas: Pistis, "fe", Elpis, "esperanza", y Agape, "caridad", que serían torturadas y martirizadas por su fe.

Meditación
[...] haciendo estar atento tu oído a la sabiduría;
si inclinas tu corazón a la prudencia, [...]

(La Biblia, Proverbios 2:2.)

Pirra
18 de septiembre: Perfección

Pirra, o *Pyrrha*, era una diosa griega, hija de Pandora. Fue la primera mujer y se casaría después con Deucalión. Su historia es la versión griega del Arca de Noé, y, de hecho, hay leyendas de inundaciones devastadoras en muchas culturas. Cuando Zeus decidió destruir a la humanidad con una inundación y poner fin a la Edad de Bronce, a Pirra y a su esposo se les consideró dignos de seguir con vida, lo cual es de entender ya que a Pirra se la calificaba de "perfecta".

Apolodoro cuenta en la *Biblioteca mitológica*, recopilación de la mitología griega tradicional, que la pareja construyó un arca y que, después de navegar durante nueve días y nueve noches, el arca se detuvo en lo alto del sagrado monte Parnaso. Pirra y Deucalión eran los únicos supervivientes, de modo que pidieron ayuda a la diosa Temis, rogándole que repoblara la Tierra. Ella les dijo que arrojasen los huesos de su madre por encima del hombro, y Pirra interpretó que se refería a las piedras de Gaia, la Tierra. Cada piedra que tiraba Pirra se convertía así en una niña recién nacida, y en un niño las que tiraba Deucalión. El término griego *oud* significa tanto "piedra" como "gente".

Meditación
Las piedras y los cristales entrañan recuerdos de la Tierra
y pueden almacenar sabiduría ancestral.

Etugen
19 de septiembre: Purificación

Etugen, también conocida como Itugen, es una antiquísima diosa terrestre mongola, cuyo nombre se deriva de Otuken, la montaña sagrada y legendaria ciudad sagrada del pueblo tuje de Mongolia. Los mongoles la representan como a una joven montada sobre un toro gris. Etugen cuida de la salud de nuestro planeta, y cuando cree que la Tierra necesita purificarse a causa de las acciones de los seres humanos, provoca terremotos; se sacude para deshacerse de las impurezas. A veces también se concibe a Etugen como un grupo de espíritus elementales femeninos.

La antropóloga polaca Maria Antonina Czaplicka pasó años realizando trabajo de campo en Siberia a finales del siglo XIX, y sus investigaciones revelaron que las distintas tribus, mongola, yakut, altaian, turgout y kirgisl, empleaban palabras de sonido casi idéntico para referirse a la mujer chamana: *utagan, udagan, ubakan, utygan* y *utugun*, mientras que se referían al hombre chamán con términos absolutamente distintos. Algunos investigadores creen que el chamanismo fue originariamente un terreno exclusivo de las mujeres, y que pasó a los hombres mucho tiempo después. De hecho, el sonido de la antigua palabra que designaba a la mujer chamán es también semejante al nombre mongol de esta diosa, *etugen*. La diosa siberiana de la Tierra tiene asimismo afinidades con las constelaciones de la Osa, y, en un dialecto tártaro, *utagan* significa "oso".

Meditación
*Sacudo mi mundo para desprenderme
de toda la energía tóxica estancada.*

Annapurna
20 de septiembre: Eucaristía

Annapurna es una diosa hindú cuyo nombre sánscrito significa "llena" (*purna*) de "alimento" (*anna*), y se entiende que significa también "alimento infinito". Los romanos la llamaban Anna Perenna y la consideraban hogar y sostén de todos los dioses. Annapurna proporciona el sustento: el pan de cada día y la cosecha. Se la concibe como un gran pecho henchido de alimento, y a menudo se la representa sentada amamantando a un recién nacido. Simbólicamente, cuando la comida se prepara como un sacramento alimenta el alma para que cumpla su destino.

A veces se considera que esta diosa es encarnación de Parvati, la consorte de Shiva, y una imagen muy común del arte religioso que vemos en los templos indios muestra a Shiva con un cuenco de mendicante pidiendo a Annapurna alimentos que le den Shakti, o energía, para alcanzar la iluminación. La diosa tiene su hogar en el monte Annapurna de la cordillera del Himalaya, del que brotan muchos arroyos que riegan los campos de los valles. El pico más alto de esta montaña tiene más de 8 000 metros de altura.

Meditación
Celebro los alimentos haciendo del comer una ceremonia,
y conscientemente consumo aquello
que alimentará mi cuerpo y mi alma.

Deméter
21 de septiembre: Introspección

Deméter es una diosa griega de la vegetación, el grano y la cosecha. Era Ceres para los romanos, origen de nuestra palabra "cereal", y recibía diferentes nombres en otras culturas. En un relato intemporal sobre la muerte y el renacer cíclicos del año agrícola, Deméter y su hija Perséfone se separaban cada otoño porque esta última viajaba a la oscuridad del inframundo para reunirse con su esposo, Hades, que en un principio la había raptado. Durante los cuatro meses que estuvo lejos, la tristeza de Deméter convirtió el mundo en un lugar frío y yermo; por eso madre e hija decidieron reunirse cada primavera, y la alegría de estar juntas hizo que el mundo volviera a florecer.

Según algunos mitos, Deméter dio comienzo a los ritos de iniciación secretos que se realizaban en Eleusis, en la antigua Grecia, al revelar a Triptolemo, semidiós de la agricultura, el secreto del cultivo del maíz. Los investigadores creen que los ritos, que alcanzaron su esplendor durante el período micénico (entre los años -1600 y -1100 aproximadamente), se celebraban todos los años representando el ciclo anual mediante una comunión de maíz, pan y vino que hacía a los participantes entrar en sintonía con la Diosa Madre. En los relatos más antiguos se trata de una diosa con triple aspecto —doncella, madre y anciana—, y los ciclos del año reflejan los estadios de manifestación de la vida de la diosa.

Meditación

Al igual que nace el trigo
de una pequeña semilla enroscada,
todo tiene su estación.
Honro conscientemente los ciclos
siempre cambiantes y reiterativos.

Las diosas
de Libra
La paloma

La paz empieza en mi interior

Libra es el signo cardinal de aire y comienza en el equinoccio de otoño. Libra encarna la ecuanimidad y el principio del equilibrio, resultado de la interacción de Leo y Virgo, maridaje del espíritu y la materia. La energía de Libra está caracterizada por la armonía, y las nativas y nativos de Libra se sienten inclinados a la cooperación, la asociación y los acuerdos; sin embargo, el tratar de serlo todo para todos tiene sus riesgos potenciales. Los Libra buscan el espejo de la relación y las lecciones que puedan aprender de él, pero es posible que tengan dificultades para hacerse valer. A veces intentan mantener la paz a cualquier precio, y lo que provocan, por el contrario, es el conflicto.

El signo de diosa que corresponde a Libra es la paloma, ancestral emblema de la diosa Venus, tradicional regente de Libra. Las aves están conectadas con lo sagrado femenino en todo

317

el mundo y se consideran mensajeras entre la humanidad y el cielo. En la tradición hermética —enseñanzas de sabiduría, parece ser que originarias de Egipto—, el lenguaje de las aves, o el lenguaje verde, es el campo de acción de la diosa. Las palomas blancas son símbolos muy antiguos de paz y pureza; incluso los egipcios de la Antigüedad las veneraban. Las palomas son además símbolos de amor —de ahí la expresión «como dos tortolitos»—. No tienen estación concreta de apareamiento, luego pueden aparearse a lo largo de todo el año. Las diosas de Libra encarnan la idea del amor, la paz, la belleza, el arte y la elegancia. A pesar de que Libra busca la armonía, el conflicto forma parte inherente de las relaciones, luego entre las diosas de este signo dual de aire hay algunas que pueden parecer fieros pájaros de guerra. Libra es también el signo del matrimonio, y sus diosas consiguen por tanto equilibrar los desafíos que presenta cualquier relación.

Venus
22 de septiembre: Veneración

La diosa romana Venus surgió de la anterior diosa griega Afrodita, y las palomas eran uno de sus símbolos sagrados. Nuestra palabra "veneración" proviene de su nombre. Venus era fundamentalmente una diosa del amor, y de hecho dio a luz al dios Amor, fruto de su aventura amorosa con Marte. El arquetipo de esta diosa se ha transmitido con diferentes nombres a lo largo de los siglos: Ishtar, Inanna o Astarte, por mencionar solo unas pocas. Afrodita es una diosa de la generación y la regeneración a través de la sexualidad, que se consideraba la sagrada renovación de la vida. El planeta Venus se hace visible en ciclos de ocho años —apareciendo y desapareciendo como Lucero del alba y Lucero de la tarde—, que son ciclos de renovación para muchas culturas.

Venus era una deidad menos compleja que Afrodita, y cuidaba sobre todo de los jardines, las arboledas y otros vegetales y frutos de la tierra. Los lugares sagrados que se le dedicaban a la diosa eran altares naturales de piedra erigidos bajo grandes árboles, y los atendían vírgenes de ambos sexos. El duque de Venecia, ciudad que también toma su nombre de esta diosa, se casó simbólicamente con ella, arrojando una alianza de oro al mar.

Meditación
La belleza exterior es efímera;
la belleza interior es eterna.

Turan
23 de septiembre: Seguridad en sí misma

Turan es una diosa etrusca del amor y la fertilidad. Su nombre proviene de la palabra etrusca *turan*, que significa "gobernar", y esta diosa parece tener ciertamente un aire de confianza y seguridad en sí misma. Turan era la patrona de la ciudad de Velch, próxima a la costa occidental de la Italia central, en la región que actualmente corresponde a la Toscana. Aparecía en el arte etrusco, sobre todo en espejos y vasijas, y se la representaba muchas veces acompañada de palomas o cisnes, aunque en otras ocasiones se la veía también como a una joven con alas. Al igual que Afrodita y Venus era una diosa que bendecía la sexualidad y consiguiente fertilidad de la tierra. Se la suele representar también junto a la diosa lunar Zirna, a la que vemos con una media luna colgada del cuello.

El misterioso pueblo etrusco precedió al romano y, ya en el año -1200, consiguió establecer una civilización floreciente en lo que posteriormente sería Italia. Los lingüistas son actualmente capaces de interpretar su lengua tan singular, de la que han quedado inscripciones en las tumbas, pero se sigue desconociendo el significado de muchas palabras. Como les sucedió a otras culturas, los etruscos fueron derrotados por los romanos y obligados a convertirse en súbditos de su imperio; sin embargo, Turan consiguió sobrevivir en el folclore de la Toscana, y todavía se la conoce como Turanna, que es una especie de benévola hada madrina.

Meditación
Tengo una gran seguridad en mí misma
y defiendo aquello en lo que creo.

Ishtar
24 de septiembre: Reciprocidad

Ishtar es una diosa babilónica representada por el planeta Venus. Su símbolo es la estrella de ocho puntas, que simboliza el ciclo de ocho de años que describe Venus como el Lucero del alba y el Lucero de la tarde. Ishtar guarda relación con la diosa sumeria Inanna, anterior a ella. Es la hija de Sin, la Luna, y hermana de Shamash, el Sol, y en los mitos se la relaciona con Afrodita y Astarte.

Aunque tiene una naturaleza compleja, en la que están incluidas la muerte y la guerra, se la conocía sobre todo como diosa del amor y la compasión. Se la llamaba la Cortesana de los Dioses, pues ofrecía su amor con liberalidad, y se creía que su generosa sexualidad estaba vinculada con la fertilidad de la tierra. Por todo esto era la diosa más popular de Babilonia y Asiria. Ishtar hacía un descenso anual al inframundo, que estaba simbólicamente conectado con los ciclos de crecimiento y florecimiento de la tierra y con las desapariciones cíclicas de Venus como Lucero del alba y de la tarde. En cada una de las siete puertas del inframundo se le exigía que se despojase de una de sus prendas.

Meditación
Doy mi amor incondicional,
sabiendo que vigoriza y bendice la tierra.

Freya
25 de septiembre: Negociación

Freya es una diosa nórdica, hija de los dioses Njord y Nerthus. La palabra inglesa *Friday*, viernes, proviene de su nombre. En el mito, Freya nació para mediar en el conflicto entre dos bandos de dioses nórdicos, encabezados respectivamente por el que hasta entonces había sido un dios pacífico, Vanir, y el dios guerrero Aesir. Como líder de las Valquirias tiene también el poder de destruir a la bruja que sume al mundo en la oscuridad. Recibe a la mitad de los muertos que llegan al Gran Salón, mientras el dios Odín recibe a la otra mitad.

Uno de sus más potentes atributos era que podía adoptar forma de halcón, o vestirse con una magnífica capa de plumas de halcón, lo cual le permitía volar a voluntad. También solía cruzar el cielo montada en una carroza tirada por gatos grises. Eran sagrados para Freya el ámbar y la gema, que formaban las lágrimas derramadas por su esposo desaparecido, Od — probablemente Odín—. Algunos relatos cuentan que Freya era voluptuosa y promiscua, mientras que otros aseguran que estas no eran más que difamaciones que había difundido el tramposo y malintencionado dios Loki, que la deseaba para sí. Freya daba a luz cada solsticio de invierno a Balder, rey del Sol.

Meditación

*La capacidad de tomar una decisión es como el
certero descenso en picado de un halcón,
que le permite derribar a su presa.*

(Sun Tzu, *El arte de la guerra.*)

Pax

26 de septiembre: Paz

Pax es la diosa romana de la paz, y en ella tiene su origen la expresión *Pax romana*, referida al largo período de paz relativa y expansión militar mínima que vivió el Imperio romano entre los años -27 y 180. La diosa Pax es hija de Zeus y Temis, y la equivalente de la diosa griega Eirene, una de las tres Horae, cuidadoras de las estaciones y guardianas de las puertas del cielo.

César Augusto, que desde hacía mucho anhelaba la paz, elevó el culto romano a Pax, transformando el que había sido principio de la paz en una diosa legítima. Durante su mandato, los nombres Pax y Eirene abundaban entre las niñas. Se representaba a la diosa Pax como una joven con un cetro, una cornucopia y hojas de olivo, símbolos tradicionales de la ofrenda por la paz.

Meditación

Dona nobis pacem [Danos paz].

(Oración latina del *Agnus dei*,
sección de la misa católica.)

Isis
27 de septiembre: Magia

Isis es el nombre griego de la gran diosa egipcia de la magia, que en la ancestral lengua egipcia era Auset, que significaba "asiento" o "trono" y que es su símbolo jeroglífico. Se la llamaba también Señora de los Diez Mil Nombres, entre los cuales estaban Mut-Neter, Madre de los Dioses, Hacedora de la Salida del Sol, Señora del Cielo, Reina del Sur y Señora del Viento Norte. Su símbolo era la estrella Sept, a la que nosotros llamamos Sirio. La reaparición de Sirio, que se eleva en el cielo antes que el Sol en el solsticio de verano, señalaba la crecida anual del Nilo.

Isis era también la Reina de la Magia. Gracias a sus conocimientos, y tras haber adoptado forma de halcón, revivió a su marido muerto, Osiris, el tiempo suficiente para concebir al hijo divino de la pareja, Horus. La diosa era especialmente diestra en la magia de *hekau*, la recitación de palabras de poder; y es que los egipcios tenían la creencia de que ciertas palabras eran fórmulas mágicas y debían pronunciarse en un tono especial y en momentos determinados.

Meditación

«Soy todo lo que ha sido, es y será.
Hasta hoy, ningún mortal
ha logrado levantar el velo que me cubre [...]»

(Inscripción atribuida a Isis
hallada en un templo dedicado a la diosa Neit
en el delta del Nilo, según Plutarco.)

Semiramus
28 de septiembre: Deseo

Semiramus es una diosa asiria del amor y la guerra a la que se le atribuye la edificación de Babilonia y la creación de los famosos Jardines Colgantes, una de las siete maravillas del mundo antiguo. En los mitos, Semiramus es la hija de la diosa sirena Atargatis y del dios sireno Oannes, que tenía torso de hombre y cola de pez. La paloma de Ishtar la crió de niña, y cuenta la leyenda que Semiramus se convirtió temporalmente en paloma, lo cual la vincula con la veneración a Ishtar. En su templo de Mabbog, en el norte de la actual Siria, había una estatua de Semiramus con una paloma dorada sobre la cabeza.

Como mujer que más tarde sería elevada a la categoría de diosa, suele relacionarse a Semiramus con el personaje histórico de Sammuramat, en un tiempo reina de Babilonia y Asiria, y que tiene la reputación de haber conquistado el mundo oriental dirigiendo campañas militares contra Persia, Egipto, Libia y Etiopía. Algunas fuentes dicen que castraba a sus sirvientes varones, lo cual hace pensar que sus sacerdotes debían de ser eunucos. Semiramus ha aparecido como diosa guerrera en muchas obras literarias, entre ellas *La divina comedia* de Dante, y ha habido numerosos edificios nombrados en su honor.

Meditación
El deseo es el combustible de la vida,
pero ha de purificarse y dirigirse por cauces constructivos.

Mujer Estrella
29 de septiembre: Apariencia

La Mujer Estrella es una diosa de los habitantes de la sabana sudafricana. Es una hermosa estrella, en realidad el planeta Venus, que visita la Tierra periódicamente y se lleva consigo a un hombre común para que sea su amante. Normalmente, el hombre elegido es viejo, feo y discapacitado, pero gracias a su relación con la Mujer Estrella se transforma en el equivalente de un joven y apuesto príncipe. Parece ser que este mito entraña un mensaje más profundo sobre el hecho de que la belleza reside en los ojos del que mira.

Hay mitos parecidos en todo el mundo, que hablan de la aparición de Venus como el Lucero del alba y de su reaparición como el Lucero de la tarde. En el famoso *Canto de Hiawatha*, de Longfellow, es al "Sagrado Lucero de la tarde" al que se rinde culto. Los indios pawnee ejecutan rituales en una determinada época del año en la que dos estrellas centellean en la Vía Láctea, pues tienen la creencia de que esto representa un ritual de apareamiento del Lucero del alba y del atardecer, unión de la cual nació el mundo.

Meditación
¿Qué regalo de belleza imperecedera
anhelo recibir de las estrellas?

Kishijoten
30 de septiembre: Logro

Kishijoten es una diosa sintoísta de la belleza, el canto, la danza, la ópera y la fortuna. Es la patrona de las artes, tal vez del mismo modo que las Musas griegas. El sintoísmo es la religión originaria de Japón y su nombre se traduce generalmente por "la Vía de los dioses", pero no tuvo nombre hasta que fue preciso distinguirla del budismo. En su calidad de dadora de bendiciones, Kishijoten se asemeja a la diosa hindú Lakshmi. Era hermana del dios guerrero Bishamon, y, como una de las siete deidades de la fortuna, posee una joya mágica que trae buena suerte.

Kishijoten era protectora de las geishas, término que puede traducirse por "personas dedicadas al arte". La tradición de las geishas nació en el Japón feudal, cuando a las mujeres comunes no se les permitía asistir a las reuniones de negocios. A las geishas se las instruía a conciencia en el arte de amenizar a los hombres y, con el paso del tiempo, esta tradición dio lugar a una ocupación muy respetada que exigía rigurosa formación y preparación.

Meditación
¿Tengo el anhelo de crear algo bello:
un poema, una canción o una danza?

Fides
1 de octubre: Fidelidad

Fides es una diosa romana de la fe y la confianza. En latín, su nombre significa "buena fe", al hacer un juramento o un voto sagrado. La palabra "fidelidad" se deriva de su nombre. Era su misión supervisar los juramentos y los contratos verbales, y se la invocaba para que inspirara lealtad. Su naturaleza constituye el fundamento de todas las relaciones humanas, asegurando que estarán basadas en la honradez y que se vivirán con fidelidad. Su homóloga en la mitología griega es Pistis, que es la *daimona*, o espíritu, de la confianza, la honestidad y la buena fe. Pistis es uno de los espíritus buenos que escaparon de la caja de Pandora y volaron de regreso al cielo, abandonando a la humanidad.

Se representa a Fides cubierta con un velo blanco y una corona hecha con una rama de olivo, y sus sacerdotes vestían túnicas blancas. Su templo estaba situado en la capital, donde se efectuaban todos los tratados oficiales con Estados extranjeros bajo la protección de esta diosa. Su festividad se celebraba el 1 de octubre, y se veneraba a Fides con el título honorífico de Fides Publica Populi Romani, que significa "lealtad al Estado romano".

Meditación
Cuando doy mi palabra,
lo hago de buena fe y con total integridad.

Radha
2 de octubre: Amada

Radha es una diosa hindú que fue la más amada por el dios
Krishna. Su historia de amor es el tema de exquisitos exponentes
del arte y la poesía hindúes. A veces se representa a Radha como
una joven arrebatadoramente bella que está bañándose en un río,
y sus devotas honran el carácter sagrado de la feminidad tanto
en su esencia como en su forma. Radha había sido una *gopi*, una
de las pastoras de cabras con las que Krishna solía jugar cuando
era poco más que un niño, y secretamente añoraba al joven dios
mientras él tocaba la flauta y flirteaba sin vergüenza con las demás
muchachas.

Radha simboliza el alma humana que viaja por la eternidad
buscando la unión con la divinidad. La relación de Radha y
Krishna se considera la más elevada forma de devoción y representa
el ideal de amor entre el amante y la amada. Cuando Krishna salía a
combatir a los enemigos, Radha lo esperaba. Cuando Radha como
diosa hace el amor con el dios, juntos dan forma a los mundos;
y cuando los humanos se unen en este mismo espíritu crean la
siguiente generación.

Meditación
El fuego cósmico que el amado hace arder en mi corazón
es el combustible sagrado que da forma a los mundos.

Ishikoredome
3 de octubre: Consciencia de sí misma

Ishikoredome es una diosa sintoísta responsable de la cantería y de ayudar a los artesanos. En la leyenda de Amaterasu, después de que la diosa del Sol se retirara a una cueva llevándose consigo su luz, fue Ishikoredome quien creó el exquisito espejo en el que Amaterasu pudo ver reflejada su belleza. Este espejo tuvo importancia religiosa como símbolo de la pureza del alma, y cuenta el folclore japonés que se le entregaron el espejo y una espada al nieto de Amaterasu, que este pasó después a la Casa imperial de Japón. Este famoso espejo, llamado Yata no Kagami —que puede traducirse por "espejo de ocho manos"—, un espejo sagrado al que se le atribuyen propiedades mágicas, forma parte actualmente del Tesoro imperial de Japón, y está guardado en el Santuario de Ise, en la prefectura de Mie, Japón, santuario construido en honor de Ishikoredome.

Para los japoneses, los espejos representaban símbolos de gran poder, y sus partes no reflectantes solían decorarse con tótems de animales, tales como dragones, tigres, serpientes y el ave fénix. Se creía que los espejos eran puertas que conducían a lo nunca visto, y que tenían especiales poderes para la adivinación. Podían representar conocimiento o encantamiento, como el espejo mágico del cuento de Blanca Nieves. En el relato de Amaterasu, la diosa Uzume ejecutaba una provocadora danza con este espejo mágico, y con ella hacía reír a todo el mundo, lo cual despertaba la curiosidad de Amaterasu.

Meditación
Cuando me miro fijamente a los ojos en
un espejo, ¿qué verdad veo reflejada?

Urvashi
4 de octubre: Elegancia

Urvashi, o Uruasi, es una diosa hindú que ayuda a tener éxito en el amor. Es una *apsara*, una hermosa doncella celestial, cuyo nombre significa "ampliamente extendida". Las *apsaras* suelen bendecir a la gente durante importantes momentos de transición. El mito más conocido de esta diosa cuenta la historia de un sabio dedicado a la meditación, y de cómo Indra, rey de los dioses, no quería que el sabio adquiriera poderes divinos (una historia similar a la de la Torre de Babel), para lo cual envió a dos bellas ninfas con la orden de que lo distrajeran. El sabio, con serenidad, puso una flor sobre su muslo, *ur* en sánscrito, y creó a Urvashi, cuya belleza era muy superior a la de las ninfas de Indra.

Después de que el sabio la creara, Urvashi ocupó un lugar de honor en la corte de Indra, pero, al igual que Afrodita, provocó el caos en el cielo, pues todos los dioses la deseaban. Se menciona a Urvashi en el *Rig-Veda*, texto sagrado de la India, y cómo era célebre por haber tenido una aventura amorosa con un rey humano llamado Pururava. En su rol de amante encarnaba la belleza intelectual y el desarrollo de la espiritualidad en la condición humana. Su animal sagrado era el cisne.

Meditación
Dejo que mi belleza interior se desvele y manifieste
como los pétalos al abrirse la rosa.

Ginebra
5 de octubre: Conocimiento de sí

Ginebra, o *Guinevere*, y originariamente *Gwenhywfar*, es una forma ancestral de la triple diosa que logró llegar a la leyenda del rey Arturo. Para la época medieval, a Ginebra se la había encasillado en el papel de esposa infiel a Arturo por su relación con el caballero Lanzarote (*Lancelot*), y, en la leyenda, su infidelidad es causa de la decadencia del reino. Sin embargo, se oculta en este relato el terrible efecto que tuvo para lo sagrado femenino la escalada del patriarcado.

Ginebra simboliza el trono de Inglaterra de la misma manera que Isis simboliza el de Egipto. Como consecuencia, en el mito es objeto de constantes seducciones por parte de los aspirantes al trono, que la necesitan para legitimar su soberanía. Pero las reinas celtas tenían tanto poder, o quizá más, que los reyes, pues eran ellas las que otorgaban la realeza; y les estaba permitido tener múltiples relaciones. En sus primeros tiempos, cuando era La Blanca, al igual que a la diosa Atenea, a Ginebra se la asociaba con la lechuza.

Meditación

He de conocer mi naturaleza
antes de poder serme fiel a mí misma.

Astrea
6 de octubre: Equilibrio

⊚ ⊚ ⊚

Astrea, en griego *Astraia*, y en latín *Astraea*, "la estrellada", era la diosa libia de la ley sagrada que sostenía la balanza de la justicia con la que se pesaban las demandas de las partes contrarias en una disputa. Es similar a la diosa egipcia Ma'at, pues también Astrea pesaba las almas de los mortales, determinando si irían a los Campos Elíseos a gozar de la dicha eterna, o al inframundo en busca de redención. En el mito griego, era hija de Zeus y Temis, que fue originariamente diosa de la profecía y, míticamente, dotó a su hija de perspicacia y visión de largo alcance.

Se cuenta que Astrea fue la última inmortal que vivió entre los mortales a finales de la Edad de Oro, ofreciendo esperanza al girar la rueda de los tiempos hacia una edad oscura. Después abandonó la Tierra, ya que vivir en ella empezó a resultarle demasiado doloroso, y ascendió al cielo para sostener desde allí la balanza de la justicia que ahora forma parte de la constelación de Libra. Hace mucho tiempo, esas estrellas fueron las pinzas de Escorpio, y antes que eso, formaron parte de Virgo.

Meditación
¿Cuál es la medida de mi vida,
y cómo me juzgaré cuando, al final, mire atrás?

Branwen
7 de octubre: Alianza

Branwen es una diosa galesa cuyo nombre significa "cuervo blanco". Es hija del dios del mar, Llyr, y es una diosa de la belleza y el amor. Se la considera una de las tres matriarcas de Bretaña, junto con Rhiannon y Ceridwen, y representa asimismo el aspecto de doncella de la triple diosa. En los relatos es célebre por el esplendor de sus cabellos negros y su piel blanca, hasta el punto de que a veces se la llama la Venus del mar del Norte.

Su belleza atrajo al rey de Irlanda, y los hermanos de Branwen concertaron un matrimonio que, durante un breve período, unió Gales e Irlanda; pero una vez que el señor irlandés la llevó a casa, la trató como a una esclava. Como Branwen podía transformarse en un cuervo blanco, durante su cautividad enseñó a hablar a un estornino y, a través de él, envió un mensaje a su familia, pues temía que, si intentaba escapar, su marido la buscaría y tomaría represalias. Su hermano y otros miembros de la familia acudieron a rescatarla e iniciaron el ataque, pero pocos de ellos sobrevivieron a la guerra. Estando cautiva, Branwen tuvo un hijo y una hija, y su hijo, el varón heredero, murió también en la batalla. Luego, ella murió de tristeza. Tal vez este relato haga hincapié en el peligro de arrebatarle a una mujer su poder y su posibilidad de elegir. Se dice que, en su última visita a la Tierra, Branwen dejó su Arco del Destino en su santuario del sur.

Meditación

¿Con quién me alinearé para recibir
el mensaje que tanto necesito sobre cómo cambiar?

Kayna
8 de octubre: Confianza

Kayna, a veces llamada Cain, es una diosa celta que tenía el poder de predecir la muerte de los reyes. Es la hija de Branwen, y me ha parecido oportuno colocarlas una al lado de otra. El 8 de octubre es la festividad de Kayna, patrona de Glasgow, Escocia, y otra de las diosas que encarnan el principio de la soberanía. Se la representa vestida de gris, con largas trenzas que le llegan a las rodillas. En los mitos, se la ha vinculado también a la diosa Ceridwen.

Su nombre proviene del término *cain*, que significa "bello" en galés arcaico y que está morfológicamente relacionado asimismo con santa Keyne, posterior a Kayna, aunque el nombre de ambas suena igual. Kayna nació en Gales, y hay en Cornualles un pozo muy famoso que lleva su nombre. Según la tradición popular que ha llegado hasta nuestros días, el primer miembro de una pareja de recién casados que beba del pozo será el que domine en el matrimonio. En una curiosa anécdota sobre relaciones, un marido salió corriendo de la iglesia recién acabada la ceremonia de su boda para ser el primero en beber del pozo, y se enteró más tarde de que su nueva esposa había llevado una botella de la misma agua a la iglesia. Vale la pena planear las cosas de antemano.

Meditación
Siempre bebo a tragos de las aguas de la vida,
y no temo qué emociones puedan resultar de ello.

Ma'at

9 de octubre: Juicio

Ma'at, una de las grandes diosas del antiguo Egipto, encarna el principio de la relación correcta con todas las cosas. Su nombre significa "verdad". En la Sala de las Dos Verdades que existe en la vida ultraterrena egipcia, el corazón del fallecido se coloca en un platillo de la balanza y se sopesa con una pluma de avestruz, colocada en el otro platillo. Si se considera que el corazón pesa demasiado, o es impuro, una compleja criatura llamada Amit lo devora, y se cree que el alma está entonces destinada a permanecer en el Duat, el inframundo egipcio, por el que el poderoso dios del Sol, Ra, hace su peligroso viaje de Oeste a Este cada noche. Si el corazón es ligero y se equilibra con la pluma, el alma es apta para entrar en el paraíso, después de superar otra serie de pruebas, por supuesto.

Ma'at es la hija de Ra y regula su recorrido diario por el cielo. Representa los principios del orden y la armonía en el universo, sin los cuales todo quedaría reducido al caos. Su icono, que aparece sobre su cabeza, es una pluma blanca de avestruz. El avestruz es famoso por su aguda visión de largo alcance. Al igual que a Isis, suele representarse a Ma'at con las enormes alas extendidas de un gavilán, que es un tipo de halcón.

Meditación

Sopeso mis palabras antes de hablar,
pues sé el poder que descargan sobre el mundo.

Mujer Águila
10 de octubre: Autoestima

La Mujer Águila es una diosa indígena de Norteamérica. En todas las partes de la Tierra, las aves están simbólicamente conectadas con la diosa. Se las considera mensajeras de los dioses, pues sus alas las llevan hacia el cielo. Así como el león es el rey de los animales, el águila es la reina de las aves. La han venerado prácticamente todas las tribus de indios, y sus plumas son siempre muy valoradas. El águila vuela más alto que ninguna otra ave y se dice que es la primera criatura en dar la bienvenida al Sol cada mañana. Al igual que el avestruz representa la agudeza de vista, así como la visión desde las alturas.

Aunque generalmente se la asocie con la energía masculina y esté conectada con los guerreros, el poder no tiene género. La Mujer Águila es un potente símbolo de este arquetípico poder en forma femenina. Sostener o llevar puesta una pluma de águila significa tener contacto con el Gran Espíritu y honrar con máxima reverencia la creación. Estar en posesión de una pluma de águila es un gran honor, que va acompañado de una gran responsabilidad.

Meditación

Cuando hablo, mi voz es potente y orgullosa,
pues vibran en ella las voces de todos mis antepasados.

Dafne

11 de octubre: Ingenio

◎ ◎ ◎

La diosa Dafne, o *Daphne*, "laurel" en griego, es una sacerdotisa de Gaia. En algunos relatos era una de las *pythia* del oráculo de Delfos, y, en otros, actuaba como suma sacerdotisa en los rituales que celebraban la naturaleza femenina de la Tierra. Los hombres tenían prohibido asistir a estas ceremonias, pero, por supuesto, la naturaleza humana no se doblegó ante este tabú, y, según cuenta la leyenda, un varón curioso llamado Leukippos se disfrazó de mujer y entró en la arboleda sagrada. Sin embargo, Apolo, dios del Sol, que lo ve todo, reveló la traición del intruso. Después, por sugerencia del dios, las ceremonias se realizaban al desnudo, o con las participantes "vestidas de cielo".

Desgraciadamente, Apolo tenía sus planes e intentó violar a Dafne, revelando en el mito la histórica apropiación del santuario de la diosa en Delfos. Dafne apeló a Gaia, que la convirtió en laurel justo a tiempo. El laurel, de hoja perenne, tiene propiedades alteradoras de la conciencia, y en Delfos las sacerdotisas mascaban sus hojas, que les inducían un trance extático. En el mito posterior, Apolo llevaba una corona de laurel como fuente de inspiración. Las coronas de laurel eran el premio que se otorgaba a los mejores poetas, y todavía empleamos el término "laureado" como sinónimo de aquel que ha recibido un alto honor.

Meditación

Conseguir autoridad moral en un situación depende a veces de saber utilizar el ingenio y actuar con presteza.

Pajau Yan
12 de octubre: Transición

Pajau Yan es una diosa del pueblo cham de Vietnam. Hace 500 años, durante la expansión del imperio jemer, los cham huyeron del reino de Champa, en Vietnam central, al centro de la costa sur. Aunque la mayoría de ellos son en la actualidad musulmanes, los antiguos cham eran hindúes, pues habían recibido gran influencia de la India, y todavía mantienen algunas de sus creencias anteriores. Pajau Yan es una benévola diosa de la belleza, la bondad y la curación, especialmente atenta con las preocupaciones de las mujeres.

Pajau Yan tenía el poder de resucitar a los muertos, pero se excedió en sus funciones y fue castigada, tras lo cual se exilió a la Luna. Ahora envía hermosas flores a los que acaban de morir a fin de facilitarles la transición y ofrecerles placer. Cuando hay un eclipse de Luna, que deja la órbita lunar en sombra, se dice que Pajau Yan está honrando al Sol. Hay en Vietnam tres festivales prioritarios para honrar a los muertos, durante los cuales se visita a los antepasados en sus tumbas y se les lleva flores, incienso y papeles votivos, luego el rol que desempeña esta diosa sigue siendo culturalmente significativo.

Meditación

Hoy compro flores para adornar mi hogar
e inhalo su embriagadora fragancia,
pues sé que su belleza no durará demasiado.

Hi'iaka
13 de octubre: Danza Sagrada

Hi' iaka es una diosa hawaiana, hija de Haumea y hermana de Pele. Es la patrona de Hawai y del *hula*, la danza sagrada de Hawai. Hi' iaka vive en una arboleda sagrada, donde pasa el tiempo bailando con los espíritus de la selva tropical. El relato sobre ella cuenta que fue originalmente concebida en Tahití y que la diosa Pele la transportó luego, en forma de huevo, a las islas hawaianas. Es la diosa de las islas, los acantilados y las cuevas, y se la venera con música y danzas en los festivales.

En una de las leyendas se dice que fue enviada como mensajera al amante de Pele, y a su llegada supo que el joven jefe había muerto de añoranza por su amada. Hi' iaka lo hizo revivir, pero Pele, corroída por los celos, en un ataque de furia provocó un incendio para destruir la arboleda sagrada. Entonces Hi' iaka, indignada con su hermana, se quedó al joven para ella como venganza. Es el ardor amoroso de Hi' iaka el que insufla fuego a los volcanes hawaianos.

Meditación
Bailo y me contoneo, moviéndome por pura dicha.

Erzulia
14 de octubre: Dualidad

◎ ◎ ◎

Erzulie es una diosa de África occidental y de Haití que forma parte del panteón de creencias llamado Vodun, al que nosotros nos referimos por vudú, y cuya práctica todavía está activa. Erzulie es la *loa*, o diosa, del amor y la belleza. Es una deidad compleja, dada su doble naturaleza que revela los extremos del poder femenino. En su papel de Erzulie Freda, se la representa como mujer blanca y opulenta, amante de las flores y la danza y que vive rodeada de lujos; en cambio, en su papel de Erzulie Dantor es una mujer negra llena de cicatrices, de la que se muestra el aspecto de fiera guerrera mientras protege a un niño pequeño y se jacta de su fuerza.

Erzulie encarna el esplendor de la naturaleza, así como las fuerzas elementales y la lucha por la supervivencia. Su símbolo es el corazón, y es la patrona de los gays y lesbianas. Esta diosa diferencia el plano de realidad que ocupan los seres humanos del plano en que se hallan otros aspectos de la creación, y se dice que posee capacidades artísticas. Quienes fueron apresados y vendidos como esclavos ocultaron sus creencias tras la simbología cristiana, de modo que Erzulie tiene elementos que se le atribuyen a la Virgen María.

Meditación
La belleza es escurridiza, y cuestión de opiniones,
pero la ferocidad de la protección maternal es digna de verse.

Morrigan
15 de octubre: Soberanía

Morrigan pertenece a los Tuatha Dé Danann, la "tribu de la diosa Danu". Se originó en el culto megalítico a las Madres, que aparecían con triple forma o aspecto triple. Como corneja o cuervo encapuchado era un ave de la guerra que emergía del monte de las hadas y se posaba sobre un menhir, desde donde graznaba sus advertencias. Era ella la que decidía el destino, eligiendo quiénes morirían en la batalla. En su forma humana era una giganta. A veces, la gente la imaginaba como una reina fantasmal que gobernaba el mundo de los fantasmas, sobre todo el de aquellos que habían muerto en combate.

Morrigan era diestra en las artes de la magia. Siempre ejecutaba un rito de adivinación antes de una batalla a fin de percibir cuál sería el desenlace, y murmuraba conjuros para dar ímpetu a aquellos a quienes quería favorecer. Su poder en los asuntos de la guerra residía más en la magia y en la palabra que en la fuerza bruta. Al igual que otras diosas de la Antigüedad otorgaba la soberanía a los reyes. Era enemiga declarada del héroe irlandés Cuchulain, que, a causa de la apariencia de Morrigan, había rechazado el amor que esta le ofrecía. Al no reconocer la verdad profunda de que los reyes solo gobiernan en virtud del poder de la diosa, su elección lo dejó indefenso en un momento crucial y provocó su derrota.

Meditación
Busco el sabio consejo de una anciana
y honro la voz de la experiencia.

Las Harpías
16 de octubre: Aires de Cambio

Las Harpías, al igual que muchas otras diosas, tenían un triple aspecto. Las tres hermanas se llamaban Celeno, "la oscura", Aelo, "viento tempestuoso" y, Ocípete, "vuelo veloz", aunque algunos relatos hablan de una cuarta hermana, Podarge, la de los "pies veloces". Su hogar era una cueva sagrada que había en el monte Dicte de Creta. Cuando el término se empleaba en singular, "harpía", a menudo se la llamaba la Virgen Águila. La moderna águila Harpía, la mayor águila americana y una de las aves de presa más poderosas del mundo, vive en selvas vírgenes aisladas. Aunque el significado literal de la palabra sea "ciclón", a menudo se representaba a las Harpías como buitres con rostro de mujer. En el ámbito mitológico, el arquetipo de la harpía probablemente esté relacionado con el de la Gorgona Medusa, que es otra ancestral custodia del poder femenino.

Al igual que otras diosas de gran poder que se convirtieron en demonios, las Harpías fueron en su origen deidades vivificadoras. Con Céfiro, el viento del oeste, como padre, la Harpía Pies Veloces dio a luz a los caballos de Aquiles. A las Harpías se les daba también el nombre de las Punteadoras, como a quienes puntean las cuerdas del arpa, y a veces se las representa así. Conducían las almas de los muertos a la otra vida, y, para demostrar una de las formas en que los símbolos permanecen en nuestra conciencia, todavía imaginamos que los ángeles puntean las arpas en el cielo. El poeta griego Hesíodo describió a las Harpías como «mujeres de preciosos cabellos», pero, desgraciadamente, en la actualidad su nombre evoca más bien la imagen de seres demoníacos.

Meditación

El cambio está en el viento.
Oriento las velas para navegar en una dirección nueva.

Nejbet
17 de octubre: Infinito

Nejbet, o *Nekhbet*, era una diosa egipcia predinástica que adoptaba la forma de buitre blanco. Se la representa como un buitre grifón, que es símbolo de la diosa y de la realeza. Su título es la Corona Blanca, y es una de las Dos Señoras por cuya gracia gobernaba el faraón; la otra era la diosa Wadjet. Los buitres son aves poderosas, madres atentas y, como las águilas, trazan círculos en el aire a grandes alturas, lo cual simbólicamente las acerca al cielo. Nejbet era también protectora del faraón, y se la veía volar sobre el rey durante la batalla.

La primera referencia a esta diosa se remonta a hace más de 5 000 años. El oráculo más antiguo de Egipto era un santuario dedicado a Nejbet en su ciudad, Nejeb, la "Ciudad de los Muertos" original. En el arte, se la ha representado tocada con la corona del Alto Egipto, mientras que su homóloga Wadjet, la diosa cobra, lleva la del Bajo Egipto. Nejbet sostiene una vara, que es una flor de loto de tallo muy largo con una serpiente enroscada a su alrededor, y, en uno de sus talones, un *shen*, una cuerda anudada, símbolo egipcio del infinito. Su consorte es Hapy, dios del Nilo.

Meditación
Vivo el presente,
pero mi corazón sabe que mi alma es eterna.

Las Kathirat
18 de octubre: Encanto

Las Kathirat, o Kotharat, son sabias diosas de Ugarit, una antigua ciudad siria de la costa mediterránea. A veces aparecen con forma de golondrinas y se creía que encarnaban el orden preciso en que todo debía llevarse a cabo. En un relato se las llama Golondrinas Hijas de la Luna Creciente. Generalmente son siete, y se parecen a los Gracias griegas. Están presentes allí donde hay parejas que intentan concebir, y ayudan a que las ceremonias matrimoniales sean auspiciosas.

Las Kathirat eran las encargadas de fijar la dote que al casarse ha de recibir cada mujer, incluida la diosa Ishtar, y solían supervisar los pormenores de las bodas y nacimientos. Tenían muchos dones, entre ellos el del canto y la danza, y lo que podríamos llamar encanto o modales exquisitos. Todas las facetas de la gracia se consideraban cualidades femeninas.

Meditación
Guardar la compostura es la esencia del encanto.
Respiro hondo y sé que todo está en orden.

Mujer Cambiante
19 de octubre: Ritual

Mujer Cambiante, o Asdzan Nadleehe en lengua navajo, es una poderosa diosa celeste para los dine, como se denominan a sí mismos. Tras su nacimiento, Mujer Cambiante pasó de la infancia a la edad adulta en cuatro días, lo cual la vincula simbólicamente con su homóloga, la diosa Mujer Concha Blanca. Mujer Cambiante creó los cuatro clanes originales de los dine con la sustancia de su cuerpo, y representa la naturaleza cambiante de la vida en la Tierra. Encarna el proceso de maduración de la niña que llega a mujer, y también la naturaleza de la vida en sí. Su hogar es el océano occidental, y, a medida que gira la rueda del año, Mujer Cambiante se transforma sin fin, de doncella en madre, y luego en anciana.

La Bendición, ceremonia y fundamento de la vida navajo es el relato de Mujer Cambiante. El ritual refiere todas las enseñanzas y la historia que una persona necesita experimentar para poder llevar una vida equilibrada en la Tierra. En la leyenda navajo, Mujer Cambiante participó en la creación de la humanidad, y más tarde dio a luz a los gemelos guerreros, Asesino de Monstruos y Nacido para el Agua, que son héroes épicos.

Meditación
A pesar de lo diferentes que seamos,
todos compartimos un mismo espíritu.

Astarte
20 de octubre: Contradicción

Astarte, o *Ashtart*, es una diosa de la antigua Fenicia, en un tiempo cultura próspera del Oriente Medio. Tenía un santuario en Byblos (situada en el territorio del actual Líbano) que data de la Edad de Piedra. Según cuenta la leyenda, Astarte descendió del cielo en forma de estrella llameante. Es equivalente a la diosa babilonia Ishtar y a la Afrodita griega, y se la veneró en Egipto durante la XVIII Dinastía, hace 3500 años. Se la imaginaba como diosa dominante que daba la vida y también la quitaba. Era bella y fiera, y, cuando mostraba este segundo aspecto, se la llamaba Señora de los Caballos y los Carros. Lo típico es que a cualquier diosa que tuviera semejante poder, la Iglesia católica la transformara luego en demonio.

Se la asociaba con el planeta Venus y, como Lucero del alba, era una guerrera vestida de fuego. Cuando aparecía como el Lucero de la tarde avivaba las llamas del deseo. Cada año, el 25 de diciembre los sirios de la Antigüedad celebraban su alumbramiento de un nuevo rey solar, que gobernaría durante un año como símbolo del viaje anual del Sol. A veces se representa a Astarte de pie y desnuda sobre el lomo de una leona.

Meditación
Acepto las contradicciones que hay en mí,
la ira y el amor,
y aprendo a actuar de la forma apropiada en cada situación.

Xochiquetzal
21 de octubre: Transitoriedad

Xochiquetzal es la diosa azteca del amor y la belleza, y su nombre significa "pluma de flor". En un grupo de dioses, habitualmente fieros y con frecuencia sangrientos, esta dulce diosa es un anhelado alivio. En el calendario azteca es una de las deidades del día, y el nombre de su día es Xochitl; se dejó aparte este día para crear algo bello, a fin de recordarnos que la belleza externa es transitoria. Cada ocho años se celebraba una fiesta en su honor, vinculando a la diosa con el ciclo de Venus, y quienes participaban en el festival llevaban máscaras con dibujos de flores o animales.

Xochiquetzal era la patrona de los artesanos, y diosa de las plantas y las flores. Llevaba un tocado hecho con plumas del ave de su mismo nombre, el precioso quetzal de color verde brillante, y generalmente se la representa acompañada de una mariposa, que, por supuesto, ayuda a polinizar las flores, sagradas para Xochiquetzal.

Meditación
Hoy he reservado tiempo para crear algo bello
que exprese el sentir de mi corazón.

Airmid
22 de octubre: Naturaleza

@ @ @

Airmid es una diosa de los Tuatha Dé Danann, el pueblo celta de la diosa Danu. Es una diosa de la curación que tiene grandes conocimientos sobre las plantas, y que, según la leyenda, cuidaba de un manantial sagrado y mágico que devolvía la vida a los muertos. A aquellos que estaban heridos de muerte o que habían fallecido por enfermedad, se los sumergía en el pozo, y salían milagrosamente restablecidos. Por todo esto, se dice que Airmid conocía los secretos del poder curativo del agua y entendía la magia de la vibración acústica. Entre sus talentos estaba el de mezclar el elemento tierra con el elemento agua.

Uno de los mitos cuenta cómo, después de que Airmid enterrara a su querido hermano, 365 plantas medicinales brotaron sobre su tumba, una para curar cada nervio del cuerpo humano, y una por cada día del año (en su calendario no se incluía el año bisiesto); y fue así como la diosa aprendió las propiedades de todas las hierbas medicinales del mundo. Se dice que su padre, celoso de su sabiduría, mezcló deliberadamente las hierbas para dificultar el trabajo de los curanderos, pero Airmid nunca perdió sus conocimientos.

Meditación
Las flores, las plantas y los árboles
aportan a mi vida belleza y capacidad curativa.

Las diosas
de Escorpio
La araña

TODAS LAS HEBRAS DE LA RED DE LA VIDA
ESTÁN CONECTADAS

Escorpio es el signo fijo de agua y representa la idea del poder dinámico. Esta potente energía del deseo se puede usar de manera constructiva o destructiva, puede conducir a la muerte o la resurrección, y está caracterizada por una gran intensidad. Las nativas de Escorpio lidian con asuntos relacionados con el poder: la tentación de utilizarlo de ciertas maneras, el ejercicio de la disciplina, y una fuerte necesidad de tener control emocional. Las Escorpio son reservadas, y es mucho más lo que sucede en su interior que lo que expresan en la superficie. Este es un camino de transformación del deseo natural, de aprender a moderar el deseo puramente físico de reproducirse, y descubrir la aspiración espiritual; así pues, cultivar una forma de vida orientada al servicio a los demás liberará de manera positiva la energía sexual que yace en estado latente.

Escorpio es el octavo signo del Zodíaco, representado tradicionalmente por el escorpión. El escorpión simboliza la fuerza vital y cómo se expresa la energía, luego este signo está conectado con la sexualidad y también con la curación. La araña es el signo de diosa que corresponde a Escorpio, puesto que ella es la gran tejedora, que hila la creación y, literalmente, la gran tela de araña de la vida, a partir de su propia fuerza vital. En Escorpio, la sustancia de la vida se hila con la sustancia que emana del abdomen de la araña, creando así el potencial para que algo se manifieste; pero es en Capricornio, el signo de la concreción, donde las hebras se forman y se tejen para formar los tapices de nuestras vidas.

Están incluidas en este capítulo las diosas escorpión y las diosas araña, así como aquellas que encarnan la pasión, la sexualidad y la curación. También las diosas serpiente, cuando actúan como agentes sanadores, aparecen aquí, representando la fuerza vital dirigida hacia la transformación. Y dado que Escorpio es el portal que se abre hacia el ámbito de lo desconocido, están asimismo incluidas las diosas de la muerte y el renacimiento.

Mujer Araña
23 de octubre: Relación

La Mujer Araña es una diosa de la creación a la que se conoce como La que Crea desde una Fuente Central. En un principio, en los albores del ser, cuando solo había una oscura luz púrpura, la Mujer Araña de los indios hopi hiló hebras con las que formó las direcciones sagradas Norte, Sur, Este y Oeste. La Abuela Araña de los indios cherokee trajo el Sol y el regalo del fuego, y es similar a la diosa Biliku de los isleños andamaneses. La Mujer Araña es la guardiana del alfabeto primordial y enseña los misterios del pasado y cómo este afectará al futuro. Para los hopi, la Mujer Araña, o Kokyanwuthi, fue la creadora, la que dio a luz a los seres humanos, y tiene también el poder de dar y quitar la vida.

La Mujer Araña, depositaria de la sabiduría, es la que enlaza las hebras que conectan el mundo divino con el humano. Tiene la capacidad de dar vida a nuevas energías a partir de su propia sustancia. Las arañas combinan la suavidad con la fuerza y son tótems para quienes hacen magia con la palabra escrita.

Meditación
Honro la gran red
que conecta y une todas las cosas.

Rati
24 de octubre: Pasión

Rati es una diosa hindú de la pasión y la sexualidad gozosa. Su padre era el dios del Sol Daksha, y forma parte de su esencia el contraste entre la oscuridad y la luz. Su consorte y compañero espiritual es Kama, dios del amor, hijo de Lakshmi, diosa de la abundancia. En sánscrito, el nombre Rati significa "aquello que se mueve", y esto quizá haga referencia a los movimientos rítmicos de la pasión. Cada año se honra a Rati en el festival del color, llamado Holi, donde las mujeres le ofrecen como obsequio arroz, coco y pulseras de colores.

Su amado, Kama, quedó una vez reducido a cenizas cuando tuvo la mala suerte de perturbar la meditación del Señor Shiva. Rati, desolada, apeló a la diosa Parvati para que le devolviera a su amante, y este se reencarnó entonces en Pradyumna. Disfrazada de Mayadevi, Rati actuó a partir de ese momento como protectora suya. En un relato, por ejemplo, un pez se tragó a Kama, y Rati lo salvó. Sin embargo, algunas versiones dicen que Kama solo volvió a la vida como ideal mental, representando la verdadera naturaleza del amor que existe más allá del cuerpo físico.

Meditación
¿Dónde puedo encontrar en mi vida
la pasión que me haga crear?

Panacea
25 de octubre: Curación

Panacea es una diosa griega de la curación. Su nombre proviene de *panakes*, aquello que "todo lo cura", y ha sobrevivido en nuestra lengua con el mismo nombre de la diosa, "panacea", con el significado de cura para todos los males. Esta diosa encarna la idea y la sabiduría de la curación con hierbas medicinales, y su especialidad era la elaboración de cataplasmas. Ella y sus hermanas Higías, "salud", Iaso, "remedio", y Acesis, "recuperación", eran hijas del famoso curandero Asclepio, al que Zeus inmortalizó en la constelación de Ofiuco (el portador de la serpiente).

Panacea era asimismo nieta de Apolo, dios del Sol. Hoy es el día en que los médicos siguen haciendo en nombre de Panacea e Higías su juramento más sagrado. En el significado más profundo de esta diosa y de su hermana Higías están contenidas la capacidad sustentadora global de la Gran Diosa Madre y el poder curativo de la leche materna. Sin duda, honrar la tierra podría ser la gran panacea para muchos de los males del mundo.

Meditación

«Juro por Apolo, médico, por Esculapio, Higías y Panacea
y pongo por testigos a todos los dioses y diosas,
de que he de observar el siguiente juramento,
que me obligo a cumplir en cuanto ofrezco,
poniendo en tal empeño todas mis fuerzas y mi inteligencia.»

(Extracto del Juramento Hipocrático,
texto médico griego del siglo IV.)

Mictecacíhuatl
26 de octubre: Reciclaje

Mictecacihuatl es una diosa azteca que ostentaba el título de Señora de los Muertos. Es la responsable de la quinta hora de la noche. Algunas fuentes dicen que murió al nacer. Reside en Mictlan, la tierra azteca de los muertos, en el noveno y más bajo nivel del inframundo. En una inmensa cueva llena de esqueletos, Mictecacihuatl guarda los huesos de los difuntos, que pueden hacer falta para usarse como materia prima con la que fabricar nuevos cuerpos en el siguiente mundo o ciclo de manifestación.

Cuando llegue el momento de crear un mundo nuevo, una parte de la misión del héroe-dios Quetzalcoatl consistirá en robar esos huesos con los que crear seres humanos para el ciclo siguiente. Esta diosa preside también la festividad del Día de los Muertos, cuyas ceremonias están muy extendidas. Durante la celebración, se cree que Mictecacihuatl guía las almas de los muertos de vuelta a la casa familiar para que sus seres queridos puedan honrarlos.

Meditación
Todo lo que hay en el universo
es energía reciclada,
y todas las formas de energía
son prisioneras de la luz.

Mere-Ama
27 de octubre: Agua

Mere-Ama, cuyo nombre significa "madre de las aguas", es una diosa acuática finesa, que recibe asimismo el nombre de Vedenemo. Sus dominios son los océanos, ríos y arroyos, y es la reina de todas las criaturas que viven en el elemento agua. En todo el mundo, el agua está asociada con el principio femenino; así, los egipcios de la Antigüedad veneraban a una diosa llamada Mera, que significa "aguas". Mere-Ama es en realidad el espíritu del elemento agua, y su imagen era la de una mujer rodeada por una larga cabellera plateada que se asemejaba a las olas del mar.

Todas las ceremonias que se celebraban en su honor utilizaban de manera consciente el agua, como bendición o medio de invocar a la diosa. Pero se sabía que la diosa era también muy aficionada al brandy, y, como manera de expresar gratitud por todas las bendiciones que el agua supone para la humanidad, la gente vertía en el agua del mar o de los ríos el brandy que tanto le gustaba a Mere-Ama. El propósito añadido de esta celebración era garantizar una buena pesca, ya que los peces se arremolinaban en el lugar de la ceremonia después de que se hiciera la ofrenda.

Meditación

Tal vez el agua sea el recurso más valioso.
Doy gracias por ella y la uso con sensatez.

Morgana
28 de octubre: Rendición

Morgana es una diosa celta que aparece como medio hermana del rey Arturo. El origen de su nombre es *morigena*, que significa "nacida del mar". Aunque en los famosos cuentos de los Caballeros de la Tabla Redonda se la haya relegado al papel de temible hechicera y malvada adversaria, su auténtica naturaleza se originó en época muy anterior, donde era una diosa de inmenso poder, como revela en el mito su presencia en forma triple, junto a sus dos hermanas, Elaine y Morguase. Aparece también como la principal de las nueve hermanas Morgens, en tres grupos de tres, a bordo de la nave que llevó a Arturo a Ávalon —que significa "manzana"—, donde vivían. El simbolismo de la manzana la vincula a muchas otras diosas que cuidaban de los árboles y recogían la cosecha de fruta en sus jardines de inmortalidad. En uno de sus tres aspectos es similar a la diosa irlandesa Morrigan, la Gran Reina, y Reina de los Fantasmas, que adoptaba forma de cuervo en su calidad de diosa de la batalla.

En los relatos más antiguos, Morgana era una diosa psicopompo, que ayudaba a los moribundos facilitándoles la transición al mundo que se abre al otro lado del velo. En tiempos antiguos, no se temía la naturaleza cíclica de la muerte. La muerte era una parte natural de la vida, y existía la creencia generalizada de que el muerto regresaba a la Tierra con una nueva forma. No es sorprendente que, en los mitos, Morgana, en su calidad de Reina de la Isla Occidental, fuera transformada en un personaje de la muerte que acabó siendo enemiga acérrima del rey. Pero cuando hoy volvemos a acoger con reverencia lo sagrado femenino en el mundo, la imagen verdadera de Morgana empieza a emerger nuevamente.

Meditación

Con desapego,
rindo a la vida las formas ya obsoletas
cuando llega el momento.

Las Valquirias
29 de octubre: Discreción

Las Valquirias son bellas diosas nórdicas del destino a las que el dios Odín enviaba a la batalla. Su nombre significa "las que eligen a los muertos", pues eran las que decidían quién moriría y quién seguiría con vida. Algunas de ellas eran plenamente divinas; otras eran mitad mortales, y vivían durante un tiempo entre los humanos. En los relatos heroicos constituían bandas de guerreras cuya líder era la hermosa hija de un rey muy poderoso llamada Brunhilde, cuyo nombre significa "la que trae la victoria". Era la más famosa de entre ellas, y desempeñaba un doble papel, encarnando además a una princesa humana.

Al igual que muchas diosas, las Valquirias tienen una naturaleza compleja, que a veces parece contradictoria. En su primer y más tenebroso papel tejían la red de la guerra y hacían uso de la magia para influir en el desenlace y favorecer a sus preferidos. En *Bulfinch's Mythology*, se cuenta que «sus armaduras emiten una extraña luz destellante que provoca llamaradas en los cielos nórdicos, creando la Aurora Boreal». Las Valquirias son asimismo coperas en el Valhalla —que es en las creencias nórdicas el paraíso de los muertos honorables— y, como las Nornas y las Moiras, tejen las hebras del destino de las vidas humanas.

Meditación

Sea cual sea el resultado,
el precio de la guerra es siempre demasiado alto;
por eso elijo no tomar parte en batallas innecesarias.

Cailleach Bheur
30 de octubre: Fantasmas

Cailleach Bheur es una vieja y sabia diosa irlandesa que cada año, a finales de octubre, renace como anciana, trayendo consigo el frío y la nieve del invierno. Se cree que es una de las más antiguas representaciones celtas de la diosa. A las diosas celtas se las considera soberanas de las distintas épocas del año. El 2 de febrero, a medida que la rueda del año va girando y el poder de la diosa Brigid va incrementando la luz, Cailleach esconde su varita mágica tras un arbusto sagrado. Luego, el 1 de mayo, cuando se celebra el festival de Beltane y comienza la época de Brigantia, Cailleach se convierte en piedra hasta el octubre siguiente en que llegará la hora de su renacimiento.

Carlin, su homóloga escocesa, es el espíritu de Hallomas, la víspera de Samhain (día de Todos los Santos), la noche a la que llamamos Halloween, o Noche de Difuntos. Samhain, pronunciado "souen", significaba "concentración de santos" en la antigua lengua celta. El punto medio entre el equinoccio de otoño y el solsticio de invierno se consideraba el comienzo del invierno y también del año nuevo. Al solsticio de invierno se le llamaba "mitad del invierno". Se creía que esa noche los espíritus de los difuntos vagaban por la Tierra, y la gente, para protegerse de las apariciones fantasmales mientras trabajaba en el campo, hacía muñecas con mazorcas de maíz que representaban a la diosa Carlin.

Meditación

¿Qué fantasmas del pasado me rondan todavía,
impidiéndome desarrollar todo mi poder?
Respiro hondo y destierro para siempre a esos fantasmas.

Arianrod
31 de octubre: Portales

Arianrod es una hechicera galesa cuyo nombre significa "rueda de plata". Vivía, rodeada de mujeres, servidoras suyas, en la apartada isla costera de Caer Arianrod. Su contrapuesta estacional es Olwen, cuyo nombre significa "rueda de oro". La época de Olwen es el equinoccio de primavera, cuando la longitud del día empieza a aumentar, mientras que el poder de Arianrod es mayor cuando las noches se hacen más largas, durante la celebración del año nuevo celta. Esta diosa, bella y de tez pálida, era la más poderosa de los míticos hijos de la diosa madre celta Danu. Era la custodia de la Rueda de las Estrellas, símbolo del tiempo, que también se interpretaba como Rueda del Destino y que daba vueltas en el portal de separación entre el mundo visible del mundo nunca visto. Caer Arianrod, el "castillo de Arianrod", es la constelación Corona Borealis, o, lo que es lo mismo, "corona del Norte", en cuyas estrellas veían los galeses el hogar que Arianrod tenía en el cielo, al que acudían los muertos entre una y otra encarnación.

Arianrod es guardiana de las puertas de la inmortalidad, y ejerce la magia de vivir fuera del tiempo y de cruzar el velo que separa los ámbitos de lo conocido y lo desconocido. Esta época del año se reserva para honrar a los muertos y para prestar atención a las manifestaciones de la disminución, e incluso disolución, de ese velo.

Meditación
Estoy abierta a la orientación
que pueda llegarme de los ámbitos desconocidos
y busco portales por los que poder acceder a esa orientación.

Selket
1 de noviembre: Vigilancia

Selket, a veces llamada Serquet, es una diosa escorpión egipcia, y generalmente se la representa como una hermosa mujer con un escorpión sobre la cabeza. Se ha tenido conocimiento de ella en la época moderna gracias a una estatua dorada de esta diosa que recorrió diferentes ciudades, al formar parte de la fabulosa exposición de Tutankamon. Selket, junto con Isis, Neftis y Neit, era una de las cuatro guardianas de los vasos canopos, que contenían las vísceras de los difuntos momificados, necesarias para la vida en el más allá, donde la diosa les asistía además en su renacimiento.

Es sabido que los escorpiones hembra son madres abnegadas que llevan a sus crías sobre la espalda hasta que éestas son capaces de valerse por sí solas. Son criaturas nocturnas, y durante la séptima hora de la noche, cuando el barco de Ra hace su peligroso viaje, es Selket la que se enfrenta y subyuga a la perversa serpiente que intenta cortarle el paso al dios Sol en su trayectoria nocturna. Selket dispensa muerte a los malvados y protección a quienes la merecen. En una ocasión envió siete escorpiones para proteger a Isis. Se dice que aquellos que veneran a Selket jamás sufrirán una picadura de escorpión.

Meditación

Te he asignado un lugar en la tierra sagrada,
para que aparezcas magnífica en el cielo como Ra.

(Palabras de Selket dando la bienvenida a Nefertari.
Traducción de la inscripción hallada en la pared de la tumba
de Nefertari en el Valle de las Reinas, en Egipto.
House of Eternity: The Tomb of Nefertari, John K. McDonald.)

Maman Brigitte
2 de noviembre: Encrucijada

Maman Brigitte es una *loa*, o diosa, del sistema de creencias que en Haití se conoce por el nombre de Vodun y al que solemos referirnos por Vudú. Se la concibe como una mujer blanca, que al parecer guarda algún tipo de relación con la diosa celta Brigid. Maman Brigitte es guardiana de las tumbas en los cementerios que están debidamente marcados con una encrucijada, que en este caso simboliza el portal entre los mundos. La tumba de la primera mujer a la que se enterró en Haití se consagró a Maman Brigitte. Cada 2 de noviembre, miles de personas vestidas de negro y blanco confluyen en los cementerios en su honor; se encienden velas y se hacen ofrendas de café, ron y cacahuetes.

En el Vodun se dibujan intrincadas figuras llamadas *veves*, que recuerdan a los sígiles herméticos —representaciones basadas en números y letras que supuestamente poseen propiedades mágicas—, para invocar a las *loas*. Cada deidad tiene su propio *veve*, que suele dibujarse normalmente en el suelo utilizando harina de trigo o de maíz, polvo rojo, o incluso pólvora, dependiendo de la naturaleza del ritual. El *veve* es una invocación muy potente con la que se pide a la diosa que, en respuesta, se manifieste en la Tierra; y cuando se invoca a Maman Brigitte, se espera que la diosa salve a alguien que está a punto de morir.

Meditación

Todo lo que en mi vida he desterrado y enterrado,
normalmente es necesario que siga así.

Sheila Na-Gig
3 de noviembre: Significación

Sheila Na-Gig, a veces escrito Sheela, Sile o Sila, es el nombre que se les ha dado a unas tallas de mujeres que presentan vulvas espectacularmente acentuadas. Las Sheilas, como se las llama, se han encontrado por toda Europa, pero sobre todo en Irlanda. Las figuras son relieves encastrados en distintas estructuras, y la mayoría de ellas se incorporaron a los primeros monasterios e iglesias de los pueblos. Se las consideraba guardianas del recinto sagrado que custodiaban sus puertas y ahuyentaban el mal. Hay bastante controversia en cuanto a su origen y significado, y, en la época moderna, cierta turbación por su presencia en las iglesias. A veces el clero las interpreta como representaciones de la malvada naturaleza de la lujuria femenina, y se las denigra rebajándolas a la categoría de brujas lujuriosas.

La etimología hace pensar que la palabra *gig* haga referencia a los genitales femeninos y que Sheila Na-Gig fuera el nombre de una anciana, una bruja. La palabra bruja, *hag* en inglés, está vinculada a las feas brujas de Halloween, pero tiene en realidad sus raíces en el término griego *hagia*, que significa "sagrado". Nu-gig era el nombre de "Las Santas", prostitutas sagradas del templo de Ishtar en Eresh, Babilonia. Algunos mitos irlandeses, así como las tradiciones de otras culturas, dicen que solo la diosa podía otorgar la realeza, hecho con el cual están asociados estos relatos simbólicos, en los que una "lujuriosa bruja", del tipo de una Sheila Na-Gig, se le aparecía a un hombre; si él la aceptaba, porque era capaz de ver más allá de su apariencia superficial e intuir su belleza interior, su sabiduría y su poder, se le consideraba lo bastante sensato y sabio como para gobernar.

Meditación

*Miro por debajo de las apariencias superficiales
y percibo la belleza interior y la significación oculta.*

Baalat
4 de noviembre: Beneficiencia

Baalat, llamada Señora de Byblos y Reina de los Dioses, es una diosa fenicia de la parte del mundo que corresponde al actual Líbano, de donde procedían originariamente los papiros. Byblos es el nombre griego de la ciudad de Baalat —a la que los fenicios llamaban Gebal— y es también el nombre que los griegos asignaron a los papiros y posteriormente a los libros. Gebal se fundó hace 7 000 años, y se cree que fue la ciudad continuamente habitada más antigua del mundo. Todavía se elevan sobre el centelleante mar Mediterráneo las ruinas de un templo construido hace casi 5 000 años y dedicado a Baalat Gebal, la Señora de Gebal; un templo con un estanque sagrado adyacente y que estuvo en uso durante 2 000 años.

A Baalat se la representaba como una diosa pródiga, con un cuerpo generoso, y sujetándose los grandes pechos para amamantar a sus hijos. Era la patrona de los capitanes de barco que zarpaban de su puerto cargados de lo que hoy en día llamamos cedros del Líbano. Una imagen de ella que se encontró en un sello cilíndrico es reminiscencia de otras imágenes de la diosa egipcia Hathor.

Meditación
*Por más que haya sufrido puedo sobreponerme
y hacerme más fuerte y compasiva.*

Tetis
5 de noviembre: Plenitud

Tetis, o *Tethys*, es una diosa prehelénica de la antigua Grecia cuyo nombre está relacionado con el término griego que significa "abuela". En un relato era la nodriza de la diosa Hera. En los mitos más antiguos, Tetis y su consorte y hermano Océanus gobernaban el planeta Venus. Aunque se la considera una Titánide, una de las deidades que precedieron a los dioses del Olimpo, e hija de Gaia y Urano, las pruebas halladas dan a entender que Tetis fue una diosa creadora aún anterior, la Madre Creación que aparecía en la cosmogonía órfica. El orfismo fue un movimiento religioso griego que tuvo sus orígenes en Egipto. Su fundador fue el poeta Orfeo, y sus principios se expresaban en verso.

A Tetis se la llamaba Madre de Todos los Ríos, y se la veía como personificación del mar. Se creía que encarnaba asimismo la idea de la fertilidad, y, de hecho, en los relatos griegos, Tetis dio a luz a miles de dioses oceánidas y 3 000 ríos, entre ellos el río Styx del Hades. Parece ser que el nombre Océanus significa "perteneciente a la reina veloz". La mayoría de las culturas tienen mitos referidos a cómo el mundo ordenado emergió del caos primigenio, y la idea de las "aguas profundas" es la manera en que se expresa ese caos.

Meditación
Por debajo de todas las manifestaciones externas,
las aguas de la consciencia fluyen igual que un gran río.

Hine Titama
6 de noviembre: Determinación

Hine Titama es una diosa maorí, y la única deidad femenina que existe en el panteón del pueblo indígena de Nueva Zelanda. Es hija de Tane Mahuta, dios de las aves y las selvas, y Hineahuone, una mujer que se formó con tierra. Hine Titama empezó su vida siendo una diosa de la aurora y de la luz.

Su mito es la historia del engaño por parte de su padre, que, porque la deseaba y la quería solo para él, se disfrazó con el fin de poder ser su marido. Tuvieron muchos hijos, y Hine Titama no descubrió la verdad hasta que un pajarillo se la susurró. Horrorizada huyó al inframundo en una representación mítica de los ciclos de la vida. Declaró que a partir de entonces sería una diosa de la muerte, y tomó la determinación de quedarse allí. Al igual que muchas otras diosas vive ahora en el inframundo y se dedica a cuidar las almas de los muertos. Cuando desempeña este papel se la llama Hinenuitepo, y vive esperando para dar la bienvenida a los hijos e hijas de la tierra al final de sus vidas.

Meditación
Buscaré la verdad oculta
que podría cambiar mi vida para siempre,
y no me rendiré hasta encontrarla.

Lilit
7 de noviembre: Principios

Lilit, o *Lilith*, es una ancestral diosa mesopotámica, ejemplo de cómo las deidades femeninas fueron demonizadas por el patriarcado emergente. Se cree que Lilit emergió de la diosa Baalat, anterior a ella. Los textos hebreos la convirtieron en un demonio, y, en el *Sepher ben Sira*, colección anónima de proverbios judíos, se la identifica con la primera esposa de Adán, que se negó a someterse a él porque insistía en que se les había creado iguales. Hoy en día es un icono de la modernidad, símbolo de la mujer poderosa e independiente.

En la antigua lengua acadia, la lengua de Babilonia, se la llamaba Ardat-lili. A Lilit se la identifica también con Ki-sikil-lil-la-ke, un ser femenino mencionado en el prólogo sumerio del poema épico de Gilgamesh. El nombre Lilit a veces se traduce por "la doncella compañera de Lila" o la "amada o sirvienta" de Gilgamesh. Se la califica de "hermosa doncella" y se la describe como «la que alegra todos los corazones» y «la doncella que ulula sin cesar», lo cual podría estar relacionado con las lechuzas que la acompañan. Se dice que vive en un árbol, con un dragón en las raíces y un ave anidada en la copa, y esto la vincula con los símbolos intrínsecos de lo sagrado femenino que aparecen en muchas culturas. El héroe Gilgamesh echó el árbol abajo, mató a la serpiente y provocó la huida de Lilit.

Meditación
Cuando estén en juego mis valores esenciales y mi honor,
no me someteré a la tiranía.

Kadru
8 de noviembre: Cautela

Kadru es la madre de los Naga, un millar de hermosas serpientes de la mitología hindú, la más famosa de las cuales es su rey, Sesha, la serpiente cósmica enroscada cuyas vueltas hacen girar el molino de la vida. Cuando los dioses agitaban el océano cósmico utilizaban el cuerpo de Sesha a modo de soga.

El mito de Kadru habla de una apuesta que hizo con su hermana y de las trampas que hizo para ganar. Era mucho lo que estaba en juego, pero finalmente ganó la verdad. El relato tiene una moraleja sobre el inevitable resultado de la mentira y la ocultación. Kadru y su progenie están relacionadas con el dios serpiente Mehen de Egipto, que repta por el cielo acompañando cada día al dios del Sol, Ra, y por la noche lo lleva al inframundo. Está igualmente conectada con la serpiente hindú Kundalini, la diosa de la iluminación que reside en la base de la columna vertebral hasta que despertemos y emprendamos el camino de la sabiduría.

Meditación
Es muy alto el precio que se paga
por querer ganar a toda costa,
de modo que siempre juego limpio y actúo con franqueza.

Higía

9 de noviembre: Bienestar

Higía, o, en griego clásico *Hygieia* o *Hygeia*, era una diosa griega de la curación cuyo nombre significa "salud". La palabra "higiene" proviene de su nombre, y la higiene tiene ramificaciones de largo alcance, tanto para la medicina como para la salud. Junto con sus hermanas —Panacea, cuyo nombre significa también "la que todo lo cura", Yaso, "remedio", y Acesis, "restablecimiento"— es hija del célebre curandero Asclepio y nieta del dios del Sol, Apolo. Higía personifica el estado de la salud en sí, mientras que Panacea otorga el proceso de la curación. A menudo se la representa acompañada de su padre, y algunos autores aseguran que es de hecho su esposa. Se la muestra generalmente sosteniendo una copa que contiene un potente remedio curativo, y con una serpiente, enroscada alrededor del mismo brazo, que a veces bebe de la copa.

La copa de Higía sigue siendo el símbolo de la farmacia, y las serpientes enroscadas alrededor del caduceo forman el símbolo de la medicina moderna. Con el paso del tiempo, se invocaría a Higía para pedirle salud mental además de física, y ella ofrecía seguridad y protección en general, proporcionando un sentimiento integral de bienestar.

Meditación

*Mi entorno, los alimentos que como y el agua que bebo,
mis pensamientos y mis palabras son puros y claros,
y crean en mí un sentimiento de bienestar.*

Nicheven
10 de noviembre: Mortalidad

Nicheven es una diosa escocesa cuyo nombre significa "brillante" y "divina". En el antiguo calendario juliano, su festividad se celebraba la noche del 10 de noviembre, cuando cabalgaba a través de la noche acompañada de sus seguidores en el momento de Samhain, o Noche de Todos los Santos. Se la llamaba Madre Hueso, y, en su calidad de anciana, uno de los aspectos de la triple diosa, está vinculada con la diosa hindú Kali. Nicheven es el arquetipo que nace, envejece y muere, y renace cada año, poniendo así de manifiesto la naturaleza transitoria de la forma física y los reiterados ciclos temporales.

En el clima nórdico, esta es la época del año en que la vida se retrae y la muerte anual se cierne sobre la tierra. Si somos perspicaces, podemos contemplar la mortalidad de la forma humana y la significación de eternidad que están implicadas en la renovación anual de la vida que llega cada primavera. Podemos, entonces, aprender de nuestras experiencias y aceptar con dignidad el proceso de envejecimiento.

Meditación
La vida es eterna,
pero el mundo de la forma es efímero.
Me identifico con mi vida interior.

Biliku

11 de noviembre: Contención

Biliku es una diosa de las islas Andaman, situadas en el Golfo de Bengala y que forman parte del territorio de la India. Se cree que los habitantes indígenas de estas islas constituyen uno de los pueblos más antiguos de la Tierra. Solo quedan 30 personas, que viven en una pequeña isla y mantienen su forma de vida tradicional de cazadores-recolectores. Biliku es una diosa de la creación, muy poderosa, pues fue el primer ser que tuvo en su haber el secreto del fuego; sin embargo, más tarde el martín pescador le robaría esta magia. Biliku puede ser tanto afable y generosa como temible. A veces se aparece en forma de gigantesca araña hembra, semejante a la Abuela Araña de los indios cherokee de la otra parte del mundo. Antes de que el mundo existiera, Biliku tejió intrincadas telas de araña que le permitieron recorrer el universo en la oscuridad.

Al cabo de un tiempo, con su tela creó a los primeros seres humanos y decidió vivir en la Tierra. Su temperamento podía ser aterrador e impredecible; el trueno era su ira y los vendavales, sus palabras de cólera. Finalmente regresó a su hogar del cielo, pero los andamaneses temen todavía sus arrebatos.

Meditación

¿En qué casos debo controlar mi ira
a fin de responder de forma apropiada?

Egle
12 de noviembre: Metamorfosis

Egle es una diosa lituana que recibe el nombre de Reina de las Serpientes. Su historia constituye un viejo y apreciado cuento de hadas lituano que asocia los árboles y serpientes del mundo entero con la diosa. De joven, Egle se casó con el príncipe de las serpientes. Mientras jugaba con sus hermanas, se encontró una culebra verde en la manga, que le habló, y le dijo que saldría de allí si ella estaba dispuesta a casarse con él. Egle aceptó, y, cuando la culebra salió, lo único que vio la diosa fue a un joven príncipe, de modo que se fue a vivir con él al fondo del mar. Esto parece representar el viaje humano, de la consciencia ordinaria a las profundidades de nuestro ser en busca de sabiduría. Egle tuvo cuatro hijos, que, con el tiempo, quisieron saber más sobre el lugar del que procedía su madre. En muchos relatos de la diosa intervienen seres que son mitad humano y mitad serpiente, o que tienen naturaleza dual.

La historia de Egle es muy enrevesada y, como en todos los cuentos de hadas, hay en ella episodios de brujería y engaños. Cuando la diosa consiguió finalmente visitar a su familia natal, sus familiares la engañaron y asesinaron a su marido, a quien había llegado a amar de verdad. Era tal su dolor que transformó a sus cuatro hijos en fresno, roble, abedul y álamo respectivamente, y se transformó a sí misma en abeto.

Meditación
El precio que se paga por el engaño es siempre muy alto;
es posible que tengamos que sufrir sus consecuencias
una y otra vez.

Baubo
13 de noviembre: Risa

La diosa griega Baubo desempeña un papel crucial en la búsqueda de Perséfone que emprende Deméter. Desesperada por haber perdido a su hija, a la que el señor del inframundo había raptado y violado, Deméter se encontró con Baubo, que le contó chistes verdes, de esos que invariablemente provocan grandes carcajadas, pero Deméter no se inmutó.

Luego, cuando Baubo se levantó las faldas y mostró su desnudez, Deméter se rió por fin. Un rayo de luz acababa de filtrarse en la oscuridad, y el poder sanador de la risa restableció el equilibrio de Deméter. Baubo es similar a la diosa japonesa Uzume, que para hacer salir a Amaterasu de la cueva ejecutó una danza obscena que provocó las carcajadas de los dioses. El significado más profundo de este relato es la revelación del poder vivificador de la diosa, y del principio femenino, que continuamente restablece el equilibrio en la naturaleza. Por muchos abusos y humillaciones que haya sufrido una mujer, es la esencia de la Mujer lo que trae la vida al mundo.

Meditación
A veces, cuanto más escandaloso sea un chiste,
mayor es la risa y más profunda la curación.

Medusa
14 de noviembre: Encubrimiento

Medusa es una diosa griega cuya mirada tenía el poder de convertir a los hombres en piedra. Había sido en un tiempo un ser muy bello, al que, por envidia, Atenea convirtió en una criatura monstruosa, conocida luego como Gorgona, que tenía serpientes por cabellos, lo cual en la Antigüedad era símbolo de la sabiduría femenina. Un rostro fiero, lo mismo que una máscara espeluznante, encubre los misterios, ocultándoselos a las personas profanas. Medusa es un ejemplo más de cómo el patriarcado convirtió el poder de la diosa en algo oscuro y malvado.

La presencia del rostro de Medusa en el *aegis*, escudo, de la diosa Atenea denota una conexión más fuerte y antigua con el principio de la sabiduría femenina. También es indicio del poder de Medusa el hecho de que Asclepio, dios de la curación, utilizara para sus prácticas la sangre de esta diosa; una sola gota bastaba para devolverle la vida a un muerto. La sangre se pudo obtener una vez que Perseo decapitó a Medusa; y de la herida fatal de la diosa nació Pegaso, el caballo alado, hijo de Poseidón. Las leyendas cuentan que había tres Gorgonas, Medusa y sus hermanas Esteno y Euríale, lo cual indica un vínculo con el arquetipo de la triple diosa.

Meditación

*Lo que busco yace en el interior, y para hallarlo
necesito atravesar las apariencias superficiales.*

Feronia
15 de noviembre: Sencillez

Feronia es una diosa latina a la que se honraba con los primeros frutos de la cosecha en un ritual del tipo de Acción de Gracias, con el que se esperaba conseguir una abundante cosecha para el año siguiente.[*] Se veneraba a esta diosa en Capena, al pie del monte Soratte (antiguamente Soracte), cadena montañosa de la provincia de Roma. El festival de Feronia, que era semejante a una animada feria o mercado, se celebraba cada año el 15 de noviembre en una arboleda sagrada de esta localidad. Aunque los bosques y manantiales eran particularmente sagrados para la diosa, y prefería la paz del campo al bullicio de la ciudad, también en Roma había un templo dedicado a ella.

Se decía que a sus seguidores se les concedía el don de poder realizar actos de magia, tales como andar sobre el fuego. Los esclavos consideraban a Feronia diosa de la libertad, y creían que, si se sentaban en una particular piedra sagrada de su santuario, conseguirían ser personas libres. Una tradición cuenta que los esclavos recién libertados iban a su templo para recibir el píleo, gorro de fieltro que era símbolo de su estatus de ciudadanos libres.

---

[*] El día de Acción de Gracias (en inglés, *Thanksgiving*, literalmente *dar las gracias*) es una celebración tradicional de Estados Unidos y Canadá en la que se reúnen en torno a una mesa familiares y amigos a compartir un banquete. Aunque actualmente tiene carácter secular, era en origen una festividad religiosa en la que se celebraba el fin de las labores agrícolas del año y se daban las gracias por la abundancia de la cosecha. (*N. de la T.*)

Meditación

Dentro de mi corazón y de mi hogar,
creo un santuario sencillo
y sé que puedo entrar en este lugar de silencio y de paz
en cualquier momento.

Itoki
16 de noviembre: Paciencia

Itoki es una diosa creadora a la que venera el grupo étnico misquito, o miskito, de Nicaragua. Se la concibe como una gran Madre Escorpión, que establece su hogar celestial en la Vía Láctea. Itoki es la encargada de enviar nuevas almas, que nacen en las estrellas, de viaje hacia su existencia terrenal. Además, espera pacientemente en el cielo a que lleguen las almas de los que acaban de morir, una vez que están preparadas para regresar a ella.

Su esposo es Maisahana, que representa la figura del padre, y juntos son el primer padre y la primera madre, fundadores de las diversas tribus indígenas de América Central. A Itoki se la representa también como a una madre de la abundancia, con numerosos pechos, y amamantando a sus incontables hijos. Sabemos que el escorpión hembra es una buena madre que lleva a sus crías encima de ella hasta que están preparadas para sobrevivir por su cuenta.

Meditación
Por cualquier cosa que valga la pena tener,
vale la pena esperar.

Kla
17 de noviembre: Bondad

Kla, diosa de la bondad venerada por el pueblo ashanti de Ghana, en África occidental, forma parte de una compleja dualidad ideológica. La Kla femenina encarna el principio de la bondad, y el Kla masculino encarna la fuerza del mal en el mundo. Kla es similar a la idea del alma eterna, que realiza su viaje por la vida en un cuerpo físico. En la vida futura, Kla vence a la muerte y al mal y recibe el nombre de Sisa, en la que solo la bondad permanece.

Ghana, anteriormente conocida como Costa de Oro, sufrió muy particularmente los perjuicios del comercio de esclavos. Las mujeres esclavas, arrancadas de una vida en la que la mujer era tenida en gran estima por su papel de dadora de vida al mundo, tuvieron que hacer frente a una degradación terrible. Entre las humillaciones de las que eran objeto estaba la violación sexual por parte de sus amos blancos a fin de engendrar más esclavos. Las abominaciones de la esclavitud debieron de confirmar para los ashanti sus creencias en la dualidad de Kla.

Meditación
¿Puedo mantenerme firme en presencia del mal
y no perder mi bondad intrínseca?

Yurlungur
18 de noviembre: Sombra

@ @ @

Yurlungur es la enorme pitón cabeza de cobre, la Gran Serpiente Arco Iris, que desempeña un papel crucial en la historia de las Hermanas Wawalag, diosas de los aborígenes del norte de Australia. Yurlungur es una poderosa deidad creadora que trajo a la Tierra el elemento agua y, por consiguiente, la lluvia tan necesaria. En la tradición Vodun hay una diosa similar llamada Aida-Wedo, que es una serpiente arco iris con relucientes escamas iridiscentes.

De niñas, las Hermanas Wawalag transgredieron inadvertidamente los límites permitidos al entrar en la cueva de la serpiente y bañarse en sus aguas subterráneas. Yurlungur, furiosa, se dirigió hacia las hermanas atraída por la fragancia de su sangre, que simbólicamente representa su poder creativo, y se las tragó, aunque más tarde tuvo que regurgitarlas. La leyenda contiene complejos símbolos de la cultura aborigen relacionados con la pubertad femenina y masculina. La lección que de ella han de aprender los muchachos es que la capacidad de dar a luz una nueva vida es un don femenino al que la fuerza no puede hacer sombra; mientras que a las muchachas se les enseña que han de ser respetuosas con su capacidad reproductiva.

Meditación
El hecho de que no quiera admitir algo
no significa que ese algo no exista.

Uzume
19 de noviembre: Sensualidad

Uzume es una diosa sintoísta a la que todavía se representa en el *kyogen*, una especie de farsa japonesa. Se dice que se regocija en su sensualidad, y tiene similitudes con la diosa griega Baubo. Su nombre significa "dar vueltas", y siempre se la relaciona con la danza. Las danzas de Uzume, entre ellas una que tiene como propósito despertar a los muertos y otra que simboliza la plantación de las semillas, se han representado tradicionalmente en los ritos folclóricos y han evolucionado dando lugar a una especie de danza teatral sintoísta llamada Kagura. Uzume es también diosa de la salud, tal vez a causa de sus cómicas bufonadas, y la gente se renueva cuando bebe de su manantial sagrado.

Uzume es conocida sobre todo por el papel que desempeña en hacer que regrese la diosa del Sol, Amaterasu, que se había escondido en una cueva tras el violento ataque de su jardín por parte de su hermano, el dios de la tormenta. Uzume ejecutó una danza escandalosa, en la que, frenética, se rasgó las vestiduras y provocó así las carcajadas de los dioses, que despertaron la curiosidad de Amaterasu y la hicieron salir de la cueva y devolver la luz a la Tierra.

Meditación
Me acuerdo de ver el lado positivo de cualquier situación
y de poner un poco de humor desenfadado en mi vida.

Estigia
20 de noviembre: Juramento

Estigia, o *Styx*, era una diosa griega conocida sobre todo por ser la deidad de un río del Hades. Es de hecho una de las Titánides, las poderosas deidades que precedieron a los dioses y diosas del Olimpo, y es hija de Gaia y Urano. El río Estigia, o Styx, igual que un velo entre los mundos, separaba a los vivos de los muertos, y simbólicamente nos transporta a otro estado de consciencia. El río daba siete vueltas alrededor del inframundo. En hebreo, el número siete significaba también "juramento". Los hijos de Estigia fueron Zelos, "la rivalidad", Bia, "el poderío", Kratos, "la fuerza", y la más famosa, Niké, "la victoria".

Cuando Zeus se rebeló contra su padre, Crono, Estigia abandonó a su familia y, junto con sus hijos, se alineó con el bando del nuevo rey de los dioses. Zeus declaró entonces que, desde ese momento, todos los juramentos debían hacerse en las aguas de su río. Iris, mensajera de los dioses, llevaba agua del río Estigia a aquel que fuera a hacer el juramento, lo cual le confería carácter sagrado. En Grecia, hasta el siglo XVIII se ponía una moneda en la boca de los fallecidos para pagar con ella a Caronte, o Carón, el barquero, a fin de que transportara a los seres queridos a la otra vida.

Meditación
Doy mi palabra como si mi vida dependiera de ella;
de hecho, depende de ella.

LAS DIOSAS
DE SAGITARIO
El arco y la flecha

Sagitario es el signo mutable de fuego y ejemplifica la idea de la iluminación que resulta del equilibrio de poderes entre Libra y Escorpio. La energía de Sagitario es de naturaleza filosófica; busca sabiduría y comprensión de los principios arquetípicos fundamentales. Así como Géminis tiende a recoger información, Sagitario busca todo tipo de experiencias que, en última instancia, le conduzcan a la comprensión espiritual. El camino de Sagitario es aprender los patrones que yacen en la raíz de los desafíos, lo cual puede aportarle una verdadera percepción y la capacidad de enfocar y dirigir el fuego de la aspiración.

El signo de diosa que corresponde a Sagitario es el arco y la flecha. En la astrología tradicional, Sagitario está simbolizado por el arquero, que es un centauro. Muchas diosas, y de hecho algunas de las más antiguas, son cazadoras que viven en los bosques primigenios y protegen a los animales que habitan en ellos. Para estas diosas, cazar no es un deporte, sino un acto sagrado de reciprocidad, que está representado en las vidas de las mujeres y en la tierra misma. La caza de Sagitario puede entenderse también como una búsqueda de sabiduría, que encauza nuestras aspiraciones y nos da una visión más amplia del mundo. Las diosas de Sagitario representan sabiduría, sueños, providencia, fortuna y la voz de los oráculos. Dado que en la astrología Sagitario está regido por el dios celeste Júpiter, hay diosas de la luz, la sabiduría, el trueno y el relámpago incluidas también en este apartado.

Diana
21 de noviembre: Caza

Diana es la diosa romana de la caza equivalente a la griega Artemisa, aunque se cree que el origen de Diana, en la Italia rural, es en realidad anterior. El aspecto cazador de su naturaleza la relaciona con el aspecto destructor de la anciana. Como diosa de las arboledas y los bosques sagrados se la consideraba protectora de todas las criaturas salvajes. Se la suele representar con su arco y su aljaba de flechas, y acompañada de sus perros de caza. Su nombre proviene del término que significa "luz", y es también diosa del Sol y de la Luna, llamadas "las luces del cielo".

Se la imaginaba viajando por el cielo en un carro tirado por dos ciervos blancos. En el mito posterior se cuenta que Diana y su hermano gemelo Apolo, deidad masculina del Sol, nacieron en la isla griega de Delos. Muchos templos dedicados a Diana se convertirían más adelante en iglesias dedicadas a María. En el funeral de la princesa Diana de Gales, según publicó en su día el periódico británico *The Guardian*, su hermano, Earl Spencer, relacionó a la princesa con esta diosa, asegurando que su hermana había sido «la persona de la edad moderna a la que más se había intentado dar caza».

Meditación
Prepararse, apuntar, reconsiderar y, tal vez, luego disparar.

Danu

22 de noviembre: Sin límites

Danu, o Dana, es una antigua diosa madre celta de los Tuatha Dé Danann, "el pueblo de la diosa Danu", mágica raza de seres muy versados en la tradición de los druidas. Están relacionados con los sidhe, llamados los "señoriales", el legendario pueblo de los cuentos de hadas que vivía debajo de las colinas y que, según se cuenta, combatía siempre del lado de los mortales en las batallas de honor, blandiendo espadas de llamas azules como ángeles vengadores. Danu forma parte de una trinidad de diosas junto con Brigid y Ana, o Anu.

La etimología del nombre de Danu indica que proviene de una raíz que significa "abundancia desbordante" y "generosidad", aunque la palabra celta esté asociada con el "conocimiento", lo cual denota la antigüedad de esta diosa. De hecho, hay una diosa hindú del mismo nombre a la que se cita en los Vedas. El nombre Danu está asimismo relacionado con el principio de las aguas primigenias, de ahí que se deriven de él los nombres de ciertos ríos, tales como el Danubio; mientras que el término "danés" apoya la teoría de que los Tuatha Dé Danann habrían llegado a Irlanda pasando por Dinamarca.

Meditación

La ilimitada luz de la sabiduría ancestral y el poder femenino
corre por mis venas como un caudaloso río
a punto de desbordarse.

Benzozia
23 de noviembre: Fervor

Benzozia es una diosa vasca de la creación. Se dice que los vascos nacieron del "fuego de Benzozia". El pueblo vasco, que vive en torno a los Pirineos, es un enigma en sentido cultural y lingüístico. Su lengua es la más antigua de Europa, y no está relacionada con ninguna otra lengua de la Tierra. Algunas de sus leyendas dicen que los vascos descienden de los centauros, las criaturas mitad hombre y mitad caballo que aparecen en la mitología griega.

Benzozia es una gran Madre Dragón que vive bajo la superficie terrestre. En el principio de los tiempos, al revolverse constantemente debido a su dormir inquieto provocó la aparición de los Pirineos. De sus siete cabezas salían llamas, y producto de ellas fueron las nubes y el vapor que ascendieron quedándose suspendidos en el aire. Cayó agua del cielo, se mezcló con el fuego, y de su combinación nació todo el verdor de la Tierra. Al igual que otras diosas de fuego u otras diosas dragones que viven dentro de la tierra, Benzozia aún se inquieta a veces mientras duerme, haciendo que tiemble el suelo.

Meditación
¿Qué atiza el fuego de mis entrañas
y me impulsa a realizar actos creativos?

Bilquis
24 de noviembre: Acertijos

Bilquis es una diosa árabe de Yemen. Los estudiosos la identifican con la reina de Saba, la famosa visitante del rey Salomón a la que se menciona en el Corán y en la Biblia. Bilquis era mitad *djinn*, o genio, por parte de madre, y estaba dotada de poderes mágicos. Al igual que a la diosa Isis de Egipto, a veces se la llamaba Reina del Sur. Bilquis gobernaba el territorio de Saba, o Sheba, que corresponde al actual Yemen, en un tiempo en que aquella tierra era rica en especias y piedras preciosas. A la reina de Saba se la llamó Makeda en Etiopía, y la veneraron reyes de sabiduría inefable.

Hay un linaje que la considera madre de Menelik, rey de Etiopía, que era hijo de Salomón y que forma parte de una dinastía que se extiende hasta los rastafaris actuales. Los rastafaris modernos utilizan el Kebra Nagast, la "Gloria de los Reyes", como texto sagrado. Su origen no está claro, pero los investigadores creen que esta compilación de textos existe desde hace más de 1 000 años.

Es frecuente que a las muchachas se les ponga el nombre de Bilquis en Yemen, donde los descubrimientos arqueológicos han devuelto la vida a la leyenda de esta diosa. Una enigmática declaración que aparece en la Biblia y que se le ha atribuido a Jesús dice: «La reina del Sur se levantará en el juicio con esta generación, y la condenará [...]» (Mateo 12:42).

Meditación
*«La sabiduría es más dulce que la miel
y provoca más alegría que el vino.»*

(Extracto del Kebra Nagast,
traducido de la versión inglesa de E.A. Wallis Budge.)

Aganippe
25 de noviembre: Epifanía

Aganippe es una náyade de la mitología griega. El origen de su nombre es, sin embargo, una palabra que significa "la yegua que destruye con misericordia", lo cual la relaciona con las diosas Rhiannon y Deméter. Aganippe es también el nombre de una fuente que mana al pie del monte Helicón de Beocia, una parte de la antigua Grecia, lugar sagrado para las Musas. Un manantial sagrado corría bajo la tierra y brotaba de la montaña, llenando una poza con forma de herradura, supuestamente creada por la pezuña del caballo alado Pegaso. La gente bebía de sus aguas mágicas para recibir inspiración.

Según el erudito Robert Graves, Aganippe había sido el nombre original de Pegaso, que surgió de la cabeza cercenada, o "sangre sabia", de la diosa Medusa, y cuya mítica creación del pozo enlaza estas aguas inspiradoras con una fuente muy anterior. Pegaso, "el de los manantiales de agua", recibió este nombre en honor a las Pegae, sacerdotisas que cuidaban de los manantiales.

Meditación
Honro el caudaloso manantial de mi inspiración
y su fuente profunda y ancestral.

Rauni
26 de noviembre: Aspiración

Rauni es una diosa finesa del trueno, extremadamente poderosa. Su consorte es Ukko, el dios del rayo. En la época arcaica, la gente respetaba y reverenciaba las fuerzas de la naturaleza, e intentaba ordenar su vida de modo que estuviera sintonizada con la naturaleza y poder, así, seguir recibiendo los regalos de la diosa. De acuerdo con el mito, Rauni miró hacia abajo desde las alturas y vio que la Tierra estaba seca y desolada. Esto la entristeció, pues era amante de las plantas y los árboles, así que vino a la Tierra y adoptó forma de serbal, o fresno de montaña. Rauni llamó a su compañero, y él respondió atravesando el árbol con un potente rayo vivificador; y de esta unión eléctrica se dice que nació el reino vegetal de nuestro planeta.

Dado que todo árbol y planta provienen del linaje del serbal, Rauni es, según el mito, la madre de todas las especies vegetales. Son sus frutos sagrados las serbas, bayas rojas del serbal. Algunos investigadores creen que el término inglés *rowan*, serbal, tiene el mismo origen que la palabra *runa*, y encierra por tanto la idea de la magia y la sabiduría. Los lapones, que eran pastores de renos, honraban a la misma diosa bajo el nombre de Raudna y le ofrecían renos en sacrificio.

Meditación
*Dejo que mis raíces crezcan hasta tal profundidad
que mis ramas puedan alcanzar el cielo.*

Fortuna
27 de noviembre: Fortuna

Fortuna es la diosa romana de la buena suerte, como indica su nombre, que al parecer se deriva del nombre de la anterior diosa romana Vortumna, a la que se llamaba "La que hace que el año gire"; y esa rueda a la que Vortumna hace girar es la misma rueda del Zodíaco. A veces se la mostraba cubierta por un velo; en ese caso se consideraba que su naturaleza era el azar, y era imposible saber lo que ocurriría: a alguien se le concedían bendiciones o se le quitaban sin razón aparente. De este aspecto de su naturaleza se deriva precisamente la rueda de la fortuna a la que se juega en los casinos.

A Fortuna se la veneraba en todo el Imperio romano, y la gente iba a sus santuarios a invocar la intervención de la diosa para cambiar su suerte. Generalmente se la representaba a gran escala, para subrayar su significación. Fortuna nos pide que reflexionemos sobre si hemos de ser víctimas de los caprichos de la fortuna o si podemos desempeñar un papel decisivo en nuestro destino. ¿Qué relación hay entre la elección y su consecuencia, y qué podría inclinar la balanza, o mover la bola en la rueda de la ruleta, a nuestro favor?

Meditación
Juego las cartas que me han tocado,
pero lo hago con destreza y perspicacia.

Minerva
28 de noviembre: Precognición

La diosa romana Minerva era la guardiana de la ciudad de Roma. Se cree que su origen es etrusco, y su nombre parece derivar de una raíz indoeuropea que significa "mente". Se la consideraba encarnación de la sabiduría, que siempre adopta forma femenina, y se le atribuía la invención de los números y de los instrumentos musicales. Su animal sagrado era el antílope, famoso en aquel tiempo por su agudeza de visión y su relación con la profecía. En el recinto de las termas de Bath, en Inglaterra, se la veneraba por el nombre de Sulis-Minerva como diosa del inframundo, cuyos dominios eran tanto el conocimiento como la profecía. En su aspecto de Minerva Médica, en Roma, era la diosa de los médicos.

El poeta romano Ovidio llamó a Minerva "Diosa de las Mil Obras", pues era diosa de la medicina, la sabiduría, la paz, la artesanía, el comercio, la tejeduría y la magia. Junto con Juno y Júpiter formaba una formidable tríada, y se veneraba a los tres dioses juntos en un templo del monte Capitolino de Roma. Según cuenta una leyenda, la reina de espadas de la baraja representa a Minerva.

Meditación
Despejo mi mente de todo juicio y veo la cadena
de consecuencias que nace de cada elección.

Pandora
29 de noviembre: Posibilidades

Pandora es una diosa griega cuyo nombre significa "la que todo lo da", título otorgado también a la ancestral diosa Rea de Creta, cuyo cuerpo, según la leyenda, proporcionaba sustento a todas las criaturas. En la versión del relato que hace el poeta griego Hesíodo, Zeus ordenó a Hefesto, el dios herrero, que creara a Pandora, la primera mujer mortal. Se la envió a la Tierra como castigo, después de que Prometeo robara el fuego y se lo entregara a la humanidad. Pandora era muy hermosa, pero tenía la misión secreta de infligir la desdicha a la raza humana. En esta versión, llevada por la curiosidad, Pandora abrió la caja, tristemente famosa, que Hermes le había regalado, y en la que los dioses del Olimpo habían colocado todos los males posibles, que al instante se extendieron por el mundo entero. Solo la esperanza quedó dentro.

En los mitos más antiguos, Pandora estaba casada con Prometeo, y dispensó únicamente buenos regalos a la humanidad. La identificación de la caja fue un error de traducción; el receptáculo era en realidad una jarra de miel, *pithos*, de la que se derramaron dulces bendiciones sobre el mundo. El *pithos* era una vasija de barro, lo cual sugiere que Pandora era la tierra misma que ofrecía bendiciones a sus hijas e hijos. El culpar a la curiosidad femenina de todos los males del mundo fue una invención tardía de la mitología griega. La historia de Pandora recuerda a la de Eva, a la que se culpó de todos lo pecados de la humanidad.

Meditación
¿Qué bendiciones puedo derramar hoy
para dulcificar el mundo con una caridad espontánea?

Dorje-Phagmo
30 de noviembre: Destello iluminador

⟳ ⟳ ⟳

Dorje-Phagmo es una diosa budista tibetana que representa la energía de todo lo que es bueno y el poder que entraña el lenguaje correcto. *Dorje* significa "indestructible" en lengua tibetana, y el *dorje* es un ritual, llamado así en honor de la diosa, que simboliza el rayo, el intenso e inspirado destello que es el inicio de la iluminación. La palabra en sánscrito es *vajra*. Dorje-Phagmo es una *khadoma*, espíritu femenino, y una *bodhisattva*, el ser que ha alcanzado la iluminación. Uno de los objetos que se colocan en sus altares es el *kapala*, una copa hecha con un cráneo humano.

Se la conoce también como la Cerda del Rayo. Un relato cuenta que, cuando su monasterio sufrió una vez un asalto, se transformó y transformó a todos los que vivían allí en cerdos, y cuando los invasores encontraron el monasterio vacío, decidieron no saquear el edificio. Antes de que se fueran, no obstante, Dorje-Phagmo volvió a convertirse y a convertir a los demás cerdos en seres humanos, y luego se transformaron todos en cerdos otra vez. Esto aterró de tal modo a los salteadores que ofrecieron valiosos regalos al monasterio. Cuando se la invoca, Dorje-Phagmo puede otorgar también poderes sobrenaturales.

Meditación
Vacío mi mente de pensamientos insensibles
para que pueda llenarse de luz.

Atenea
1 de diciembre: La Razón

Atenea, o Palas Atenea como también se la llama, es la diosa griega de la sabiduría. Cuando es Palas, toma el mando de la guerra, pero se le asigna el papel de mediadora o estratega, y no de combatiente. Aunque en el mito griego es una diosa de gran poder, se cree que Atenea se originó en una época muy anterior. Siendo su madre Metis, diosa griega de la sabiduría, su padre, Zeus, tuvo miedo de que la criatura nacida de su unión llegara a suplantarle, de modo que se tragó a Metis cuando estaba embarazada. Como consecuencia de ello empezó a padecer dolores de cabeza terribles, y el resultado fue el nacimiento de Atenea, que surgió de la frente de Zeus como mujer plenamente formada, y vestida con su famosa armadura. Finalmente, se dice que Atenea, por haber nacido de él, fue su hija favorita.

Los símbolos de Atenea eran su casco de oro y su escudo, sobre el que destacaba una imagen de Medusa. El romance y el matrimonio no forman parte del paradigma de esta diosa. Su compañera constante fue Niké, diosa de la victoria, y a la ciudad de Atenas se le puso este nombre en señal de gratitud a Atenea por el olivo que ésta había regalado a la polis. Uno de los mayores asteroides, actualmente utilizado con frecuencia en la interpretación astrológica como arquetipo de la divinidad femenina, lleva su mismo nombre.

Meditación
Si soy razonable, puedo evitar la mayoría de las batallas.

Anna-Nin
2 de diciembre: La Experiencia

A la diosa sumeria Anna-Nin, a la que se llamaba Señora del
Cielo, se la ha conocido por muchos nombres distintos a lo largo
de los siglos, pero siempre es la abuela de dios. *An* es el término
sumerio para referirse al "cielo". Anna-Nin fue Ana, madre de
la diosa Mari, y mucho después madre de Anne, que fue la madre
de la María bíblica; bajo el nombre de Anatha fue la consorte de
Yahvé. Su nombre significa "reina" o "diosa madre" y a veces tiene
conexión con la Luna. Los historiadores creen que los sumerios
empleaban el nombre Anna como título honorífico que otorgaba
divinidad al papel de madre.

Teniendo en cuenta que es una diosa abuela, es una sabia
anciana, y a menudo se la ha mostrado en su aspecto destructor.
En su papel bíblico, al igual que su hija fue concebida sin pecado.
La Iglesia católica desecharía con el tiempo este artículo de fe, y
aunque hay mucho escrito sobre el tema en textos que la Iglesia
no considera que sean de inspiración divina, sigue sin conocerse
la verdad de las circunstancias. El poder del arquetipo mítico, sin
embargo, continúa vivo.

Meditación
Muchas veces, la experiencia es la mejor escuela,
y puedo transmitir a los más jóvenes
las lecciones que aprendo.

Rhiannon
3 de diciembre: Ecos

Rhiannon es una diosa galesa de los caballos, y su nombre se deriva de Rigantona, que significa "gran reina". Rhiannon entró en la conciencia moderna gracias a una famosa canción que le dedicó la cantante Stevie Nicks, a la que le gustó el nombre cuando lo descubrió en una novela, pero que no supo nada sobre la diosa ni su mito hasta después de haber escrito la canción. (La revista *Rolling Stone* consideró que «Rhiannon» era una de las 500 mejores canciones de todos los tiempos.) La diosa Rhiannon viajaba por la Tierra a lomos de su veloz caballo acompañada de tres aves mágicas, que tenían el poder de devolver la vida a una persona muerta, o de hechizar a una persona viva haciéndola sumirse en un sueño de siete años.

Posiblemente haya una conexión entre Rhiannon y la diosa cretense Leukippe, que significa "yegua blanca". Con el paso del tiempo, a Rhiannon se la acusó injustamente de haber asesinado a su hijo, y se le impuso el castigo de, durante siete años, llevar sobre la espalda hasta las puertas de la ciudad a cada viajero que llegara. Parece probable que el lado oscuro de Rhiannon se hubiera originado en una época anterior; este lado oscuro es el aspecto de anciana que cada año trae la muerte, la Yegua de la Noche, un espíritu femenino que se filtra en los sueños. Un aspecto de la diosa Deméter que adoptaba forma de caballo recibía el nombre de "Yegua que destruye con misericordia". En el mito suele presentarse a Rhiannon en su aspecto benévolo, como portadora de dulces sueños.

Meditación

«Rhiannon suena como una campana en mitad de la noche,
¿no te encantaría amarla?»

(«Rhiannon», de Stevie Nicks, Fleetwood Mac.)

Bona Dea
4 de diciembre: Viejas Matronas

Bona Dea, cuyo nombre significa "la diosa buena", era una diosa romana cuyos ritos se celebraban el 4 de diciembre. Los relatos de Bona Dea guardaban relación principalmente con las mujeres, y sobre todo con las viejas matronas. Se asociaba a esta diosa con la curación, y a los enfermos se les llevaba a jardines de hierbas medicinales dedicados a ella. Se rendía culto a Bona Dea en un templo de Roma situado en el monte Aventino, y se la solía representar sentada en un trono sosteniendo una cornucopia. Su imagen apareció con frecuencia en las monedas romanas.

Los ritos en honor de Bona Dea se celebraban en secreto en la casa del pontífice máximo, sumo pontífice y sacerdote de los pontífices de la antigua Roma, y los llevaba a cabo su esposa, asistida por las vírgenes vestales. A los hombres no se les permitía asistir a ellos, e incluso los dibujos de hombres o de animales machos estaban prohibidos. En el año -62, durante el reinado de Julio César hubo un escándalo. Al igual que en el mito de Dafne, un desconocido envuelto en una gran capa se coló en la reunión disfrazado de mujer, y, aunque nunca se pudo verificar su identidad, un hombre llamado Publio Clodio Pulcher fue juzgado por el incidente. Es muy poco lo que se sabe de la ceremonia, pero, dado que se celebraba una vez al año, cuando empezaba a aproximarse el solsticio de invierno, es posible que en ella se invocara el retorno de la luz.

Meditación
Aunque las noches son cada vez más largas y oscuras,
al otro lado del mundo es verano.

Nanshe
5 de diciembre: Augurios

Nanshe es una diosa sumeria de los sueños y las profecías cuya ciudad principal era Nina. Era diestra en el arte de la oniromancia, una forma de adivinación basada en los símbolos de los sueños. Esta práctica no solo interpreta los sueños, sino que permite a la persona intuir su futuro. Algunas fuentes dicen que Zaqar, mensajero de los dioses, repartía mensajes divinos a los mortales a través de sus sueños. A Nanshe se la consideraba profetisa de tan alta categoría que era capaz de ver el futuro tanto de los seres humanos como de las deidades.

Nanshe tenía, además, una conexión especial con los manantiales del inframundo, que a menudo se han asociado con el don de la profecía. Los videntes que presidían sus ritos y aprendían a interpretar los sueños debían pasar por una iniciación que exigía un descenso simbólico al interior de la Tierra. Cada año, en una evaluación simbólica, Nanshe actuaba como juez de los actos de cada persona.

Meditación
Presto atención a mis sueños, pues mi alma
viaja en ese ámbito mientras duermo.

Sarah
6 de diciembre: Comprensión

Sarah, o Sara, personaje que describen la Biblia y el Corán, es en realidad una diosa disfrazada. Su nombre se traduce a veces por "diosa" o "princesa", y denota, como poco, una mujer de rango extremadamente alto. Tal como se la describe en los textos rabínicos, el don de la profecía que poseía Sarah era muy superior al de su esposo, Abraham, pues ella recibía las profecías directamente de Dios, y no de los ángeles. Encontramos pistas de su auténtica naturaleza en las descripciones que se hacen de su inigualable belleza y en el hecho de que Abraham declarara que era en realidad su hermana. El arquetipo de la esposa-hermana vincula míticamente a Sarah con muchas diosas de la Antigüedad, tales como Isis.

En su calidad de mujer, Sarah era una princesa caldea que aportó riquezas y estatus a su marido. Según el mito, Sarah había vivido casi 100 años antes de dar a luz, lo cual revela su naturaleza de diosa, así como el hecho de que, mientras vivió, la tierra fue fértil, pero en el momento en que murió, la tierra se convirtió en un desierto. En el relato bíblico, Dios promete que Abraham será el padre de las naciones, y, en el Nuevo Testamento, tanto a Sarah como a Jerusalem se las llama "mujeres libres".

Meditación
En la quietud de la meditación silenciosa
oigo la voz de la divinidad.

Tiké
7 de diciembre: Providencia

Tiké, *Tyche* en su forma latina, o *Tykhe* en su forma griega, cuyo nombre significa "fortuna", es una diosa madre griega que tiene dominio sobre el destino y la suerte. Se la suele representar de pie sobre una rueda, con los ojos vendados y alas, con un cetro en la mano y tocada con una corona. Se la consideraba personificación de la providencia, o buena suerte arbitraria, y de la idea de que el "azar" contribuye al éxito de cualquier empresa. La gente la invocaba para que interviniera a su favor. En la mitología latina, Tiké recibe el nombre de Fortuna.

En Petra, Jordania, se encontró una estatua que muestra el rostro de la diosa circunscrito en el Zodíaco, sostenido por una diosa Niké alada. El recinto de Petra se descubrió a principios del siglo XIX; hasta ese momento, como sucedió con Troya, se pensaba que la ciudad era solo una leyenda. El Zodíaco de Petra parece girar de una manera muy singular, ya que está dividido por la mitad en lugar de seguir el acostumbrado orden secuencial. La rueda que rodea el rostro de Tiké presenta a la diosa árabe Al Uzza en el lugar de Sagitario. Tiké de Antioquía, una estatua cuya imagen aparecía en las monedas de esta antigua ciudad de Asia Menor, que correspondería al actual sur de Turquía, se consideraba una de las grandes obras de la Antigüedad. Ningún gobernante de Antioquía tenía poder de actuación si no era con el favor de Tiké.

Meditación
Presto atención a lo que parece puro azar,
pero tal vez sea un regalo de la providencia.

Sodza
8 de diciembre: La Voz del Trueno

Sodza es una diosa del rayo y el trueno a la que venera el pueblo hos de Togo, en la costa de Guinea, en África occidental, región que antiguamente se conocía como "la costa de los esclavos". Se cree que los brillantes destellos de Sodza y su atronador sonido ahuyentan los malos espíritus y mantienen a todos los miembros de cada familia a salvo de la magia negra. Está casada con Sogble, que es la deidad masculina del rayo, y sus voces estentóreas se hablan una a otra en el cielo.

Se invoca a Sodza para que bendiga la tierra después de arada y sembrada y traiga la lluvia que haga fructificar la cosecha. Cuando la gente oye su voz en el cielo, que anuncia la lluvia tan necesaria, lo considera una señal afortunada. A Sodza se la llama por muchos nombres, tales como Madre de Humanos y Animales, Barca Llena de Boniatos, o Barca Llena de la Más Variada Plenitud. Entre los regalos que otorga están la bendición y protección de las niñas y niños.

Meditación
*A veces he de romper el silencio y expresar mi verdad
con voz potente como el trueno
para desterrar de mi vida las energías oscuras.*

Las Musas
9 de diciembre: Inspiración

Las nueve Musas son diosas griegas de la inspiración que supervisaban todas las artes y las ciencias. Las nueve hermanas eran hijas de Mnemosyne, cuyo nombre significa "memoria", y de Zeus. Los términos "música", "museo", e incluso "mosaico", provienen del nombre colectivo de las hermanas. Las Musas, y las áreas del arte y el conocimiento que desde el Renacimiento se les ha asignado a cada una de ellas, son: Calíope, la poesía épica; Clío, la Historia; Erato, la poesía erótica; Euterpe, el canto lírico; Melpómene, la tragedia; Polimnia, el canto sagrado; Terpsícore, la danza; Talía, la comedia, y Urania, la astronomía. Hay una diosa diferente llamada también Talía que es una de las tres Gracias.

Las Musas actúan a modo de espíritus guía que inspiran a la gente impulsando la creatividad. También son patrocinadoras de los artistas, y encarnan cada especialidad del arte. Tradicionalmente, cuando alguien invocaba a una Musa debía especificar el área artística o científica a la que se dedicaba. En el arte, se las solía representar individualizadas con un emblema de su especialidad –a Euterpe, por ejemplo, con una flauta–. Solón, el famoso poeta griego además de reformador y legislador, decía en su «Oración a las Musas» que ellas eran «la clave para la buena vida».

Meditación
Invoco hoy a mi musa,
y sé que fluirá la inspiración.

Abeona
10 de diciembre: Separación

Abeona es una diosa romana que cuidaba de los niños y niñas cuando daban sus primeros pasos y cuando, más adelante, dejaban el hogar familiar y se separaban de sus padres. Era también la diosa de todas las despedidas y separaciones, incluso de aquellas que eran solo temporales; por tanto, se la invocaba cada vez que llegaba el momento de partir. Su nombre proviene del verbo latino *abeo*, que significa "partir" o "seguir adelante". Saber reconocer cuándo es hora de marchar es un valioso don que nos evita abusar de la hospitalidad que nuestro anfitrión nos ha brindado.

La ciudad de Roma estaba bajo la protección de Abeona, tal vez porque eran muchos los que cruzaban las puertas de la ciudad para emprender viajes o aventuras, y era también la protectora de todos los viajeros que partían. Se ha inmortalizado a esta diosa en el nombre monte Abeona, una montaña del planeta Venus, y en el del asteroide Abeona 145.

Meditación
Sé reconocer cuando ha llegado la hora de partir,
y digo adiós con gratitud y dignidad.

Sapientia
11 de diciembre: Unión Mística

Sapientia, cuyo nombre significa en latín "sabiduría femenina", es el arquetipo de la sabiduría. Siempre que se hace referencia a la sabiduría en la Biblia o en cualquier texto hebreo, la idea se expresa en femenino, y se entiende que se trata de la sabiduría divina. Para los griegos, la sabiduría era *sophia*, y para los judíos, *chockmah*. Algunos estudiosos han denominado a Sapientia "la diosa de la Biblia", indicando la presencia de la divinidad femenina en el monoteísmo. Gozó de reconocimiento hasta la época medieval, pero luego se la ha olvidado con el paso de los siglos. De hecho, prosperó como diosa oculta de la investigación filosófica entre los siglos V y XV, en un tiempo en que cualquier alusión a lo sagrado femenino se consideraba una herejía.

Los místicos se refirieron a ella como cualidad que reside en el corazón de Dios y, en algunos casos, la consideraron artífice de toda la creación. Encarnaba el Alma del Mundo, o colectivo de la humanidad, y la unión mística con lo divino que aspiraban a alcanzar los sabios y los peregrinos espirituales. Todavía hay una serie de antífonas que se cantan en la liturgia de Adviento, entre ellas: «Oh, Sabiduría, que brotaste de los labios del Altísimo, abarcando la creación del uno al otro confín y ordenándolo todo con firmeza y suavidad: Ven y muéstranos el camino de la salvación».

Meditación

«Salí, dice la Sabiduría, de la boca del Altísimo [...]
Desde el principio el Señor me había creado, antes que existiera el tiempo [...]

(La Biblia, Eclesiástico 24:3, 9.)

Tonantzin
12 de diciembre: Milagros

Tonantzin es una diosa azteca que fue transformada en la actualmente famosa Señora de Guadalupe, cuya fiesta se celebra el 12 de diciembre. Diez millones de personas hacen una peregrinación a la ciudad de México cada año para honrar a esta Virgen, convirtiendo a su basílica en el segundo lugar más visitado del mundo en el ámbito del catolicismo, superado solo por el Vaticano. ¿Qué es lo que provoca tan profunda admiración?

El relato cristianizado de esta diosa habla de cómo un campesino llamado Juan Diego dijo haber tenido visiones de la madre de Dios, que se le presentó con el nombre de Madre Tonantzin y le dijo que construyera una iglesia en el lugar donde se le había aparecido, lugar donde en un tiempo había habido un templo dedicado a la diosa azteca. Para que Juan Diego pudiera demostrar al obispo que sus constantes visiones eran auténticas, en pleno invierno Nuestra Señora llenó de rosas la capa del campesino. Y así, de una forma tan misteriosa y milagrosa, la profunda reverencia hacia la Gran Diosa continúa viva en la adoración de un arquetipo católico.

Meditación
Hoy he colocado amorosamente rosas en mi altar,
pues sé que la diosa está siempre conmigo.

Sibila
13 de diciembre: Profecía

El nombre Sibila significa "moradora de la cueva". Sibila es el origen de una tradición de profetisas divinas, llamadas sibilas, que constituyeron un duradero linaje de sacerdotisas. Hay un denigratorio mito griego sobre cómo Sibila engañó a Apolo para que le concediera larga vida, y él aceptó, pero la hizo volverse vieja y fea. Es más importante, sin embargo, el relato que narra la historia de los oráculos sibilinos, que residían en cuevas oraculares en 10 localidades destacadas del mundo antiguo. La sibila más notable y renombrada vivía a las afueras de Nápoles. Sus profecías se escribían en hojas de árbol, y, si nadie acudía a recogerlas, las lanzaba al viento.

Los famosos textos conocidos como profecías sibilinas estaban escritos sobre hojas en versos hexámetros, y se tenían en muy alta estima; tanto es así que, en una ocasión, compró una de ellas a un precio muy elevado un emperador romano. Solían consultarse cuando se habían de resolver importantes asuntos de estado. Desgraciadamente, los textos ardieron en su mayor parte en un incendio, y se encargarían luego de recrearlos una serie de escribas, tanto judíos como cristianos, que los utilizarían con fines misionarios haciéndolos pasar por auténticos.

Meditación
Aquieto la mente y aguzo el oído interior
para oír la voz de la sabiduría divina.

Benzaiten
14 de diciembre: Elocuencia

Benzaiten, a veces llamada Benten, es una diosa japonesa cuyo nombre significa "todo lo que fluye", refiriéndose especialmente al conocimiento y a las palabras. Está relacionada con la elocuencia en el habla y en la música, y, por tanto, también está relacionada con la tradición de las geishas. Se cree, sin embargo, que Benzaiten se originó en la India antigua y que surgió de las traducciones al chino del Sutra de la Luz Dorada, que luego llegaría a Japón. Se la considera protectora y benefactora de este país, y se invocaba a Benzaiten para que mantuviera las islas japonesas a salvo de los terremotos. Es la única diosa entre los Shichi Fukujin, las siete deidades de la buena fortuna, que tiene la capacidad de otorgar riqueza material.

Benzaiten suele aparecer montada sobre un dragón, que era su amante, y siempre va vestida con una elegante indumentaria profusamente ornamentada. Como un ejemplo más del vínculo entre las diosas y las serpientes lleva un séquito de culebras blancas.

Meditación
Mi discurso fluye con elegancia y lirismo,
y agrada tanto al oído como al corazón.

Sanja
15 de diciembre: Conciencia

Sanja es una diosa hindú de la luz, y es esposa del dios del Sol Surya. Su nombre significa "conciencia", lo cual sugiere que es posible verlo todo con claridad a la luz de la sabiduría. El mito de Sanja ilustra la interacción de la luz y la oscuridad, y entre la luz interior y el esplendor del Sol. Su consorte era tan ardiente y deslumbrante que a veces Sanja le pedía a su compañera Chhaya, diosa de la sombra, que ocupara su lugar mientras ella dejaba de ser la luz temporalmente y se transformaba en una briosa yegua que retozaba en los frescos rincones oscuros del bosque.

Cuando Surya, el Sol, se percataba de su ausencia, adoptaba la forma de un gran semental y la perseguía. Este mito nos habla de los ciclos rítmicos de luz y oscuridad que se alternan a lo largo del año. Según cuentan los relatos, el Sol y la luz disfrutaban jugando así al escondite, lo cual podría estar referido también a los eclipses; como lo está el que, para poder soportar la luz solar, Sanja pidiera a su padre, el artífice divino Visvakarma, que periódicamente hiciera desaparecer una parte del brillo de Surya.

Meditación
Como no puedo mirar al Sol directamente,
la percepción profunda suele ocurrir a la luz de su reflejo.

Oya

16 de diciembre: Verdad

Oya es la ardiente diosa de la tormenta y el trueno a la que venera el grupo étnico yoruba del oeste de África, y su consorte es el dios del rayo. Su nombre completo es Oya-Yansan. Aunque es una diosa guerrera diestra con los caballos, es también la diosa del río Níger. Cuando presenta este último aspecto, se la llama Reina de los Nueve, pues hay nueve afluentes del río. Oya controla el viento y el fuego, pero también provoca huracanes. El culto a los Orishas, los espíritus o dioses de los yoruba, se extendió a Brasil, llevado por los esclavos, y en este país Oya custodia también las puertas de la muerte y los cementerios. Para evitar ulteriores persecuciones, los yoruba siguieron venerando a los Orishas encubiertos por santos católicos, y Oya es la diosa correspondiente a santa Teresa.

Oya es la diosa patrona de la justicia y la memoria y, antes de usar el machete como espada de la verdad, revela la esencia oculta de cualquier asunto que se presente ante ella. Encarna la fuerza del cambio basado en la revelación, y pone fin inmediato al anquilosamiento. A veces se la representa sosteniendo una llama. Todo a lo largo del río, la gente cuelga banderas con oraciones en su honor.

Meditación
¿Arde con fulgor mi vela de la verdad,
o está escondida bajo una cubierta deslustrada?

Shekinah
17 de diciembre: Luminaria

Shekinah es el lado femenino de Dios y aparece en el Talmud, libro sagrado de la fe judía que contiene las interpretaciones tradicionales de las leyes judías encontradas en la Biblia hebrea. *Shekinah* significa "morar", y proviene del término hebreo *shakan*; es también la palabra que designa la habitación de Dios, especialmente en el templo de Jerusalén. Los teólogos cristianos utilizaron el término femenino griego *parousia* de forma muy parecida para definir la presencia divina. La esencia de Shekinah se percibe como principio femenino de la luz, cuya naturaleza y espíritu se califican de radiantes. Según el Talmud fue Shekinah la que inspiró a David a escribir los salmos, y la que le dio la voz. Algunos relatos del Talmud cuentan cómo Shekinah discutió con Yahvé mediando en favor de la humanidad. En el judaísmo se la percibe también como el "alma de lo Divino", que es similar a la idea cristiana del Espíritu Santo y a la Shakti hindú.

Algunos relatos dicen que Shekinah se marchó del mundo cuando el desequilibrio y el mal se apoderaron de él debido al súbito exceso de energía masculina, sobre todo en lo tocante a la tergiversación de que fue objeto el concepto de "divinidad". Ciertas partes de la Cábala exploran maneras de reunir los aspectos masculino y femenino de Dios, y de restaurar el equilibrio. Pero para llevar a cabo este trabajo espiritual y restaurar el equilibrio debemos encontrar a Shekinah y devolverle el lugar que le corresponde en nuestra consciencia.

Meditación
Que brille la luz de la verdadera sabiduría
y llene mi corazón y mi mente de compasión.

414

Epona
18 de diciembre: Propósito

Epona, que, al igual que la diosa Deméter, recibía el nombre de Gran Yegua, es una diosa celta de los caballos. La mayoría de las deidades celtas estaban asociadas con un lugar específico, pero el culto a Epona estaba extendido por todo el Imperio romano. Era la única diosa celta que tenía un templo romano, y su día del calendario era el 18 de diciembre. Uno de los papeles más mundanos que desempeñaba era supervisar las carreras de caballos, pero además Epona tenía un lado mucho más serio, en el que desempeñaba el papel de psicopompo, conduciendo las almas de los difuntos que habían terminado su viaje por el mundo visible al ámbito desconocido que existía al otro lado del velo. En este aspecto de su naturaleza aparece con forma de Yegua de la Noche.

Se creía que Epona era la hija de una yegua que se había apareado con un humano, y, gracias a ello, la diosa podía adoptar forma humana o equina a voluntad, dependiendo de lo que las circunstancias exigiesen. En el arte, a veces se la ha representado sentada de lado sobre un caballo, reminiscencia de Lady Godiva, pero por lo general aparece sentada en un trono flanqueado por caballos, para mostrar su estatus de soberana. En Irlanda, a los reyes se les emparejaba o apareaba simbólicamente con una yegua auténtica, símbolo de Epona, en la creencia de que esto les confería poder.

Meditación
Elijo con cuidado a quien me ha de guiar
si me adentro en territorio desconocido.

Cariclo
19 de diciembre: Candor

Cariclo, o *Chariklo*, es una diosa con forma de centauro, *kentaur* en griego, una raza mítica de seres que eran mitad humano y mitad caballo. Era la hija del dios del Sol Apolo, y esposa del famoso centauro Quirón. Durante un tiempo, Cariclo ayudó asimismo en la crianza del héroe Jasón. Los centauros eran por su apariencia muy atractivos, dado que se combinaban en ellos los mejores aspectos físicos de dos razas de criaturas, pero tenían reputación de seres notablemente pendencieros. Cariclo, sin embargo, era célebre por su especial donaire y veracidad, y servía en el templo de Vesta como allegada compañera de Atenea, la diosa griega de la sabiduría.

Actualmente, Cariclo es además uno de los más intrigantes miembros de nuestro sistema solar, del grupo de los Centauros que orbitan de modo excéntrico entre Júpiter y Plutón. Los Centauros no son ni cometas ni asteroides, y a la vez tienen características de ambos; por esta naturaleza dual se les ha dado el nombre de las míticas criaturas.

Meditación

Cuando me siento dividida entre hacer una elección sensata
o dejarme llevar por una reacción instintiva,
recuerdo que he de ser sincera conmigo misma
y elijo lo que me haga sentirme más digna de mi respeto.

Casandra
20 de diciembre: Presagios

Casandra, la diosa griega de la profecía, es hija de Hecuba y el rey de Troya. Tras la caída de Troya fue hecha prisionera, y maldijo al rey que había salido victorioso. En otro relato, que tiene sin duda un significado más profundo, Apolo la deseaba porque era la más bella de las hijas de Hecuba, pero ella lo rechazó, y él la maldijo: le dio el don de la profecía certera, pero añadió al regalo la maldición de que nadie la creería. Como consecuencia, Casandra profetizó la caída de Troya, pero nadie le hizo caso.

Una leyenda más antigua y simbólica sobre cómo recibió el don de la profecía cuenta que ella y su gemela pasaron la noche en el templo de Apolo. Mientras dormía, las serpientes del templo, símbolos del oráculo, le lamieron los oídos para que fuera capaz de oír el futuro. A pesar de que solemos referirnos a la persona que dice la verdad pero a quien nadie cree como una Casandra, a la Casandra mítica se la reivindicó después de su muerte, y se la elevó a la categoría de diosa.

Meditación
Algunas bendiciones,
especialmente el don de la clarividencia,
pueden parecer más bien un castigo;
por tanto, utilizo mis dones con mucha sensatez.

Las diosas de Capricornio
La rueca

Las elecciones y los hechos
hilan las hebras del destino

Capricornio fija el solsticio de invierno y combina los principios de las energías iniciadoras cardinales con la afianzadora influencia de la Tierra. En este signo, la materia se organiza internamente para cobrar forma perfecta. Capricornio se expresa con una energía rectora y conservadora, centrada en el logro, la integridad, la responsabilidad y el reconocimiento. Las nativas de Capricornio están impulsadas por una tremenda ambición, y la lección es para ellas descubrir el motivo que subyace a su ansia de escalar. Capricornio es el décimo signo y representa el estadio del viaje espiritual en el que nuestra aspiración se vuelve hacia dentro para respirar el aire puro de nuestra naturaleza espiritual. Representa asimismo el principio de la ambición, tanto si está dirigida hacia fuera, hacia el mundo de los logros, como si está enfocada en el sendero espiritual.

El signo de diosa que corresponde a Capricornio es la rueca, que representa a las viejas diosas tejedoras del destino. El hilado, la tejeduría y los telares son los dominios de las sabias diosas ancianas que dictaminan nuestro destino y miden y cortan las hebras de nuestras vidas. Aunque Escorpio hila las hebras con la sustancia que brota de las entrañas de la diosa, es en Capricornio, el signo de la forma, donde esas hebras adoptarán forma concreta y se entretejerán para crear el tapiz de nuestras vidas. En muchas tradiciones, las montañas simbolizan la búsqueda espiritual, por eso tradicionalmente Capricornio está simbolizado por la Cabra de Mar, una cabra montés con cola de pez o delfín. Por la misma razón están incluidas en este apartado antiguas diosas de las montañas, así como diosas que encarnan la idea de estructura y organización, de duración o tiempo, de finales, de la oscuridad del invierno y de la sabiduría de la vejez.

Chin Nu
21 de diciembre: Puentes

Chin Nu es la diosa china de las hilanderas y las tejedoras. Es hija del emperador de Jade, Yu Hang. En el mito, Chin Nu bajó del cielo para bañarse en un arroyo, y un vaquero que la deseaba supo que la muchacha estaba allí por la información que le dio un buey inteligente. El vaquero robó sus ropas y convenció luego a Chin Nu para que se casara con él. La diosa aceptó, y no regresó al cielo durante siete años. Cuando se fue, su marido la añoraba, así que la siguió hasta las estrellas acompañado de sus hijos. El padre de Chin Nu ofreció al vaquero una estrella en el cielo del Oeste, y la estrella de Chin Nu estaba al Este de la Vía Láctea.

Los amantes están separados durante todo un año, pero una noche, la noche del séptimo día del séptimo mes del calendario chino, se reúnen, pues numerosas bandadas de urracas construyen, con pequeñas ramitas, un puente de lado a lado del cielo. La estrella de Chin Nu es la constelación de Vega, a la que los chinos llaman las Hermanas Tejedoras, mientras que su esposo reside en la constelación del Boyero.

Meditación
¿Hay puentes de sanación
que sea necesario crear en mi vida?

Hécate
22 de diciembre: Convergencia

La diosa prehelénica Hécate, o *Hekate*, es hija de los titanes Asteria y Perses, símbolos ambos de la luz titilante. Tiene dominio sobre las encrucijadas, especialmente sobre aquellas en las que convergen tres caminos, y es guardiana de las Puertas de la Inmortalidad. A veces se la representa con tres cuerpos, cuyos rostros miran simultáneamente cada uno en una dirección, y se la muestra con estos tres cuerpos dándose la espalda, cada uno de ellos encarando uno de los tres caminos. También protege a los viajeros, sobre todo a los que se aventuran solos por lugares solitarios.

Como diosa del inframundo, se dice que Hécate servía a la reina Perséfone, y que se asociaba con espíritus, fantasmas y sabuesos. Tenía también grandes poderes en el ámbito de la magia y la brujería. En la Tierra solía rondar las tumbas y los lugares donde se había cometido un crimen, e iba seguida por su fantasmal séquito de luz etérea y aullidos de espectrales sabuesos. Quienes la honran hoy día creen que Hécate todavía vaga por los mismos sitios y que, aunque los humanos no son capaces de percibir su presencia, los perros sí parecen hacerlo.

Meditación
Miro el pasado,
el presente y el futuro simultáneamente
y enciendo la lámpara de mi vista interior.

Acca Larentia
23 de diciembre: Generosidad

Acca Larentia es una diosa romana que hizo de madre adoptiva de los famosos gemelos Rómulo y Remo. También era su cometido vigilar a los muertos. Fue una importante diosa para los etruscos antes de desempeñar su papel romano. El festival en honor de esta diosa, llamado Larentalia, que parece haber sido muy similar a una fiesta de Noche Vieja, se celebraba el 23 de diciembre.

Las leyendas de Acca Larentia son variadas, pero una de las más populares dice que Hércules ganó a la diosa como trofeo en una partida de dados. No pudo recoger el premio, ya que alguien la había encerrado en una sala, y, en su estado de agitación, le dijo que, como castigo, tendría que casarse con el primer hombre que le saliera al paso por la mañana. Acca Larentia tuvo la gran fortuna de que el hombre con el que contrajo matrimonio fuera bondadoso y muy rico. Al cabo del tiempo, cuando se convirtió en una diosa con plenos poderes, legó todo su dinero a Roma; y los romanos, agradecidos, celebraban su generosidad cada año en su alegre festival.

Meditación

Lo que comparto con generosidad
vuelve a mí multiplicado por cien.

Holda
24 de diciembre: Regalos

Holda es una diosa germánica, o teutónica, cuya tarea anual es la misma que la de Santa Claus. En la historia más conocida de la Noche Buena, la señora Claus se queda en casa mientras Santa y su reno hacen un viaje nocturno. Pero en Alemania, Austria y Suiza es Holda la que vuela a través de la noche en su carroza mágica el 24 de diciembre, tiempo de Yule,[*] repartiendo regalos y extendiendo su dicha ilimitada. Holda va vestida con las célebres ropas rojas ribeteadas de blanco, y lleva una capa hecha de plumas de ganso; y es tarea suya decidir quién merece recibir regalos.

Uno de los nombres por los que se la conoce es el de Dama Blanca, puesto que llega en la época nevada del año. La mañana de Navidad se pone a la puerta de la casa un tazón de leche en agradecimiento por sus obsequios. Si parte de la leche desaparece, la gente entiende que Holda ha aceptado su gratitud, y se cree que lo que queda en el tazón después de que la diosa haya bebido de él está imbuido de un poder especial. Holda daba también a las mujeres el conocimiento de la fibra de lino y el hilado, ya que eran muchas las mujeres que hilaban durante las largas y oscuras noches de invierno para obtener alguna ganancia complementaria. Otorgar ese conocimiento es el dominio de las viejas diosas del destino cuya época es el período oscuro del año.

---

[*] Yule es una celebración celta y nórdica que coincide con el solsticio de invierno. Antiguamente se creía que en estas fechas se afirmaba la potencia de las tinieblas; por eso eran dos los temas que dominaban la fiesta: el nacimiento del sol, y el combate entre la luz y la oscuridad. (*N. de la T.*)

Meditación

Hoy tengo ojos de niña
y creo en la magia y en los prodigios.

Juno Lucina
25 de diciembre: Cambio de Sentido

Juno Lucina, llamada Madre Luz, es una diosa romana que concede los dones de la visión y la iluminación. Su festival se celebraba en Roma en el mes de diciembre con antorchas y fogatas. Cada año, cuando llega el solsticio de invierno, el Sol parece salir y ponerse en el mismo lugar durante tres días. En latín, el término astronómico que designaba este fenómeno era *sol sticere*, que significa "el Sol está quieto". Luego, el 25 de diciembre, el Sol empezaba a moverse otra vez, pero en la dirección opuesta. De modo que, cada año, este día comienza el "retorno de la luz" en el hemisferio norte. Muchos míticos reyes solares renacen este día.

A Juno Lucina se la consideraba comadrona del renacimiento anual de la luz, al hacer que el año saliera de la oscuridad. Se creía también que era ella la que abría los ojos de los recién nacidos después de los nueve meses que habían pasado en la oscuridad del vientre materno. En el festival de Matronalia, las mujeres que habían pasado la menopausia vestían ropas holgadas y se soltaban el pelo, como símbolo de que ya no estaban sujetas a los riesgos del parto y la crianza. A Juno Lucina se la cristianizó más adelante bajo el nombre de santa Lucía.

Meditación
*¿Hay en mi vida alguna cosa que se haya
estado gestando en la oscuridad de un vientre
y esté preparada para salir a la luz?*

Muchacha Maíz Amarillo
26 de diciembre: Percepción Profunda

Muchacha Maíz Amarillo, o Takus Mana para los indios hopi, es un espíritu, una de las *katsinas* hopi, que representa las fuerza de la vida. Llega cada año en diciembre, después del solsticio de invierno, y ayuda a abrir los *kivas*, lugares subterráneos de forma circular donde se celebran las ceremonias sagradas. Bendice el maíz durante el festival anual llamado ceremonia Soyalangwu. Muchacha Maíz Amarillo, que lleva el pelo recogido en rodetes a ambos lados de la cabeza, aparece a menudo acompañada de otra *katsina* de pelo largo.

Según cuentan los hopi hubo un tiempo en que los *katsinas* descendían personalmente a la Tierra, pero ahora adoptan forma de nubes, que bajan desde los Picos de San Francisco, o ascienden desde dentro de la tierra. Los *katsinas* llegan cada año en diciembre y se marchan en julio. Durante los meses fríos, las danzas hopi se celebran bajo tierra, en los *kivas*, mientras que en la época calurosa se hacen en el exterior y pueden durar todo el día. El calendario sagrado y las danzas ceremoniales hopi están relacionados con los ciclos de crecimiento, y las danzas forman parte de las oraciones en las que se pide por la bendición de la lluvia que nutre el maíz.

Meditación
Doy la bienvenida
y acepto con gratitud en mi vida la intercesión de los espíritus.

Colleda
27 de diciembre: Ofrenda

Colleda es una diosa serbia a la que se honra en la época oscura del solsticio de invierno. En Rusia se la llama Koliada. Cada año, todas las familias cortan un enorme tronco de Yule en el bosque, lo llevan a casa con gran alegría y ceremonia, y le prenden fuego. Luego, mientras el tronco de Yule crepita y chisporrotea, la gente disfruta de un ritual con el que dan la bienvenida al retorno anual de la luz. Cuando el tronco se va convirtiendo poco a poco en cenizas y van muriendo las llamas en la época más oscura del año, esto representa que llega el final del año viejo, y las cenizas frías simbolizan el desprenderse de todo lo que es necesario desechar.

Se cree que la diosa Colleda recibe el regalo, la ofrenda del tronco llameante que se va convirtiendo lentamente en cenizas en el hogar. A la mañana siguiente, cuando la luz retorna al amanecer, quienes veneran a la diosa regalan caramelos a los niños, afirmando así el retorno cíclico del Sol y la gratitud por la renovación anual de la vida.

Meditación
¿Qué formas, ya obsoletas,
necesito ofrecer en un fuego ritual?

Las Zorya
28 de diciembre: Medianoche

Las Zorya son tres diosas eslavas a las que se venera principalmente en Rusia. Expresan el triple aspecto de la diosa —doncella, madre y anciana— y son las encargadas de la mañana, el mediodía y la noche, respectivamente. *Zorya* significa "estrella" en ruso. Las Zorya son guardianas de la vida y el tiempo, y tienen la responsabilidad de vigilar a un gigante sabueso del juicio final que está encadenado al Polo Norte. El perro persigue constantemente la constelación de la Osa Menor —grupo de estrellas en la que se encuentra la Estrella Polar— según hace su movimiento circular alrededor de la bóveda celeste. Debido al movimiento aparentemente lento de los cielos con respecto a la Tierra, la Estrella Polar cambia con el tiempo; es decir que, con el paso del tiempo, una nueva estrella tiene el honor de ser la Estrella Polar. Si la cadena del sabueso llegara a romperse un día y este atrapara a la Osa, el ciclo del tiempo se cerraría y el universo tocaría a su fin. Aparecen en muchas culturas los mitos de maldiciones relacionadas con el día del Juicio Final, que solo las brujas y diosas ancianas pueden pronunciar.

Por la mañana, el primer aspecto de Zorya abre las puertas del cielo y da la bienvenida al Sol. Al atardecer, la segunda cierra las puertas y lo pone todo a salvo antes de que llegue la noche. La tercera Zorya, la de la medianoche, es el aspecto de anciana de la trinidad. Cada noche el Sol muere en sus brazos, y vuelve a nacer a la mañana siguiente. La Zorya de la medianoche es la diosa de la muerte, el renacimiento y el misterio del poder gestante de la oscuridad.

Meditación

¿Qué complejos y oscuros secretos,
y qué misterios profundos
yacen aletargados en la medianoche de mi psique?

Ariadna
29 de diciembre: Iniciación

Conocemos a Ariadna, cuyo nombre significa "muy santa", por el mito griego, pero se originó mucho antes, en Creta, donde era la hija del rey Minos y de la diosa Pasífae. En el relato con el que estamos familiarizados, Ariadna ayudó al héroe Teseo a salir del laberinto, donde el Minotauro —el monstruo gigante con cuerpo de hombre y cabeza de toro— lo tenía escondido, dándole un ovillo de cuerda para que fuera marcando el camino y pudiera encontrar la salida. El laberinto cretense era una pista de baile, creada por Ariadna, y no por Minos. En *La Ilíada*, Homero cuenta que el dibujo que el dios Hefesto grabó en su escudo era el de una pista de baile «como la que Dédalo diseñó en la espaciosa ciudad de Knossos para Ariadna, la de hermosos rizos».

Los relatos griegos omiten el detalle de que en Creta había una "dama" que presidía el laberinto, pero unas tablillas con inscripciones hechas en lineal B —un tipo de escritura— que se encontraron en Knossos, en la antigua Creta, hablan de «un regalo para todos los dioses de la miel; para el ama del laberinto de la miel». La señora del laberinto recibía tanta miel como todos los demás dioses juntos. Un laberinto auténtico tenía una sola ruta que llegaba hasta el centro, y era un símbolo ancestral. El viaje al interior del laberinto era un proceso de iniciación que comprendía una muerte y renacimiento rituales. La diosa guía al héroe que hay en todos nosotros a través de este proceso secreto.

Meditación
Al adentrarse en un bosque desconocido, siempre
es prudente dejar un rastro de migas de pan.

Al Menat
30 de diciembre: Templanza

Al Menat es una diosa caldea y preislámica del destino y la fortuna. Su nombre se deriva de la palabra árabe *maniya*, que significa "destino", y de la palabra *menata*, que significa "porción". Formaba parte del arquetipo de la triple diosa de la antigua Arabia —junto con Al Uzza y Al Lat— que representaba las fases de la Luna, del año y de la vida de una mujer. Estas diosas se mencionan en el Corán y eran motivo de controversia en el famoso libro de Salman Rushdie *Los versos satánicos*.

Al Menat es la diosa vieja y arrugada a la que se representa como una anciana que sostiene una copa, y es la responsable del destino y la longitud de la vida. Su símbolo es la media luna menguante. Se le rendía culto en la ciudad de Quidad, próxima a La Meca, simbolizada en una piedra negra meteórica sin tallar. Algunos eruditos especulan con la posibilidad de que sea esta misma piedra la que actualmente se encuentra en La Meca, ya que la piedra original desapareció de Quidad cuando el santurario de Al Menat fue destruido.

Meditación
Bebo con fruición de la copa de mi vida,
tanto las aguas dulces como las amargas.

Kalí Ma
31 de diciembre: Resurrección

Kali Ma, la Madre Oscura, es una querida diosa hindú. Su nombre proviene del término sánscrito *kal*, que significa "tiempo". Tiene una naturaleza compleja, y puede resultar aterradora a primera vista, cuando la vemos engalanada con un collar de cincuenta y dos calaveras, sosteniendo una cabeza cercenada y bailando sobre el cadáver de su consorte, Shiva, el Destructor. Kali es a la vez vientre y tumba, revelándose así en una eterna danza de transformación. Representa asimismo la muerte del ego, que es un paso fundamental en nuestra evolución, pues deberíamos identificarnos, además de con el cuerpo, con el alma eterna.

En el hinduismo, esta Gran Diosa es una trinidad —doncella, madre y anciana— y tiene relación con Brahma, el Creador, Vishnu, el Preservador, y también Shiva, el Destructor, dado que toda existencia es un equilibrio entre estos tres principios. En su libro *Erotic Art of the East*, Philip Rawson cuenta que Vishnu comentó en un poema que: «el Universo depende de Ella», pues ella es, desde el principio del mundo, el «Océano de Sangre» que eternamente regenera toda existencia.

Meditación
La muerte es una ilusión.
La forma se disuelve, pero la vida es eterna,
y mañana estaremos vivos de nuevo.

AGRADECIMIENTOS

Agradezco a mi agente, Lisa DiMona, la fe y el apoyo que siempre me ha brindado. Un millón de gracias, unidas a un sentimiento de admiración, a Georgia Hughes y al personal de publicaciones de la New World Library por ver las posibilidades de una, y desafiarme a ahondar en su significado y a conseguir mayor claridad. Siento una especial gratitud hacia Mariko Layton por los años de escritura conjunta y sus críticas, y a Janet Miller por su visión creativa.

Estoy inmensamente agradecida por el regalo que son mis hijas, Emily y Elizabeth, y mis nietas, Matraca, Natasha y Meredith. La potente presencia de todas las mujeres bellas y fuertes que me han inspirado, apoyado y escuchado, y que han reído y llorado conmigo en este maravilloso viaje de descubrimiento es inestimable. Cada una de vosotras sois un precioso arquetipo de la divinidad femenina, y este libro no habría sido posible sin vosotras.

Índice de diosas

Biliku, 11/11

Bilquis, 24/11

Bixia Yuanjin, 10/2

Blanche Flor, 2/5

Bona Dea, 4/12

Branwen, 7/10

Brigid, 1/2

Britomartis, 22/2

Budhi Pallien, 5/8

Caer Ibormeith, 28/5

Cailleach Bheur, 30/10

Calisto, 10/5

Cambiante, Mujer, 19/10

Canola, 16/6

Cariclo, 19/12

Caris, 25/5

Carmentis, 22/5

Casandra, 20/12

Ceridwen, 15/2

Chalchihuitlicue, 11/3

Chamunda, 8/4

Chang-O, 15/7

Chicomecoatl, 12/9

Chin Nu, 21/12

Chomolungma, 2/1

Cibeles, 12/5

Cihuacoatl, 16/7

Cliodna, 25/1

Coatilcue, 20/8

Colleda, 27/12

Coventina, 12/7

Coyolxauhqui, 25/6

Dafne, 11/10

Dakinis, las, 9/2

Dali, 19/4

Dama del Lago, la, 13/3

Danu, 22/11

Deméter, 21/9

Devi, 10/7

Diana, 21/11

Dione, 30/5

Diosa Reno, 27/3

Doncella Mariposa, 29/5

Dorje-Phagmo, 30/11

Dou-Mu, 2/2

Durga, 6/8

Ega, 18/1

Egle, 12/11

Eos, 2/4

Eostre, 22/3

Epona, 18/12

Equilibrio, 6/10

Eris, 18/4

Erish-Kigal, 17/3

Erzulie, 14/10

Esfinge, la, 15/8

Esharra, 17/4

Estigia, 20/11

Etain, 7/6

Etugen, 19/9

Eurínome, 18/6

Eva, 1/9

Fátima, 26/8

Feng Po-Po, 11/2

Feronia, 15/11

Fides, 1/10

Flora, 30/4

Fortuna, 27/11

Freya, 25/9

Frigg, 20/6

Gaia, 23/4

Ganga, 21/2

Leucótea, 6/7
Libertas, 4/7
Lilit, 7/11
Lorop, 26/2
Louhi, 11/1

Ma Tsu, 28/2
Ma'at, 9/10
Macha, 12/4
Madre Ganso, 17/7
Mahimata, 21/4
Mahuika, 28/7
Maia (griega), 1/5
Malkuth, 26/4
Maman Brigitte, 2/11
Mari, 27/6
María Magdalena, 22/7
María, 8/9
Mater Matuta, 11/6
Mati Syra Zemlya, 30/8
Maya (hindú), 1/3
Mayahuel, 6/9
Medea, 20/4
Medusa, 14/11
Melisa, 21/5
Mere-Ama, 27/10
Meskenet, 13/7
Metamorfosis, 12/11
Metis, 13/6
Mictecacihuatl, 26/10
Minerva, 28/11
Modjadji, 16/3
Modron, 11/9
Moiras, las, 8/1
Morgana, 28/10
Morrigan, 15/10
Muchacha Maíz Amarillo, 26/12
Mujer Araña, 23/10
Mujer Cambiante, 19/10
Mujer Estrella, 29/9

Mujer Ternera de Búfalo Blanco, 20/5
Mujer de Cristal, 17/2
Musas, las, 9/12
Mut, 17/5

Nammu, 24/2
Nanshe, 5/12
Néfele, 29/1
Neftis, 8/6
Neit, 13/4
Nejbet, 17/10
Némesis, 15/4
Nemétona, 7/4
Nertus, 25/3
Ngame, 14/7
Nicheven, 10/11
Niké, 26/3
Ningyo, 5/3
Ninhursag, 4/1
Ninlil, 4/9
Nisaba, 8/2
Nokomis, 10/9
Nortia, 12/1
Nott, 10/1
Nüwa, 2/7
Nungeena, 4/6
Nut, 31/1
Nuzuchi, 31/8
Nyai Loro Kidul, 7/3
Nyame, 8/5

Oba, 25/2
Olwen, 30/3
Opis, 25/8
Oshun, 5/7
Oya, 16/12

Índice de atributos
y palabras clave

443

444

FUENTES

Libros

Allen, Paula Gunn, *Grandmothers of the Light*. Boston: Beacon, 1991.

Arrowsmith, Nancy, y George Moorse, *A Field Guide to the Little People*. Nueva York: Wallaby, 1977 [Versión en castellano: *Guía de campo de las hadas y demás elfos*. Baleares: José J. de Olañeta, 1986].

Baigent, Michael, *Holy Blood, Holy Grail*. Nueva York: Dell, 1982 [Versión en castellano: *El enigma sagrado*. Barcelona: Mr Ediciones, 2002].

— *The Jesus Papers*. Nueva York: HarperCollins, 2006 [Versión en castellano: *Las cartas privadas de Jesús*. Barcelona: Mr Ediciones, 2007].

Baigent, Michael, y Richard Leigh, *The Dead Sea Scrolls Deception*. Nueva York: Summit Books, 1991 [Versión en castellano: *El escándalo de los rollos del Mar Muerto*. Barcelona: Mr Ediciones, 2002].

Baring, Anne, y Jules Cashford, *The Myth of the Goddess*. Nueva York: Arkana, Penguin Group, 1993.

Baring, Anne, y Andrew Harvey. *The Divine Feminine*. Berkeley: Conari, 1996.

Barnes, Craig S., *In Search of the Lost Feminine*. Golden, Colorado: Fulcrum, 2006.

Begg, Ean, *The Cult of the Black Virgin*. Londres: Penguin, 1985.

Blair, Nancy. *Goddesses for Every Season*. Ringwood, Reino Unido: Element, 1995.

Bolen, Jean Shinoda, *Goddeses in Everywoman*. Nueva York: Harper and Row, 1985 [Versión en castellano: *Las diosas de cada mujer*. Barcelona: Kairós, 2002].

Bonheim, Jalaja, *Goddess*. Nueva York: Stewart, Tabori and Chang, 1997.

Budge, E.A. Wallis, *The Egyptian Book of the Dead*. Nueva York: Dover, 1967 [Versión en castellano: *El libro egipcio de los muertos*. Valencia: Lepsius, 1994].

— *The Gods of the Egyptians*, tomos I y II. Nueva York: Cover, 1969 [Versión en castellano: *Los dioses de los egipcios*. Valencia: Lepsius, 1995].

Bulfinch, Thomas, *Bulfinch's Mythology*. Nueva York: Avenel, 1979.

Bunson, Margaret, *The Encyclopedia of Ancient Egypt*. Nueva York: Random House, 1991.

Buxton, Simon, *The Shamanic Way of the Bee*. Rochester, Vertmont, Destiny, 2004.

Byrne, Sean, *The Tragic History of Esoteric Christianity*. Hollywood, California: Age-Old Books, 2001.

Campbell, Joseph, *The Hero with a Thousand Faces*. Princeton, Nueva Jersey: Princeton University Press, 1972 [Versión en castellano: *El héroe de las mil caras: psicoanálisis del mito*. Madrid: Fondo de Cultura Económica, 2005].

— *The Inner Reaches of Outer Space*. Nueva York: HarperCollins, 1986.

— *Myths to Live By*. Nueva York: Bantam, 1972 [Versión en castellano: *Los mitos: su impacto en el mundo actual*. Barcelona: Kairós, 2006].

— *Transformations of Myth through Time*. Nueva York: Harper Perennial, 1990 [Versión en castellano: *Los mitos en el tiempo*. Barcelona: Emecé, 2002].

Campbell, Joseph, con Bill Moyers, *The Power of the Myth*. Nueva York: Doubleday, 1988 [Versión en castellano: *El poder del mito*. Barcelona: Salamandra, 1991].

Cirlot Laporta, Juan Eduardo, *Diccionario de símbolos*. Barcelona: Labor, 1969.

Clapp, Nicholas, *Sheba*. Boston: Houghton Mifflin, 2001 [Versión en castellano: *La reina de Saba: un viaje por el desierto en busca de una mujer legendaria*. Barcelona: Grijalbo, 2002].

Coulter, Charles Russell, y Patricia Turner, *Dictionary of Ancient Deities*. Nueva York: Oxford University Press, 2000.

Daly, Mary, *Beyond God the Father*. Boston: Beacon, 1973.

Dever, William G., *Did God Have a Wife? Archaeology and Folk Religion in Ancient Israel*. Grand Rapids, Michigan: Eerdmans, 2005.

Doresse, Jean, *The Secret Books of the Egyptian Gnostics*. Rochester, Vertmont: Inner Traditions, 1958.

Dunwich, Gerina, *The Wicca Book of Days*. Nueva York: Citadel, 1995.

Ehrman, Bart, *Misquoting Jesus*. Nueva York: HarperCollins, 2005.

Eisenman, Robert, y Michael Wise, *The Dead Sea Scrolls Undiscovered*. Nueva York: Barnes and Noble, 1992.

Estes, Clarissa Pinkola, *Women Who Run With the Wolves*. Nueva York: Ballantine, 1992 [Versión en castellano: *Mujeres que corren con los lobos*. Madrid: Punto de lectura, Santillana, 2001].

Ferguson, V.S., *Inanna Returns*. Seattle: Thel Dar, 1995.

Fraser, Antonia, *The Warrior Queens*. Nueva York: Alfred A. Knopf, 1988.

Frazer, James G., *The Golden Bough*. Nueva York: Avenel, 1981 [Versión en castellano: *La rama dorada: magia y religión*. Madrid: Fondo de Cultura Económica, 2005].

Freke, Timothy, y Peter Gandy, *Jesus and the Lost Goddess*. Nueva York: Three Rivers, 2001 [Versión en castellano: *Jesús y la diosa perdida*. Barcelona: RBA, 2006].

Gadon, Elinor W., *The Once and Future Goddess*. Nueva York: HarperCollins, 1989.

Gaffney, Mark H., *Gnostic Secrets of the Naassenes*. Rochester, Vertmont: Inner Traditions, 2004.

Gillentine, Julie. *The Hidden Power of Everyday Things*. Nueva York: Pocket Books, 2000.

— *Tarot and Dream Interpretation*. Saint Paul, Minnesota: Llewellyn, 2003.

Gilligan, Carol, *In a Different Voice*. Cambridge, Massachusetts: Harvard University Press, 1982.

Gimbutas, Marija, *The Language of the Goddess*. San Francisco: Harper and Row, 1989.

Gleadow, Rupert, *The Origin of the Zodiac*. Londres: Dover, 1968.

Gordon, Stuart, *The Encyclopedia of Myths and Legends*. Londres: Headline, 1993.

Graves, Robert, *The White Goddess*. Londres: Faber and Faber, 1948 [Versión en castellano: *La diosa blanca*. Madrid: Alianza, 1998].

Grimal, Pierre, *The Penguin Dictionary of Classical Mythology*. Nueva York: Penguin Books, 1986 [Versión en castellano: *Diccionario de mitología griega y romana*. Barcelona: Paidós Ibérica, 2009].

Hallam, Elizabeth, *Gods and Goddesses*. Nueva York: Simon and Schuster, 1996.

Hamilton, Edith, *Mythology*. Nueva York: New American Library, 1940.

Haskins, Susan, *Mary Magdalen*. Orlando, Florida: Harcourt Brace, 1993 [Versión en castellano: *María Magdalena, mito y metáfora*. Barcelona: Herder, 1996].

Hirshfield, Jane, *Women in Praise of the Sacred*. Nueva York: HarperCollins, 1994.

Hoeller, Stephan A., *The Gnostic Jung and the Seven Sermons to the Dead*. Wheaton, Illinois: Quest, 1982 [Versión en castellano: *Jung Gnóstico*. Málaga: Sirio, 2005].

Hoffman, Curtiss, *The Seven Story Tower*. Cambridge, Massachusetts: Perseus, 1999.

Jegen, Carol Francis, *Mary According to Women*. Kansas City: Leaven, 1985.

Jennings, Sue, *Goddesses*. Carlsbad, California: Hay House, 2003.

Johnson, Buffie, *Lady of the Beasts*. San Francisco: Harper and Row, 1981.

Jones, V.S. Vernon, *Aesop's Fables*. Nueva York: Avenel, 1912.

Kasser, Rodolphe, Marvin Meyer y Gregor Wurst, *The Gospel of Judas*. Washington, DC: National Geographic Society, 2006 [Versión en castellano: *El evangelio de Judas: del códice Tchacos*. Barcelona: Círculo de Lectores, 2007].

452

King, Karen, *The Gospel of Mary of Magdala*. Santa Rosa, California: Polebridge, 2003.

Kinstler, Clysta, *The Moon Under Her Feet*. Nueva York: HarperCollins, 1989.

Knappert, Jan, *Indian Mythology*. Londres: Diamond, 1991.

Knight, Christopher, y Robert Lomas, *The Hiram Key*. Londres: Arrow, 1997 [Versión en castellano: *La clave masónica: los símbolos secretos*. Madrid: Mr Editores, 2010].

Knight, Gareth, *The Rose Cross and the Goddess*. Nueva York: Destiny, 1985.

La Croix, Mary, *The Remnant*. Virginia Beach, Virginia: A.R.W. Press, 1981.

Lapatin, Kenneth, *Mysteries of the Snake Goddess*. Cambridge, Massachusetts: Da Capo, 2002.

Larrington, Carolyne, *The Feminist Companion to Mythology*. Londres: Pandora, 1992.

Leeming, David Adams, *The World of Myth*. Nueva York: Oxford University Press, 1990.

Leloup, Jean-Yves, *The Gospel of Mary Magdalene*. Rochester, Vertmont: Inner Traditions, 2002 [Versión en castellano: *El evangelio de María: Myriam de Magdala*. Barcelona: Herder, 2007].

Long, Asphodel P., *In a Chariot Drawn by Lions*. Freedom, California: Crossing Press, 1993.

Longfellow, Ki, *The Secret Magdalene*. Brattleboro, Vertmont: Eio, 2005 [Versión en castellano: *El secreto de María Magdalena*. Madrid: Factoría de Ideas, 2007].

Lurker, Manfred, *The Gods and Symbols of Ancient Egypt*. Londres: Thames and Hudson, 1980 [Versión en castellano: *Diccionario de dioses y símbolos del Egipto antiguo*. Barcelona: Índigo, 1991].

Markale, Jean, *The Church of Mary Magdalene*. Rochester, Vermont: Inner Traditions, 1989.

Mascetti, Manuela Dunn, *The Song of Eve*. Nueva York: Simon and Schuster, 1990.

Matthews, John, y Caitlin Matthews, *British and Irish Mythology*. Londres: Diamond, 1988.

Mead, G.R.S., *Pistis Sophia: A Gnostic Gospel*. Blauvelt, Nueva York: Garber Communications, 1984.

Meyer, Marvin W., *The Secret Teachings of Jesus*. Nueva York: Vintage, 1984.

Mollenkott, Virginia Ramey, *The Divine Feminine*. Nueva York: Crossroads, 1983.

Monaghan, Patricia, *The Book of Goddesses and Heroines*. Saint Paul, Minnesota: Llewellyn, 1993.

— *The Goddess Companion*. Saint Paul, Minnesota: Llewellyn, 2000.

Morris, Desmond, *Body Guards*. Boston: Element, 1999.

Muten, Burleigh, *Goddesses: A World of Myth and Magic*. Cambridge, Massachusetts: Barefoot, 2003.

— *The Lady of Ten Thousand Names*. Cambridge, Massachusetts: Barefoot, 2001.

Nelson, Kirk, *Edgar Cayce's Hidden History of Jesus*. Virginia Beach, Virginia: A.R.E. Press, 1995.

Newman, Sharan, *The Real History Behind the Da Vinci Code*. Nueva York: Berkley, 2005.

Pagels, Elaine, *Beyond Belief: The Secret Gospels of Thomas*. Nueva York: Random House, 2005 [Versión en castellano: *Más allá de la fe: el evangelio secreto de Tomás*. Barcelona: Crítica, 2004].

— *The Gnostic Gospels*. Nueva York: Vintage, 1979 [Versión en castellano: *Los evangelios gnósticos*. Barcelona: Crítica, 2005].

— *The Origin of Satan*. Nueva York: Vintage, 1995.

Pennick, Nigel. *The Pagan Book of Days*. Rochester, Vermont: Destiny, 1992.

Picknett, Lynn, *Mary Magdalene*. Nueva York: Carroll and Graf, 2004 [Versión en castellano: *María Magdalena, ¿el primer Papa?* Barcelona: Robinbook, 2005].

Picknett, Lynn, y Clive Prince, *The Templar Revelation: Secret Guardians of the True Identity of Christ*. Nueva York: Touchstone, 1997 [Versión en castellano: *La revelación de los templarios*. Barcelona: Círculo de Lectores, 2006].

Platt, Rutherford H., *The Lost Books of the Bible and the Forgotten Books of Eden*. Berkeley, California: Apocryphile, 2005.

Poynder, Michael, *The Lost Magic of Christianity*. Londres: Green Magic, 2000.

Ralls, Karen, *The Templars and the Grail*. Wheaton, Illinois: Theosophical Publishing, 2003.

Robbins, Trina, *Eternally Bad: Goddesses with Attitude*. Berkeley, California: Conari, 2001.

Robinson, Herbert Spencer, y Knox Wilson, *Myths and Legends of All Nations*. Totowa, Nueva Jersey: Littlefield, Adams, 1976.

Robinson, James M., *The Nag Hammadi Library*. Nueva York: HarperCollins, 1978.

— *The Secrets of Judas*. Nueva York: HarperCollins, 2006.

Rogers, Lynn, *Edgar, Cayce and the Eternal Feminine*. Palm Desert, California: We Publish Books, 1993.

Schaberg, Jane, *The Resurrection of Mary Magdalene*. Nueva York: Continuum International, 2002.

Schaef, Anne Wilson, *Women's Reality*. Minneapolis: Winston Press, 1981.

Smith, Jerry E., y George Piccard, *Secrets of the Holy Lance: The Spear of Destiny in History and Legend*. Kempton, Illinois: Adventures Unlimited, 2005.

Spretnak, Charlene, *Lost Goddesses of Early Greece*. Boston: Beacon, 1978.

— *The Politics of Women's Spirituality*. Nueva York: Doubleday, 1982.

Starbird, Margaret, *The Goddess in the Gospels*. Rochester, Vermont: Bear and Company, 1998 [Versión en castellano: *La diosa en los evangelios*. Barcelona: Obelisco, 2000].

— *Magdalene's Lost Legacy*. Rochester, Vermont: Bear and Company, 2003 [Versión en castellano: *El legado perdido de María Magdalena*. Barcelona: Planeta, 2005].

— *Mary Magdalene, Bride in Exile*. Rochester, Vermont: Bear and Company, 2005 [Versión en castellano: *María Magdalena, la novia olvidada*. Barcelona: Planeta, 2007].

— *The Woman with the Alabaster Jar*. Rochester, Vermont: Bear and Company, 1993 [Versión en castellano: *María Magdalena, ¿esposa de Jesús?* Madrid: Mr Ediciones, 1994].

Stassinopoulos, Agapi, *Conversations with the Goddesses*. Nueva York: Stewart, Tabori and Chang, 1999.

Stein, Diane, *The Goddess Book of Days*. Saint Paul, Minnesota: Llewellyn, 1988.

Stephenson, June, *Women's Roots*. Napa, California: Diemer, Smith, 1981.

Stone, Merlin, *When God Was a Woman*. Florida: Harcout Brace, 1976.

Stoneman, Richard, *Greek Mythology*. Londres: Diamond, 1991.

Tate, Karen, *Sacred Places of Goddess*. San Francisco: Consortium of Collective Consciousness, 2006.

Taylor, Joan E., *Jewish Women Philosophers of First-Century Alexandria*. Nueva York: Oxford University Press, 2003.

Telesco, Patricia, *365 Goddesses*. San Francisco: HarperCollins, 1998.

Tenneson, Joyce, *Wise Woman*. Nueva York: Hachette, 2002.

Todeschi, Kevin J., *Edgar Cayce on the Reincarnation of Biblical Characters*. Virginia Beach, Virginia: A.R.E. Press, 1999.

Tribbe, Frank C., *I, Joseph of Arimathea*. Ciudad de Nevada, California: Blue Dolphin, 2000.

Trobe, Kala, *Invoke the Gods*. Saint Paul, Minnesota: Llewellyn, 2001.

Valtos, William M., *La Magdalena*. Charlottesville, Virginia: Hampton Roads, 2002.

Waldherr, Kris, *The Book of Goddesses*. Nueva York: HarperCollins, 1985.

— *The I Ching of the Goddess*. San Francisco: Harper and Row, 1986.

— *The Woman's Dictionary of Symbols and Sacred Objects*. Nueva York: HarperCollins, 1988.

— *The Woman's Encyclopedia of Myths and Secrets*. Nueva York: Harper and Row, 1983.

— *Women's rituals*. Nueva York: Harper and Row, 1990.

Warner, Rex, *Men and Gods*. Nueva York: Farrar, Strus and Giroux, 1959.

Wilbert, Hohannes, y Karin Simoneau, (eds.), *Folk Literatura of the Chorote Indians*. Los Ángeles: University of California, Latin American Institute, 1985.

— *Folk Literature of the Toba Indians*. Los Ángeles: University of California, Latin American Institute, 1982.

Willis, Roy, *World Mythology*. Nueva York: Oxford University Press, 1993 [Versión en castellano: *Mitología: guía ilustrada de los mitos del mundo*. Barcelona: Círculo de Lectores, 1994].

Young, Serinity, *An Anthology of Sacred Texts by and about Women*. Nueva York: Crossroad, 1993.

Páginas web

A continuación presento un listado de algunos de los numerosos sitios web pertinentes al libro que me fueron útiles en el curso de mi investigación. La lectora encontrará más vínculos e información en la página web de la autora: www.julieloar.com

http://www.altreligion.about.com
http://www.ancientworlds.net
http://www.beliefnet.com
http://www.celnet.org
http://www.earlywomenmasters.org
http://www.egyptianmyths.net
http://www.festivaloftara.org
http://www.fromoldbooks.org
http://www.gallae.com
http://www.gatewaytobabylon.com
http://www.godchecker.com
http://www.goddessgift.com
http://www.goddessmyths.com
http://www.kingarthursknights.com
http://www.kstrom.net
http://www.online-mythology.com

http://www.pantheon.org
http://www.queenofcups.com
http://www.religionfacts.com
http://www.sangraal.com
http://www.thaliatook.com
http://www.themystica.com
http://www.theo.com
http://www.timelessmyths.com
http://www.wicca.com
http://www.wikipedia.org

SOBRE LA AUTORA

Julie Loar (anteriormente Julie Gillentine) ha estudiado metafísica, mitología y simbolismo durante más de 30 años. Ha viajado a lugares sagrados de todo el mundo en busca de conocimientos que inspiraran su enseñanza y sus libros, repetidamente galardonados. Dirige talleres y da conferencias a nivel nacional, y cada año organiza un viaje sagrado a Egipto. Ocupó cargos directivos en dos grandes corporaciones antes de dedicarse de lleno a la escritura. Vive en Colorado, Estados Unidos.

Si desea ponerse en contacto con Julie, puede hacerlo a través de: www.julieloar.com.

editorial **K** airós

Puede recibir información sobre nuestros
libros y colecciones o hacer comentarios
acerca de nuestras temáticas en:

www.editorialkairos.com

Numancia, 117-121 • 08029 Barcelona • España
tel +34 934 949 490 • info@editorialkairos.com